육아포비아를 넘어서

육아포비아를 넘어서
4자녀 엄마 기자가 해부한 초저출산 대한민국

ⓒ 이미지, 2025. Printed in Seoul, Korea

초판 1쇄 찍은날	2025년 8월 19일
초판 1쇄 펴낸날	2025년 9월 1일
지은이	이미지
펴낸이	한성봉
편집	최창문·이종석·오시경·김선형
콘텐츠제작	안상준
디자인	최세정
마케팅	오주형·박민지·이예지
경영지원	국지연·송인경
펴낸곳	도서출판 동아시아
등록	1998년 3월 5일 제1998-000243호
주소	서울 중구 필동로8길 73 [예장동 1-42] 동아시아빌딩
페이스북	www.facebook.com/dongasiabooks
전자우편	dongasiabook@naver.com
블로그	blog.naver.com/dongasiabook
인스타그램	www.instargram.com/dongasiabook
전화	02) 757-9724, 5
팩스	02) 757-9726

※이 책은 한국여성기자협회의 후원을 받아 저술·출판되었습니다.

ISBN   978-89-6262-676-6   03330

※ 잘못된 책은 구입하신 서점에서 바꿔드립니다.

만든 사람들

총괄 진행	김선형
편집	전인수
크로스 교열	안상준
디자인	페이퍼컷 장상호

육아포비아를 넘어서

이미지
지음

**4자녀 엄마
기자가
해부한**

**초저출산
대한민국**

동아시아

추천의 글

지구상에서 가장 먼저 없어질 나라. 한국이란다. 그것도 자연 소멸이다. 전쟁이나 기후 위기 같은 것들도 아니고 자연 소멸이라니. 얼마간 엄숙한 마음으로 책을 들었는데, 의외로 '재미'가 있다. 아마도 쉽게 읽히는 글투 덕인지 모르겠다. 그럼에도 저출산 원인의 일정 부분은 호들갑 떠는 언론의 탓이라는 대목에서 숙연해졌다. 나도 그런 '호들갑'에 일조했던바, 반론의 여지가 안 보인다. 이미지 기자가 추천사를 요청했을 때 "국가유공자에게 빚 갚는 심정으로 쓴다"라고 했다. 아이가 넷이나 되지 않는가. 한국의 자연 소멸이 일어나지 않거나 최소한 늦춰진다면 그건 이미지 같은 이들 덕분이다.

손석희 (전 JTBC 사장. 현 교토 리쓰메이칸대학교 객원교수)

요즘 청년들에게 출산과 육아는 '하고 싶어도 못 하는 일'이 아니라 '하고 싶지 않고 두려운 일'이 되어가고 있다. 가족 구성의 변화에 관심이 많은 나는 이 책만큼 육아 자체를 꺼리고 두려워하는 청년들의 '육아포비아' 현상과 그 원인을 쉽고 생생하게 분석한 책은 보지 못했다. 저자가 친근하고 속도감 있는 문체로 해부한 육아포비아 현상 밑바닥에는 길고 경직된 노동으로 인한 시간 빈곤, 무한 경쟁의 피로, 아동에 대한 혐오, 여전한 성별 격차, 그리고 '온 마을이 아니라 온통 부모에게만 맡겨진' 한국식 육아 시스템이 깔려 있다. 문제를 정확히 지적할 뿐 아니라 뜬구름 잡지 않는 구체적 대안을 제시하는 저자의 시각이 믿음직스럽다. 저출산이 불러올 디스토피아를 경고하는 숱한 알림음에 피곤한 당신에게, 출산과 육아를 떠올리기만 해도 거부감이 앞서는 당신에게 이 책을 권한다.

김희경 (작가, 『이상한 정상가족』 저자)

그토록 예산을 쏟아붓고 지원을 약속하고 캠페인을 벌였는데도 왜 저출생 문제는 해결되지 않을까. 저출생이 아니라 저출생 대책들을 반성해야 할 때가 온 것 아닐까. 그 많은 연구보고서들의 가정에 사실 커다란 구멍이 뚫려 있었던 것 아닐까. 네 아이를 키우는 베테랑 기자가 아이를 낳거나 낳지 않거나 그 사이에서 고민하는 지금의 당사자들을 만나 직접 물었다. 그들은 인센티브에 반응하는 경제적 동물이 아니었고, 이전 세대와 같으면서도 다른 이유로 부모 되기를 피했다. 집요한 인터뷰로 '공포가 공포를 낳는 현상'을 짚어낸 저자의 노력에 찬사를 보낸다. 고정관념에 균열을 일으키는 흥미진진한 르포이자 그 자체로 뛰어난 정책보고서다. 책의 예리한 분석대로, 받는 사람에게는 실질적인 혜택이 되지 않고 받지 못하는 사람에게는 박탈감만 안기는 지원책들은 수술이 시급하다.

장강명 (소설가, 『먼저 온 미래』 저자)

옹아르바이트의 날

프롤로그 출산율 '압도적 꼴찌' 한국, 아이 낳기 무섭다는 청년들

　2018년은 대한민국 기상 관측 사상 유례없는 '대폭염'의 해였다. 하필 그 여름 나는 기상청 출입 기자였고, 만삭 임신부였다. 그때만 해도 야간 편집국 회의가 있어서 매일 늦은 밤까지 회의가 끝나길 기다렸다가 결과를 반영해 기사를 고치는 나날이 이어졌다.

　예정일을 일주일여 남기고는 '대프리카'라 불리던 대구로 폭염 체험 출장도 다녀왔다. 누구도 만삭 임신부에게 한낮 기온 40도인 대구로 출장을 다녀오라고 등을 떠밀진 않았지만, 타사 기자들이 온몸이 익을 것 같은 도로 아스팔트 위에서 1시간 삼겹살을 굽고, 곁에 서 있기만 해도 열기가 전해지는 차 보닛에서 달걀프라이 만드는 체험 기사를 쓰는데 아무리 임신부라도 마냥 사무실에서 전화 취재만 돌리고 있을 순 없었다. 드디어 출장 날, 걷기만 해도 땀이 뻘뻘 나는 대구시청 앞마당 아스팔트 아지랑이를 뚫고 배가 산만한 임신부 기자가 들어섰을 때 시청 공무원들의 뜨악한 표정이란. 취재 내내 괜찮다는데도 한 여성 직원분은 영 마음이 쓰이셨는지 헤어진 뒤 '꼭 순산하라'며 개인적으로 케이크 기프티콘을 날려주셨다.

예정일은 째깍째깍 다가왔다. '정말 이러다 기사 마감하는 도중애 낳는 거 아냐?' 슬슬 불안해질 때쯤 폭염이 한풀 꺾였다. 몇 주 만에 처음으로 기사가 안 잡힌 그날은 마침 출산휴가와 육아휴직에 들어갈 나를 위해 팀원들이 환송회를 준비한 날이었다. 마치 일부러 맞춘 것처럼 한가한 하루에 '하늘도 그동안 나한테 너무했다 싶었나 보다' 하며 여유롭게 보고할 거리만 정리한 뒤 약속 장소로 향했다.

회식 장소를 향해 버스를 탄 지 10여 분쯤 됐을까. 갑자기 배가 슬금슬금 조이기 시작했다. 이런. 진통이 시작되고 있었다. 난 여전히 광화문 한복판이었고 주변에 도와줄 사람은 없었다. 아이들 모두 만삭까지 일하다가 낳았기에 언젠가 이런 일이 일어날지 모른다고 늘 마음의 준비를 하고 있긴 했지만, 정말 근무 도중 진통이 걸린 건 처음이었다. 막상 닥치자, 머릿속이 새하얘졌다. 출근했으니 당연히 회사원 복장이었고, 노트북이 든 가방까지 짊어진 채였다. 이러고 길 한복판에서 갑자기 양수라도 터진다면? 보통 낭패가 아니었다.

일단 버스에서 내려 팀장에게 문자를 보냈다. '약속 장소 가던 길에 배가 좀 아파서 병원으로 기수를 돌립니다.' 출산병원까지 거리는 차로 약 30분 거리. 마음이 조급해졌다. 택시를 잡았다. "기사님, ○○동 △△병원이요." 가는 내내 기사님께 죄송할 일이 벌어지지 않기만 기도했다. 밤에 만취객을 태웠다가 '구토 테러'를 당한 적은 있어도 벌건 대낮에 정신이 멀쩡한 여성을 태웠다가 '양수

프롤로그

테러'를 당할 거라곤 누가 상상이나 하겠나(임신 기간 살이 많이 찌지 않은 덕에 품이 큰 옷을 입으면 임신부인 줄 모르는 사람도 많았다).

천만다행으로 병원에 도착할 때까지 우려하던 일은 벌어지지 않았다. 택시 비용을 결제한 뒤 잰걸음에 분만실로 향했다. 여느 산모 같지 않은 복장을 하고 노트북 가방까지 짊어진 채 뚜벅뚜벅 분만실로 혼자 걸어 들어오는 만삭 임신부를 보고 간호사들 눈이 휘둥그레졌다.

배에 기기를 붙여 태동을 확인한 뒤 간호사가 질 안에 손을 넣어 자궁 경부가 얼마나 열렸는지 확인하는 검사를 받았다. 이른바 '임신부 3대 굴욕' 중 하나라는 '내진'이었다(나머지 2개는 음모 제모, 관장). 그러는 새 진통 간격은 10분에서 6분으로 짧아졌다. 당시 멀리 지방에서 근무하던 남편에게 '오늘 아이가 나올 것 같다'라고 문자를 보내고, 가까이 사시는 친정 엄마께 전화를 걸었다. 팀 동료들에게 '환송회 참석이 어렵겠다'라고 양해 문자를 돌리는 것도 잊지 않았다.

차로 5분 거리에 사시는 친정 엄마가 도착하실 즈음에는 이미 진통 간격이 3~4분으로 줄어 있었다. 출산이 임박했다. 'KTX 타고 올라가고 있어!' 남편이 보낸 문자메시지를 마지막으로 보고 분만실로 이동했다. 엄마 손을 붙잡고 "아파", "무서워"를 연발했다. 엄마는 "네 번째인데 뭐가 그리 무서우냐"라며 농인 듯 진심인 듯 말씀하셨다. 아무리 네 번째라도 무서운 건 무서운 거였다.

남편은 아기가 나오기 직전 간신히 분만실에 도착했다. 이미 자세를 잡고 아랫배에 힘을 주고 있을 때였다. 아기가 당장 나올 수도 있단 말에 남편은 수술복을 입을 새도 없어 겨우 손만 씻고 부랴부랴 분만실로 들어왔다. "조금만 더 힘내요, 조금만!" 계속되던 의료진들의 외침이 점차 잦아들고, 아랫도리가 푸욱 꺼지는 느낌이 들었다.

아기가 나온 것이었다. 곧 빨갛고 동그랗게 웅크린 생명체가 내 팔에 안겼다. 호두같이 작고 쪼글쪼글한 얼굴, 단풍잎 같은 다섯 손가락. 열 달간 동고동락하며 대구 폭염 출장까지 함께한 나의 막내 아기였다. 그날 나는 네 아이 엄마가 되었다.

공교롭게도 그해 대한민국의 합계출산율fertility rate[1]은 0.98명을 기록해 집계 사상 처음 한 명 아래로 떨어졌다. 한국 역사상 유례없을 뿐 아니라 전 세계적으로도 주요 국가를 통틀어서 가장 낮은 출산율이었다. 넷째 이상 출생아 수는 4,422명으로 전체 32만 6,822명의 출생아의 1.35%에 불과했다. 나는 '상위 1% 엄마'가 된 셈이었다.

출산율은 계속 떨어져 2023년 0.72명에 이르렀다. 이듬해인 2024년 소폭 반등해 0.75명이 되긴 했지만, 여전히 전 세계 주요국 중에 가장 출산율이 낮은 나라라는 타이틀은 벗지 못했다.

한국의 저출산 속도는 놀라울 정도로 빠르다. 전 세계에서 이렇게 빠르게 인구가 줄어들고 있는 나라는 없다. 최근 출산율이 반

---

[1] 현재의 연령별 출산율이 유지된다고 가정할 때, 한 여성이 가임기간(15세~49세) 동안 낳을 것으로 예상되는 평균 출생아 수.

짝 반등하긴 했지만, 합계출산율이 2명, 3명 정도로 수직 상승하지 않는 이상 인구 축소 사회로 가는 대세를 거스르긴 어려울 것이다. 통계청에 따르면 출산율이 지금보다 오른다는 낙관적 시나리오(고위 추계)를 적용해도 2072년 한국의 인구는 3,800만 명대로 줄고, 65세 이상 노인 비중은 45%에 달한다. 이런 인구구조라면 지금은 일부 지역에서만 보이는 '인구 소멸'이 머지않아 한반도 전역에서 나타날 것이다.

도대체 한국 청년들은 왜 이렇게 아이를 낳지 않는 걸까. 지난 20여 년간 수많은 학자, 관료, 전문가 들이 이 질문의 답을 찾고 문제를 해결하려 애써왔다. 그 결과 출산과 육아 인프라는 과거에 비해 많이 나아졌고, 공공 아이 돌봄 인력인 아이돌보미 등 다른 나라에 없는 제도들도 다수 도입됐다.

하지만 한국의 합계출산율은 여전히 전 세계에서 가장 낮은 수준이다. 그냥 낮은 정도가 아니라 주요 국가들 가운데 꼴찌, 그것도 근소한 차이의 꼴찌가 아닌 '압도적' 꼴찌다. 다른 나라에선 아무리 적어도 한 명은 낳는다면, 우리는 '한 명조차 낳지 않는' 유일한 나라다.

예전엔 그래도 결혼하면 아이 하나는 낳는다고 했다. 결혼과 출산은 마트의 1+1, 햄버거와 감자튀김 세트처럼 한 묶음이었다. 하지만 요새는 꼭 그런 것도 아니다. 결혼 후 5년이 지나도록 아이를 낳지 않는 부부가 전체의 절반에 이른다. 저출산 대응책으로 혼인율을 올린다고 출산율까지 따라올 거란 기대는 하기 어렵다는 뜻이다. 가까운 지인들만 봐도 근 몇 년간 결혼한 열 쌍 중 아이 있는 부부가 채 네 쌍이 안 된다.

한국이 아이 낳고 키우기 그렇게 별로인 나라일까? 객관적으로 볼 때 한국의 육아 여건이 압도적 꼴찌라 보긴 어렵다. 지난 반세기 비약적인 발전으로 한국은 선진국들과 어깨를 나란히 하는 나라가 됐다. 이제 한국은 많은 외국인이 살기 희망하는 안전하고 풍요로운 나라다.

그런데 합계출산율과 출생아 수는 전쟁이나 기근을 겪는 나라 수준에도 못 미친다. 주거, 일자리와 같은 사회·경제적 조건 외의 다른 문제가 있다는 뜻이다.

나는 낳았는데 왜 남들은 낳지 않을까. 나와 남들을 가른 요인은 무엇일까. 저출산 문제에 관한 관심은 이렇게 지극히 사적인 궁금증에서 출발했다.

지난 몇 년간 저출산을 취재하면서 여러 사람들을 만났다. 특기할 만하다고 느낀 건 정부와 사회의 노력에도 불구하고 한국인들의 출산과 육아에 대한 인식이 상당히 부정적이었다는 점이다. 내가 만난 청년들은 "아이 키우기 무섭다", "엄두가 안 난다"라고 했다. 청년만이 아니다. 아이를 낳고 키우는 부모들은 "둘째는 감히 도전할 수 없다"라고 한숨을 쉬었고, 이미 자녀가 장성한 기성세대는 "내 자식은 꼭 아이를 낳지 않아도 된다"라고 했다. 설문 조사에 따르면 한국 성인 다수는 출산과 육아를 들었을 때 행복, 기쁨, 뿌듯함을 떠올리는 게 아니라 부담, 고통, 희생 같은 부정적 개념을 먼저 상기했다고 한다.

그런 분위기는 미디어에서도 고스란히 드러난다. 험난한 육아를 보여주는 프로그램이나 치열한 자녀 사교육 경쟁을 담은 드라마, 육아 비용이 아이당 3억 원을 넘는다는 기사, 젊은이들이 아이 낳기를 꺼린다는 보도 등. 출산과 육아는 두렵고 버거운 일로 비치고 있었다.

이런 생각들이 광범위한 현상이자 사회적 분위기로 굳어졌다고 느꼈다. 육아에 대한 공포, 일명 '육아포비아phobia' 현상이 사회에 만연했다.

어쩌면 한국의 압도적 꼴찌 출산 상황은 물리적 여건에 육아포비아 같은 심리적, 사회·문화적 요인이 더해진 결과일지 모른다. 실제 인터뷰한 청년 가운데 주거, 일자리 등 객관적 여건이 나쁘지 않음에도 단지 육아 자체가 부담스럽고 두려워서 아이를 낳고 싶지 않다는 이들이 적지 않았다. 출산과 육아가 그 자체로 껄끄럽고 공포스러운 일로 여겨진다면 저출산 대응 정책에도 한계가 있을 수밖에 없다.

책을 위해 청년을 포함해 다양한 성별, 연령, 직업의 시민 35명을 새로 인터뷰했다. 그들의 이야기가 인용됐는데, 민감한 내용들도 있어 이름은 자음 등 일부만 살려 가명 처리했다. 나이는 인터뷰 시점인 2024년에서 각자의 생년을 빼서 구했다.

먼저 한국의 초저출산 상황이 얼마나 심각하고 그로 인해 앞으로 한국 사회가 어떤 변화를 맞이할지 살펴볼 것이다. 이어 그 이면에 자리 잡은 육아포비아의 실체와 원인을 짚고 해법을 고민해보려 한다.

　모두가 아이를 낳을 필요는 없다. 아이를 꼭 낳아야 하는 것도 아니다. 그러나 육아가 두렵다는 이유로 출산을 포기하는 사람들이 많은 사회는 무언가 잘못됐다. 그것은 그 사회가 건강하지 않은 방향으로 가고 있다는 신호다.

CONTENTS

| 추천의 글 |　• 004

| 프롤로그 |　출산율 '압도적 꼴찌' 한국,

　　　　　아이 낳기 무섭다는 청년들　• 008

1 아이 키우기 무서운 나라

- 묻고 더블로 줄어드는 인구, 끝나지 않은 저출산　• 022
- 다 저출산 아니에요? 왜 한국만 유난이에요?　• 033
- 2005년 지하철 공익광고의 경고　• 045
- 저출산, 천 명에게 물으니 천 가지 답이 돌아왔다　• 060
- 아이 키우기 힘든 걸 넘어 무서워진 세상,
  육아포비아　• 070

2 육아포비아의 기원

- 아이 키울 돈보다 시간이 없다는 공포　• 089
- 겨울을 맞이한 청춘, 생식을 멈추다　• 100
- 혼자서 마을이 되어야 하는 한국 부모　• 118
- 엄마, 아빠처럼 살기는 싫어　• 136
- 여전한 시월드의 공포　• 149
- 정상이 아니면 불편한 사회　• 165

- 정상적인 결혼 시기, 적령기의 압박 •183
- 맘충과 노키즈존, 아이를 환영하지 않는 사회 •196
- 뉴노멀이 된 저출산 •210

3 이제는 무섭지 않은 육아를 위하여

- '압축하고, 유연하게' 아이 키울 시간 만들기 •224
- 육아휴직만으론 부족하다 •234
- 얼마면 될까, 얼마면 되겠냐? •245
- 다다익전을 다다익선으로 •257
- 가족의 문턱을 낮추기 •270
- '낳아도 괜찮아' 말해주기 •284

| 에필로그 | 낳을 수 있는 데까지 낳아봤다,
            이제 다시 시작이다 •294
| 감사의 글 | •298

일러두기

1 이 책은 저출산 '대책'을 설계하는 정책보고서가 아닙니다. 출산·양육에 대한 두려움(육아 포비아)의 실체를 현장에서 추적한 리포트이며, 모든 해석과 견해는 저자 개인의 의견입니다. 정부기관 및 저자의 소속 기관과 무관합니다.

2 취재·인터뷰는 2024년 1월부터 2024년 6월까지 진행했습니다. 시민·전문가 35명을 대면·전화·화상으로 심층 인터뷰했으며, 회당 60~120분으로 진행했습니다. 표본조사가 아니므로 통계적 대표성을 주장하지 않습니다.

3 인터뷰이는 전원 가명을 사용하며, 연령대·직업·거주 지역 등 인적사항은 사실입니다. 인용·수록에 대한 사전 동의를 받았고, 식별 위험을 줄이기 위해 최소한의 비식별화·축약을 적용했습니다.

4 법령·제도·예산·통계 등은 각 기관이 공표한 당시 기준과 자료를 따릅니다. 본문에 시점을 함께 밝혀 인용하고, 이해를 돕기 위해 일부 수치를 반올림·범위로 제시합니다. 맥락과 의미 설명을 우선하며, 출처는 본문에 직접 표기하고 별도의 참고문헌은 두지 않습니다.

5 용어는 가독성을 우선해 사용합니다. '합계출산율(TFR)' 등 약어가 있는 용어는 최초 등장 시 함께 표기합니다. 본문에서 '엄마/아빠'는 성별·가족 형태를 특정하지 않는 보통명사로, 한부모·입양·위탁·동성부모·조부모·후견인 등 모든 주 양육자를 가리킵니다.

6 단행본은 『 』, 논문, 보고서는 「 」, 신문이나 정기간행물은 《 》, 기사, 방송, 영화, 노래 제목 등은 〈 〉로 표기했습니다.

아이 키우기 무서운 나라

1

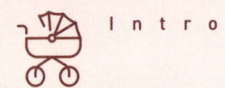
Intro

한국의 저출산 문제가 심각하다는 걸 모르는 한국인은 없을 것이다. 요즘은 외국인들도 많이 알고 있다. 반공 이데올로기 시절 "모르면 간첩"이란 말이 있었는데, 요즘 한국에서 저출산 문제 모르면 정말 간첩이다. 아님 외계인이거나.

그 정도로 저출산 문제는 많이 언급되고 있다. 하지만 저출산이 오랫동안 계속되면서 더 이상 뉴스가 아니게 되다 보니 저출산 문제에 대한 사람들의 위기감은 떨어지는 느낌이다. 막연하게 '향후 인구가 줄고 어르신들이 늘고 생산력이 떨어진다'고 알고 있지만, 얼마나 심각한 상황인지, 왜 한국에서 더욱 심각한지 잘 모르는 사람이 많다.

2024년 이후 합계출산율과 출생아 수가 소폭 반등하자, 이제는 저출산이 더는 문제 아니라는 분위기도 읽힌다. 인공지능 등 기술이 고도화하면서 노동력을 대체할 수 있으니 너무 걱정할 일은 아니라고 말하는 사람들도 있다.

정말 그럴까? 바닥을 모르고 떨어지던 합계출산율이 9년 만에 반등했고 혼인이 늘어나는 등 변화가 나타난 건 사실이다. 그렇다고 한국의 저출산 상황이 끝난 건 아니다. 한국은 여전히 세계에서 아이를 가장 적게 낳는 국가 중 하나다. 그것도 아주 많이 적게.

더 큰 문제는 이 현상이 오랫동안 누적되면서 아이만 줄어드는 게 아니라 아이를 낳을 부모 세대조차 줄어들고 있다는 점이다. 저출산이 본격화된 1980~1990년대 출생자들이 이제 대거 부모 세대로 입성하고 있다. 출생아는 물론 출산 가능 인구도 함께 줄어드는 '저출산의 더블링' 악순환은 이미 시작됐다.

그래서 우리는 여전히 저출산 해법을 고민해야 하고, 인구 축소 사회에 대비해야 한다. 특히 한국은 저출산 속도가 유례없이 빠르고, 다른 나라들보다 저출산 충격을 버텨낼 수 있는 역량, 즉 '저출산 내성'도 낮다. 산업·사회 등 여러 구조에서 인적 자원이 차지하는 비중이 그만큼 컸기 때문이다.

1부에서는 한국의 저출산 실태와, 이 상황이 앞으로 어떤 미래를 불러올지를 들여다볼 것이다. 그리고 객관적으로 봤을 때 결코 최악이라 할 수 없는 한국의 육아 여건에도 불구하고 최악의 출산율이 나오는 이유, 청년들이 육아 자체를 꺼리고 두려워하는 '육아포비아' 현상에 대해 소개하고자 한다.

묻고 더블로 줄어드는 인구, 끝나지 않은 저출산

'푸른 용의 해' 2024년은 여러 가지로 비상非常한 한 해였다. 정치·사회는 비상사태였지만 인구는 비상飛上했다. 출생아 수와 합계출산율이 전년 0.72명보다 올라 0.75명을 기록했다. 2015년 이래 9년 만의 증가다.

거듭된 인구 위기 속 간만의 출산율 증가 소식은 많은 사람의 기대감을 부풀게 하기에 충분했다. 긍정적인 분석과 희망적인 전망을 담은 기사들이 쏟아졌다. 코로나19 팬데믹으로 워낙 출생아 수가 바닥을 친 탓에 기저효과[2]라거나 일시적 현상에 불과하다는 신

---

[2] 기준 시점 값이 너무 낮아서 비교하는 값이 실제보다 부풀려져 보이는 현상.

중론도 있지만, 9년 만의 출생아 수, 합계출산율 반등은 그 자체로 큰 변화였고 의미 있는 소식임은 분명했다.

그러나 잊지 말아야 할 게 있다. 한국은 여전히 세계에서 출산율이 가장 낮은 나라다.

2024년 합계출산율이 0.75명으로 올랐든 0.78명이 됐든 한국의 출산율이 세계 최저 수준임에는 변함이 없다. 경제협력개발기구 Organization for Economic Cooperation and Development, OECD 국가들 가운데 꼴찌란 점도 마찬가지다. OECD 홈페이지에 올라와 있는 전 세계 주요 국가 합계출산율 최신 자료(2021년)에 따르면 한국의 출산율은 0.81명으로 전체 54개 조사국 중 가장 낮았다. 낮아도 그냥 낮은 게 아니라 2위 국가인 몰타 1.13명, 3위 중국 1.16명과 비교해도 큰 차이가 나는 압도적인 꼴찌다. 둘이 만나 어떻게든 한 명은 낳는 다른 나라들과 달리 한국에선 한 명조차 낳지 않았다.

"대한민국 완전히 망했네요, 와Korea is so screwed, wow!"

2023년 한 방송사 저출산 기획 다큐멘터리에 출연한 여성·노동학 분야 석학 조앤 윌리엄스Joan Williams 미국 캘리포니아대학교 법학대학원 명예교수는 전년도 한국의 합계출산율인 0.78명을 듣고 화들짝 놀라며 이렇게 외쳤다. 평생 여성 문제를 연구하며 많은 나라의 출산 상황을 접했을 텐데, 그런 70대 노교수조차 식겁할 수준인 것이 한국의 출산율 수준이었다. 윌리엄스 교수가 2024년 방한했을 때 인터뷰할 기회를 가졌다. 혹시 당시 반응은 "다큐멘터리 제작진이 극적 효과를 위해 주문한 게 아니었느냐"라고 슬쩍 물었다. 내 질문에 윌리엄스 교수가 손사래를 치며 말했다.

> ○ **조앤 윌리엄스 미국 캘리포니아대학교 법학대학원 명예교수**
> "지금도 제가 무슨 생각으로 그런 말을 했는지는 모르겠어요. 하지만 한국 출산율에 대한 내 반응은 '찐genuine'이었어요."

한국 출산율의 객관적 수준을 짐작할 수 있는 해외의 뜨악한 반응은 이뿐만이 아니다. 저출산 다큐와 같은 해 12월 《뉴욕타임스 New York Times》의 인기 칼럼니스트 로스 다우섯Ross Douthat은 한국 저출산 상황에 대해 인상적인 글을 썼다. 〈한국은 소멸하는가 Is South Korea disappearing?〉라는 제목의 《뉴욕타임스》 칼럼에서 그는 "2023년 (한국의) 합계출산율이 0.7명에 불과했다"라며 "이 정도 출산율이면 200명이 다음 세대에는 70명으로 줄어드는데, 이는 14세기 흑사병 창궐 때 유럽 인구보다 더 많이 감소하는 것"이라 썼다.

흑사병이 어떤 병인가. 중세 시대 당시 유럽 인구의 30~50%를 사망케 한 인류 역사상 최악의 전염병이다. 사회적으로도 큰 변화를 불러왔다. 급격한 인구 감소로 인해 수백 년간 이어진 유럽 중세 농노 기반 봉건사회가 무너졌고 개인의 시대, 상업과 교역의 시대가 도래했다. 문화적으로는 '재탄생'을 의미하는 인문주의 혁명 '르네상스'가 태동하기도 했다.

다우섯의 눈에 한국은 역사상 최악의 전염병이 번졌던 유럽처럼 인구가 사라지는 중이었고, 이번엔 르네상스 같은 기적은 일어나지 않을 터였다.

다우섯의 칼럼과 윌리엄스 교수의 인터뷰는 현재 한국 저출산의 냉정한 현실을 그대로 보여준다. 출생아 수와 합계출산율이 다소 반등했다는 소식이 반가운 것은 사실이지만, 그 전과 후를 놓고 보면 큰 차이가 없다. 합계출산율이 0.72명이든 0.8명이든, 다우섯의 계산식대로라면 여전히 인구 감소는 흑사병 수준이다. 우리는 아직 저출산의 늪에서 한 발도 채 빠져나오지 못했다.

'그래도 출생아 수, 합계출산율이 오르기 시작했으니 이제 슬슬 인구가 늘거나 적어도 보합세를 유지하지 않을까?' 하고 기대하는 사람도 있을 것이다.

안타깝게도 출산율이 대단히 오르지 않는 한 인구 축소 사회는 피할 수 없을 것이다. 저출산이 꽤 오랜 기간 누적됐기 때문이다. 자녀 세대에도 부모 세대와 같은 인구를 유지하기 위해 필요한 최소한의 출산율을 '대체출산율'이라고 한다. 쉽게 말해 인구가 그대로 대체되기 위한 출산율이다. 영아 사망률이 낮은 선진국에서 대체출산율은 대략 2.1명이다. 이 2.1명보다 출산율이 낮아지면 다음 세대는 전 세대보다 줄어들게 된다. 그게 곧 저출산이다.

그렇다면 한국의 합계출산율이 2.1명 아래로 떨어진 건 언제부터일까? 무려 40년 전이다. 그때부터 지금까지 40년간 인구를 대체하기 위한 출생아가 태어나지 않았다.

이게 무얼 의미하는가. 인구가 늘어나긴 쉽지 않다는 뜻이다. 오늘 태어난 아이는 미래의 엄마, 아빠가 된다. 출생아 수가 줄어든다는 것은 미래의 엄마, 아빠 수가 줄어든다는 것과 같은 말이다. 현재의 엄마, 아빠가 아이를 적게 낳고, 그 아이가 부모가 되어 또 아이를 적게 낳는다면 아이 수는 더 크게 줄어들 수밖에 없다. 영화 〈타짜〉에서 현재 그대로 판돈에 베팅 금액만 크게 올라갈 때 외치는 "묻고 따블(더블)로!"처럼 출산율도 현재 상황에서 '묻고 따블로' 계속 줄어들게 되는 것이다. 그게 지난 40년간 이어진 상황이다. 이미 수십 년간 부모의 수가 줄어왔기 때문에 이제 와서 출산율이 조금 늘어난대도 큰 틀에서 출생아 수가 줄어드는 경향에는 변함이 없을 것이다. 미래에도 마찬가지다.

그렇다면 실제 부모의 수는 얼마나 줄었을까? 15세에서 49세까지 가임기간이 정해져 있는 여성을 중심으로 보자. 통계청 '주민등록 인구조사'에서 이들 가임기 여성은 2008년 1,350만 6,636명이었다. 하지만 2014년에는 1,294만 5,991명, 2020년에는 1,182만 4,861명으로 줄었다. 12년간 약 170만 명의 엄마가 증발(!)한 셈이다.

부모가 줄어들면 출산율이 올라간대도 출생아 수가 늘지 않을 수 있다. 생각해 보라. 부모가 100만 명이라면 합계출산율이 0.6명이어도 출생아 수가 30만 명이다. 그러나 부모가 60만 명으로 줄면 출산율이 1.0명으로 올라도 출생아 수는 똑같이 30만 명이다. 2024년 출생아 수는 24만 명이다. 합계출산율이 2.0명이 된다고 해도 출생아 수는 24만 명으로 100만 명이 0.6명 낳을 때보다 더 적다.

실제 출산율이 1.18명이던 2002년 출생아 수는 49만 6,911명이었는데, 출산율이 1.3명으로 더 높아진 2012년 출생아 수는 48만 4,550명으로 2002년보다 더 줄었다. 그사이 부모(가임세대)의 수가 줄어든 탓이다. 국회예산정책처가 2023년 발간한 「초저출산 탈피 해외사례 검토 및 국내 적용방안 연구」 용역보고서도 한국 초저출산 현상의 가장 큰 원인 중 하나로 '가임여성 인구 규모 축소로 인한 인구 구조적 요인'을 꼽았다. 아무리 상황이 나아진대도 엄마의 모수 자체가 줄고 있어서 초저출산 탈피가 쉽지 않다는 것이다.

이제 '저출산 키즈'들이 본격적으로 부모 세대에 입성하면서 부모의 수는 더욱 가파르게 줄어들 것이다. 대체출산율인 2.1명 선이 붕괴한 1980년대 이래 태어난 아이들은 모두 저출산 키즈라 볼 수 있다. 그래도 1990년대 초반까지는 베이비붐 세대의 자녀, 이른바 '에코 세대'라 그 수가 적지 않았다. 에코 세대는 6·25가 끝난 뒤 인구가 폭증한 시기 태어난 '베이비붐' 세대의 자녀들로, 앞선 인구 증가의 메아리(에코)로 다시금 인구가 반등한 세대라 에코 세대라 불린다. 이 에코 세대마저 주 출산 인구에서 빠지고 나면 부모의 수는 더욱 급격히 줄고, 출생아 수 역시 가파르게 떨어질 가능성이 높다.

앞서 2008년, 2014년, 2020년 수치만 봐도 감소 속도가 빨라지는 걸 볼 수 있다. 가임기 여성 수는 2008~2014년 사이에는 56만 명 감소했는데 2014~2020년 사이에는 110만 명 줄어들었다. 1970~2001년 31년간 출생아 수가 약 2분의 1로 줄었는데, 2001~2022년 21년간 또 절반이 줄었다. 출생아 수 반감기도 10년 단축된 셈이다.

숫자만 봐서는 감이 잘 오지 않을 수 있다. 이런 출생아 수 감소를 눈으로 쉽게 확인할 수 있는 곳이 있다. 바로 학교다.

출산 후 육아 위급 상황에 대처하기 위해 많은 육아 가정이 그리하듯 나도 친정이 있는 고향 동네로 연어처럼 회귀했다. 그 덕에 아이들이 내가 어릴 때 다녔던 초등학교에 입학했고, 본의 아니게 같은 학교에 대한 종단 관찰이 가능했다.

30년 전 내가 학교 다닐 때만 해도 한 반 학생이 40명을 넘었다. 책상은 다닥다닥 붙어 있었고 덩치 큰 학생이 맨 뒤에 앉으면 벽이나 사물함에 등이 닿을 지경이었다. 요즘 교실은 휑뎅그렁하다. 2018년 태어난 막내 입학식 때 가보니 한 반 아이들이 10여 명뿐이라 옛날처럼 분단이랄 것도 없고 책상이 한 줄씩 띄엄띄엄 놓여 있었다. 처음 보곤 '이게 학교인가, 유치원인가' 하는 생각이 들 정도였다. 옛날엔 운동장 조회를 하면 전교생이 그 커다란 운동장을 가득 메웠는데, 지난해 아이 운동회가 열릴 때 가보니 전교생이 다 모였는데도 운동장 한편도 다 차지 않았다. 놀라운 건 우리 아이들이 다니는 학교는 그나마 '과밀학급' 학교라는 점이다(그럼 내가 다녔을 때는 '극초'과밀 상태였던가!). 지방 학교들은 더 휑뎅그렁하다는 이야기다. 실제 남편이 다녔던 지방의 한 초등학교는 2025년 신입생이 단 1명뿐이었다. 나름 광역시 시내 한복판에 있는 학교인데도 말이다.

부산에서 초·중·고교를 졸업하고 현재도 취업 준비 중이라는 제서희 씨는 본인이 다니던 모교가 다른 학교와 통폐합되어 사라졌다고 한다. 한때 우리나라 '제2의 도시'라 불리던 부산은 요즘 젊은 인구 유출 문제가 심각한 지방 도시 중 한 곳이다.

> ○ 제서희(24, 여, 취업 보류, 개인 사업, 결혼 X)
>
> "제 초등학교 모교는 심지어 사라졌거든요. 동네에 있는 학교 두 개가 합쳐졌는데 이제 이름을 아예 그쪽 학교로 하게 돼서 이름이 없어졌어요. 요즘 조카들 학교 보면 애들이 진짜 줄었어요. 만약에 이런 게 계속되면 어쨌든 그 아이들도 이제 성인이 될 거잖아요. 그러면 성인이 되었을 때 일할 사람이 너무 없지 않을까, 그렇게 되면 국가가 어떻게 될까, 저도 그런 걱정이 들더라고요."

서희 씨 말처럼 앞으로 아이들은 더 줄어들 것이다. 2023년 첫 아이를 출산한 친구가 있다. 나와 내 친구가 태어난 1980년대 초반과 2023년 출생 상황을 비교하면 말 그대로 격세지감이 들 수밖에 없다. 통계청에 따르면 1981년 출생아 수는 86만 7,409명, 합계출산율은 2.57명이었다. 반면 친구의 아이가 태어난 2023년 한 해 출생아 수는 23만 명, 합계출산율은 0.72명이다. 출산율도 출산율이지만 출생아 수 감소가 엄청나다. 엄마와 아이, 고작 한 세대가 지났을 뿐인데 출생아 수는 거의 반의반 토막이 났다. 내 친구의 아이가 학교에 들어갈 때쯤 교실은 어떤 모습일까? 그땐 정말 한 반에 아이가 10명도 채 안 돼 유치원처럼 원탁에 둘러앉아 수업하게 될지 모를 일이다. 그 아이의 아이가 들어갈 때쯤엔?

2024년 저출산고령사회위원회 본회의에서 정부는 2030년 합계출산율을 1.0명까지 끌어올리겠다고 밝혔다. 그러나 설사 1.0명이 된다고 해도 그게 저출산 해소를 의미하진 않는다. 앞서 살펴본 것처럼 저출산이 오랜 기간 누적되어 출산 인구가 너무 줄었다.

애초 출산율 1.0명이라는 것부터가 대체출산율보다 낮은 저출산 상태다. 출산율이 대체출산율을 회복한다거나 월 2만 명이던 출생아 수가 5, 6만 명이 된다면 모를까, 저출산의 대세엔 한동안 별 변화가 없을 것이다. 0.7명과 1.0명의 차이는 인구가 더 빨리 줄어드느냐, 덜 빨리 줄어드느냐의 차이 정도일 뿐이다. OECD 출산율 꼴찌인 상황도 마찬가지일 것이다. 압도적 꼴찌에서 덜 압도적인 꼴찌, 혹은 꼴찌 수준이 되는 정도랄까.

계속 이런 저출산 상황이라면 미래 한국 인구는 어떻게 될까. 통계청은 주기적으로 장래 인구수를 추계한다. '아이가 생각보다 많이 태어날 것'이라고 가정하고 희망 회로를 돌리는 고위 추계, 최악을 상정하는 저위 추계, 그리고 중위 추계 세 가지 시나리오를 산출한다. 2024년 통계청이 발표한 장래 인구추계에 따르면 (몇몇 전문가들은 지나치게 낙관적이라 평하는) 중위 추계로 해도 2100년 인구가 1,936만 명으로 줄어 2,000만 명을 밑돌게 된다. 20세기 초 인구 수준으로, 쉽게 말해 2세기 전 구한말 인구로 돌아가는 셈이다.

저위는 물론 고위 추계로 해도 인구가 줄어드는 건 마찬가지다. 한국은 이제 어떤 시나리오로 해도 성장하는 단계에서 축소하는 단계로 들어섰다.

이미 인구 공동화를 겪고 있는 지방에서는 인구 감소 문제가 현실화된 지 오래다. 정부에서는 매년 인구 감소 지역을 뽑아 생활·체류 인구 등을 산출하는데, 2024년 기준 인구 감소 지역은 전국 89개 시·군·구다. 하지만 향후 가능성 등을 감안하면 인구가 감소하거나 소멸할 지역은 더욱 늘어난다. 이상호 한국고용정보원 연구위원이 《지역산업과 고용》 2024년 여름 호에 실은 「지방소멸 2024: 광역대도시로 확산하는 소멸위험」 연구에 따르면 20~39세 여성 인구수를 65세 이상 인구수로 나눈 '소멸 위험 지수'로 산출한 소멸 위험 지역이 전체 228개 시·군·구 중 130곳에 이르렀다. 전체의 57.0%다. 지자체 절반 이상이 소멸 위험에 처했다는 이야기다. 특히 전남, 경북, 강원 등 제주를 제외한 모든 '도' 단위 광역자치단체는 소멸 위험 지역에 해당했다.

서희 씨의 고향 부산은 광역시 가운데 처음으로 소멸 위험 지역으로 분류됐다. 한때 서울 다음으로 큰 도시였던 부산은 요즘 "'노인과 바다'만 남았다"라는 우스개 아닌 우스개가 돌 정도로 공동화되어 가는 중이다.

앞서 일본에서 문제가 되었던 '아키야空家(빈집)' 문제도 이제 남 일이 아니다. 아키야는 주인이 사망하거나 상속인이 관리를 거부해 방치된 유령 주택을 일컫는다. 정부 통계에 따르면 미분양, 신축이 아니라 진짜 버려진 빈집은 이미 전국에 13만 채가 넘는다. 방치된 낡은 빈집은 쓰레기, 쥐, 벌레 등으로 위생 문제를 일으킴은 물론 범죄의 온상이 되기도 한다. 아직 가시화하진 않았지만 지방 도시들의 경우 앞서 선진국에서 나타난 도시 슬럼화 가능성도 제기되고 있다.

2024년 인구는 분명 비상했다. 하지만 출생아 수가 조금 늘어났다고 해서 저출산이 해소된 것은 아니다. 여러 노력에도 불구하고 장기적으로 인구 감소는 계속될 가능성이 높다. 축소 사회는 불가피할 것이란 뜻이다.

다 저출산 아니에요?
왜 한국만 유난이에요?

 "근데 한국뿐 아니라 다 저출산 아니에요? 세계적인 추세 같은데 우리만 너무 유난 떠는 거 아닐까요?"

 저출산 관련해 취재하다 보면 이런 반문을 들을 때가 종종 있다. 우리나라뿐 아니라 다른 나라 출생아 수도 다 줄고 있는데, 왜 한국에서만 난리냐는 거다. 특히 요즘은 인터넷이나 SNS가 발달해 해외 여러 나라의 소식을 다양한 통로로 접할 수 있다 보니 국제 동향에 대해 잘 아는 사람들이 이런 의문을 제기하곤 한다.

 성대진 씨도 그런 의문을 가진 사람 중 한 명이다. 대진 씨는 한때 대기업에 다녔지만 지금은 판매 중개업체를 창업해 포털사이트

등에서 농산물, 화장품, 생활용품 등을 판매하고 있다. 개인 사업을 하다 보니 아무래도 경제 동향이나 유행에 민감해질 수밖에 없어서 소셜네트워크서비스SNS 경제 관련 콘텐츠를 자주 시청한다고 했다.

> ○ 성대진(40, 남, 온라인 판매 중개업, 이혼, 자녀 X)
>
> "제가 제일 많이 보는 (유튜브) 채널 중에 ○○○○라고 있어요. 경제 유튜브인데 아마 인터넷에서 출산 이야기 제일 많이 하는 채널일 거예요. 처음에는 우리나라에서 계속 문제라 그러니까 '그렇구나' 했어요. 그런데 그런 유튜브 채널 보니까 중국도 말도 안 되게 떨어지고, 동아시아 다 문제고, 복지 좋은 스웨덴도 떨어진대고. '동남아도 떨어지네?' '전 세계 다 문제인데 왜 우리만 이렇게 오버해야 해?' 이런 생각이 들더라고요."

대진 씨가 말한 것처럼 세계 많은 나라가 저출산을 겪고 있는 게 사실이다. 특히 주요 선진국들은 대부분 저출산 상황이다. OECD 홈페이지에 올라온 「Society at a Glance 2024(한눈에 보는 사회 2024)」 책자에 따르면 2022년 기준 50개국 합계출산율 가운데 대체출산율이라 하는 2.1명보다 출산율이 높은 비非저출산 국가는 이스라엘(2.89명)을 포함해 단 4개 국가에 불과했다. 그나마도 이스라엘을 제외한 3개 국가는 2.1명을 간신히 넘긴 수준이었다.

가족친화적 정책 도입으로 출산율을 반등시켜서 우수 사례로 국내서 자주 언급되던 나라들도 최근 다시 출산율이 떨어지는 모습을 보이고 있다. 한국보건사회연구원《국제사회보장리뷰》에 실린 독일 연방인구연구소 보고서에 따르면 2011년부터 2021년까지 1.39명에서 1.58명으로 소폭 올랐던 독일의 합계출산율은 2022년 다시 큰 폭으로 하락했다. 독일은 일본과 함께 우리 정부가 출산율 반등 사례로 가장 많이 참고하는 국가다.

육아 복지가 좋기로 정평이 난 '라떼 파파'의 나라 스웨덴도, 서유럽의 대표적인 다자녀 국가 프랑스도 사실 국가 합계출산율은 2.1명에 한참 못 미친다. 다른 나라는 더 말할 것도 없다. 정자 기증으로 낳은 아이를 포함해 총 11명(2024년 6월 기준)의 자녀를 둔 일론 머스크 테슬라·스페이스X 대표는 자주 이런 저출산 상황을 우려하는 SNS 피드를 올리는데 2024년 6월에도 유럽 저출산의 심각성을 다룬 뉴스를 링크하면서 "문명이 펑 하고 혹은 낑낑거리다 끝날 수도 있다(성인 기저귀와 함께)"라고 글을 달았다.

머스크의 '기저귀 피드'가 아주 우스갯소리는 아닌 것이 최근 유럽 전체 출산율은 1960년 이래 최저 수준이다. 평균 합계출산율이 1998년 1.4명으로 바닥을 친 이래 2015년 1.57명까지 올랐지만, 다시 떨어지고 있다.

유럽뿐 아니다. 이웃 나라 일본에서도 최근 들어 다시 출산율, 출생아 수 모두 동반 감소하고 있다. 위기감이 커지자 일본 정부는 2023년 12월 '아동미래전략' 각료회의에서 "다자녀 가정은 소득에 상관없이 자녀 대학 수업료를 면제하겠다"라는 등의 내용을 담은 파격적인 저출산 대책을 발표하기도 했다.

　세계은행에 따르면 필리핀, 베트남, 태국의 합계출산율도 계속 떨어져 2021년 기준 각각 2.75명, 1.94명, 1.33명을 기록했다. 중국은 한 자녀 정책을 푼 이후에도 출산율이 오르지 않아 가가호호 출산을 독려하는 등 깊은 고민에 빠졌다. 저출산은 전 세계적 추세다. 세계은행 자료에 따르면 1963년 전 세계 합계출산율은 5.32명이었지만, 2021년 2.27명까지 떨어졌다. 전 세계 평균이 이미 대체출산율에 근접했다.

　전 세계 주요국 출산율이 모두 떨어지고 있고, 인류도 그에 대비하고 있기에 향후 인구 감소를 반드시 부정적으로 바라볼 필요는 없다는 시각도 존재한다. AI와 로봇 등 기술의 비약적 발전이 인구 감소가 가져올 충격을 일정 부분 흡수하거나, 오히려 생산과 수요의 균형을 맞추는 계기가 될 수도 있다는 주장이다. 사업체 대표이면서 본인 유튜브 채널을 운영하는 여진우 씨는 이런 의견에 공감이 간다고 이야기했다.

○ **여진우(39, 남, 유튜버·사업체 대표, 결혼 12년 차, 자녀는 3세 아들)**

"유명한 정치인을 식사 자리에서 뵌 적이 있는데 산업혁명 시대의 계산법으로 인구를 보면 문제일 수 있다고 생각하시더라고요. AI가 나오고 로봇이 나오면서 생산 과잉이 일어날 수 있는데 마침 저출산으로 노동력이 줄면서 생산과 수요가 오히려 맞아떨어지게 될 거라는 거예요. 듣고 보면 아주 말이 안 되는 얘기 같진 않아요. 이제

(로봇의 활용도가 높아져서) 로봇에도 세금 매기는 세상이 온다잖아요."

진우 씨 말처럼 AI 등 첨단 기술이 발전해 사람을 대체하면 생산력 감소 같은 문제가 상당 부분 해소될 수도 있다. 2024년 한국개발연구원KDI 「인공지능으로 인한 노동시장의 변화와 정책방향」 보고서에 따르면 국내 일자리 10개 가운데 9개는 불과 6년 뒤면 AI와 로봇으로 90% 이상 대체 가능하다. 전문화된 고숙련 노동도 더 이상 AI 기술이 도전 못 할 불가능의 영역은 아니다. 한국은행은 2023년 한 발간물을 통해 소위 '사'자字 달린 전문직, 의사, 회계사, 변호사가 AI로 대체될 위험이 크다고 예측했다.

이쯤 되면 한국의 저출산 걱정을 두고 '유난을 떠는 게 아니냐'한 의문이 합리적인 것 같다. 마치 기후변화를 돌이킬 수 없다면 적응하며 사는 법을 익히면 된다는 주장처럼, 저출산도 거스를 게 아니라 그에 적응해서 살면 되는 걸까?

물론 인구 감소에 적응하기 위한 노력도 필요하다. 하지만 인구를 늘리려는 노력도 계속해야 한다. 몇 가지 측면에서 한국의 저출산 상황은 다른 나라보다 더 심각하기 때문이다. 첫째, 한국의 저출산은 그 속도가 빨라도 너무 빠르다. 전 세계 주요 국가 다 저출산 상황인 건 맞지만 이렇게 단기간 급속하게 인구가 줄고 있는 나라는 한국뿐이다.

불과 50, 60년 전까지만 해도 한국의 합계출산율은 6~7명이었다. '그렇게나 많았다고?' 의아하다면 우리의 할머니, 할아버지를 떠올려 보자. 5~10남매인 경우가 일반적이다. 60, 70대인 나의 부모님 두 분 역시 6남매의 일원이다. 시댁의 경우 더 많다. 시어머니께서는 9남매 중 막내이시다.

현재 노년층인 1950, 60년대생들은 한국의 베이비붐 세대다. 서구 국가들도 전후 베이비붐 시대를 겪었듯이 한국도 6·25전쟁이 끝난 직후부터 1970년대 초반까지 20여 년간 '고출산' 시대를 경험했다. 흔히 1955년부터 1963년까지 태어난 세대를 1차 베이비붐, 그 이후부터 1974년까지를 2차 베이비붐 세대라 부른다. 1차 베이비붐 때 태어난 출생아 수만 710만 명에 이른다. 2023년 출생아 수(23만 명)로 치면 31년이 걸려야 낳을 수 있는 아이가 단 8년 만에 태어난 셈이다. 전후 한국의 인구수가 지금의 절반에 불과했다는 사실, 즉 부모 수가 지금보다 훨씬 적었던 걸 감안하면 더욱 엄청난 숫자다. 말 그대로 인구가 폭발(붐boom)하듯 늘어나는 시대였다.

그렇게 늘던 인구가 갑자기 급격한 감소세로 돌아섰다. 산업화, 도시화로 자연스럽게 핵가족화와 출생아 수 감소가 이뤄진 측면도 있지만, 한국에선 사실 정책의 영향이 컸다. 1960년대부터 시행된 '가족계획 사업'이 그것이다.

전후 1960년대 안 그래도 없는 살림에 인구, 당시 표현으로 "똥구멍이 찢어지게" 가난한 인구의 급증은 정부로서 큰 부담일 수밖에 없었다. "식량은 산술적으로 늘지만, 인구는 기하급수적으로 증가한다"라는 맬서스Thomas Robert Malthus의 인구론이 강하게 신봉

되던 때였다. 자연히 인구 억제 정책의 필요성이 대두됐다. 1961년 박정희 정부는 경제개발계획의 일환으로 가족계획 사업을 시작한다. 전 국민을 대상으로 한 산아제한 사업이었다. 출산과 가족계획이라는 지극히 개인적인 영역을 국가의 정책 범주 안으로 끌어들인 나라는 인도, 파키스탄 다음으로 한국이 세 번째였다. 당시로서는 획기적인 시도였다.

출생아 수를 줄이겠다고 정부가 벌인 당시 사업들을 지금 보면 격세감이 이를 데 없다. "덮어놓고 낳다 보면 거지꼴을 못 면한다"라는 직관적인 캠페인 문구가 온 마을에 붙은 건 물론이고, '세 자녀(3)를 세 살 터울(3)로 낳아 서른다섯에 단산하자(35)'는 의미의 '3-3-35운동'도 벌어졌다. 쉽게 말해 '제발 자녀를 셋만 낳고 더 낳지 말아 달라'는 캠페인이었다. 당시 얼마나 많은 출산이 이뤄졌는지 짐작할 수 있다. 1960, 70년대 한국에선 정부가 무료 피임 시술을 지원하고 낙태(임신중절)를 널리 장려하기도 했다. 지금은 아이를 많이 낳아야 주택, 의료 혜택을 주는데, 당시엔 반대로 아이를 적게 낳아야 주택은 물론 건강보험 혜택을 받을 수 있었다. 심지어 공무원의 경우 아이를 많이 낳으면 고과에 불이익을 줬다.

이런 적극적 인구 억제 정책 덕에 합계출산율과 출생아 수는 빠른 속도로 감소했다. 얼마나 빠르게 감소했을까. 당초 인구 억제 정책의 목표는 합계출산율을 대체출산율 수준인 2.1명까지 끌어내리는 것이었다. 1981년 국내 인구 전문가들은 그 목표를 2000년이나 돼야 달성할 수 있을 거라 전망했지만, 그 전망이 나온 지 단 2년 만인 1983년 합계출산율이 2.06명으로 떨어지면서 목표를 17년이나 당겨 달성했다. 고무적인 결과였다. 국가 가족계획 사업은 성공적이었다.

문제는 정책이 효과적이어도 너무 효과적이었다는 점이다. 합계출산율은 정부의 목표에서 그치지 않고 비탈길에서 제동장치 풀린 자동차처럼 더욱 속도를 내어 떨어졌다. 출산율 목표를 달성한 이듬해 곧장 합계출산율 2명 선이 붕괴했고 또 단 2년 만인 1986년 출산율은 1.5명대까지 급락했다.

안타깝게도 정부는 이런 상황을 인지하고도 한동안 인구 억제 정책 기조를 바꾸지 않았다. 이미 대체출산율을 한참 하회했지만, 출산율이 언제 또 반등할지 모른다고 생각했다고 한다. 민주화, 경제 개혁, 외환 위기 극복 등 산적한 선결과제 때문에 인구에 관한 관심이 상대적으로 떨어진 탓도 있다. 결국 저출산의 심각성을 깨닫고 대응 방향을 본격 선회한 건 1990년대 중반에 이르러서였다. 이미 인구 감소가 급물살을 탄 지 한참이 흐른 뒤다. 저출산 대응으로 정책 방향을 수정한 이후에도 출산율은 계속 떨어졌고 2010년대 급기야 1명대 벽이 무너졌다. 그렇게 2명이 6~7명을 낳던 시절에서 1명만 낳는 나라가 되기까지 걸린 시간은 30년, 1명도 낳지 않는 나라로 전락하는 데 걸린 시간은 50년에 불과했다. 우리보다 앞서 저출산을 겪은 나라들에선 6~7명이 1명으로 줄어드는 데도 100년, 200년이 걸렸다.

물론 정부 정책만 탓할 순 없다. 유럽, 일본 등 우리보다 앞서 저출산의 길을 간 선진국들의 경우 인구가 줄다가 육아 관련 제도와 복지가 개선된 뒤 출산율이 반등하거나 최소한 인구 감소세가 둔화하는 양상이 나타났다. 한국에서도 최근 20년간 과거 그 어느 때보다 많은 육아 지원과 혜택이 조성됐다. 2006년 1차 '저출산고령사회 기본계획'이 시작되었고 약 20년간 전에 없던 많은 제도가 만들어졌다. 그중 일부는 국제사회에서도 모범 사례로 보고 벤치마킹할 정도다. 어린이집 무상보육, 아이돌보미 제도 등이 대표적이다. 하지만 같은 기간 국내 합계출산율과 혼인 수는 반등은커녕 더 감소하기만 했다.

2024년 만난 조앤 윌리엄스 명예교수는 인터뷰에서 현 한국의 상황이 매우 이례적임을 거듭 강조했다.

> ○ **조앤 윌리엄스 미국 캘리포니아대학교 법학대학원 명예교수**
>
> "평시平時의 나라에서 그런 출산율(급락)은 본 적이 없어요. 전쟁이나 팬데믹 도중이라면 모를까. '매우 매우' 이례적인 일입니다."

0명대 합계출산율을 이렇게 오래 유지하고 있는 나라는 주요 선진국들 가운데 전무후무하다. 출생아 수가 대체출산율 2.1명 아래로 떨어지면 저출산low fertility 상황인데 1.3명 아래로 떨어지면 초저출산ultra low fertility 상황이라 별도로 부르기도 한다. 그냥 우스개로 만든 말이 아니라 실제 인구학에서 쓰는 말이다. 1990년대와 2000년대 사이 유럽의 출산율이 1명대로 떨어지면서 저출산 문제가 심화하자 그 심각성을 강조하기 위해 일반적인 저출산 상황과 분리해 초저출산이란 말을 쓰기 시작했다. 압도적 꼴찌, 나홀로 0명대로 떨어진 한국의 상황은 뭐라 불러야 할까. 초초저출산이나 극초저출산이라는 분류를 따로 만들어야 하는 건 아닐까.

인구학에서 0명대 출산율은 전시戰時나 기근 같은 재난 상황이 발생했을 때 나올 수 있는 출산율이라고 보았다고 한다. 실제 한국의 합계출산율이 전쟁 중인 우크라이나나 기근을 겪고 있는 북한의 출산율과 비슷하다는 분석 기사가 나오기도 했다. 2025년 보도에 따르면 전쟁을 겪고 있는 이스라엘에서는 되레 출산율이 늘었다. 한국의 상황은 전쟁을 겪고 있는 나라만 못하다는 이야기다.

한국의 저출산이 심각한 두 번째 이유는 절대적인 인구 규모다. 주요 선진국들과 비교할 때 한국은 매우 작은 나라다. 땅덩어리도 작고 마땅한 자원도 없다. 이런 나라에서 사람, 인재의 중요성은 더욱 크다. 한국이 '아시아의 용'이라 불리며 눈부신 경제 성장을 이룰 수 있었던 것도 훌륭한 인재와 제자리에서 묵묵히 소임을 다해 열심히 일한 절대다수의 시민들, 즉 '맨 파워' 덕분이었다. 많은 것이 기계로 대체되고 있다지만 여전히 머릿수, 즉 사람의 수는 중요하다. 전쟁만 봐도 그렇지 않은가. 결국 마을이든 도시든 한 구역을 점령하기 위해서는 수천, 수만 명의 병력을 투입해 백병전을 벌여야 한다.

인구는 그 자체로 두뇌이자 노동력일 뿐 아니라 내수시장을 구성하는 소비자이기도 하다. 인구가 준다는 건 국내에서 물건을 사는 사람이 사라진다는 뜻이다. 2023년 한국은행 보고서는 한국이 저출산과 고령화에 효과적으로 대응하지 않을 경우 인구 감소로 인해 2050년대에는 평균 68%의 확률로 경제 성장률이 마이너스를 기록하고, 2060년대부터는 역성장 확률이 80%를 넘을 것으로 전망했다. 아무리 기계가 사람을 대체하는 첨단 IT의 시대라 하더라도 인구의 절대적 규모는 여전히 중요하다.

종종 "그동안 인구밀도가 너무 높았으니 좀 줄어도 좋지 않으냐"라고 이야기하는 사람도 있다. 한국의 인구밀도가 주요 선진국들과 비교해 높은 건 사실이다. 세계은행 자료에 따르면 한국의 인구밀도는 1제곱킬로미터당 529명으로 선진국을 포함한 주요 국가들 가운데 가장 높았다. 하지만 이건 국토 규모 자체가 작아서 그런 것이지, 인구가 절대적으로 많기 때문은 아니다. 한국의 인구밀도를 유럽 등 선진국 수준으로 줄인다고 하면 인구가 현재보다 적게는 2분의 1, 많게는 10분의 1 이상으로 줄어야 한다. 이 정도로 인구가 줄어들면 노동자는 물론 소비자도 줄어듦으로써 국가의 생산성과 내수시장이 큰 타격을 받을 것이다.

물론 인구가 1,000만 명이 안 되면서 세계 주요 선진국에 이름을 올린 나라들도 있다. 일명 '강소국'이라는 스위스, 룩셈부르크, 뉴질랜드, 그리고 노르웨이를 포함한 북유럽 3개국 등이다. 하지만 이들은 오랜 전통을 가진 세계적 금융 허브(스위스, 룩셈부르크)이거나 자연 자원이 풍부(북유럽, 뉴질랜드)한 나라들이다. 한국엔 그런 자원과 배경이 없다. 그런 가운데 인구마저 줄어든다면 향후 국제사회에서 지금의 경제·사회적 지위를 계속 유지할 수 있을지 미지수다.

2005년
지하철 공익광고의 경고

머릿수만 문제가 아니다. 한국은 전 세계에서 가장 빠르게 인구가 줄 뿐 아니라 가장 빠르게 고령화하고 있는 나라다. 아이는 적게 태어나고, 의료·복지 발달로 어르신들의 수명은 길어지면서 고령화도 더블링되고 있다. 한국경제연구원에 따르면 1970~2018년 한국의 고령화 비율 연평균 증가율은 3.3%로 OECD 37개국 중 가장 빨랐다.

2024년 9월 통계청이 발표한 「2022년 장래인구추계를 반영한 세계와 한국의 인구 현황 및 전망」 보고서에 따르면 한국은 2072년 고령 인구 비율이 47.7%까지 올라 세계에서 세 번째로 늙은 국가가 될 전망이다. 1, 2위를 차지했다는 홍콩과 푸에르토리코는 나라라기보다 하나의 지역에 가까운 점을 감안하면 실질적인 국가 순위로 한국이 1위라 볼 수 있다.

인구의 47.7%면 사실상 절반이다. 48년 뒤면 노인이 반, 노인 아닌 사람이 반인 사회가 된다는 뜻이다.

2005년 아주 인상적인 지하철 공익광고가 기억나는데, 지하철 내 일반석 자리가 노약자석이 되어 노인들로 가득하고, 노약자석은 일반석이 되어 어린아이 두 명이 앉아 있는 모습을 그린 포스터다. 저출산이 계속되면 지하철의 노약자석이 사실상 일반석과 자리를 바꾸게 될 것이라는 내용이었다. 저출산이 무엇인지도 생소하던 시기, 저출산의 미래를 생활 밀착형으로 생생히 보여준 광고에 '어떻게 저런 생각을 했지?' 하고 감탄했던 기억이 난다. 그 참신하다고 감탄했던 포스터가 현실이 되는 날이 머지않았다. 이미 지하철을 타면 노약자석이 만석임은 물론이고 앉을 자리를 찾지 못한 어르신들이 일반 좌석까지 넘어가 앉아 계신 모습을 어렵잖게 볼 수 있다. 초초저출산에 이어 초초고령사회도 코앞이다.

고령화로 인해 발생하는 문제는 익히 알려져 있다. 생산 가능 인구가 줄고 청년 1명당 부양해야 할 어르신 인구가 늘면서 사회의 부담이 늘어날 것이다. 통계청에 따르면 2022년 15~64세 생산 가능 인구 비율은 71.1%지만 2052년에는 51.4%까지 줄어든다. 생산 가능 인구 100명당 부양 인구(유소년 인구+고령 인구) 비율인 한국의 총부양비도 2024년 42.5명에서 2072년에는 118.5명으로 거의

3배나 껑충 뛰어오를 것으로 예측됐다.

이에 따라 젊은이들이 버는 돈의 거의 절반 가까이를 세금으로 내야 할 거란 전망도 나온다. 전영준 한양대학교 교수는 2024 경제학 공동학술대회에서 발표한 논문에서 '세대 간 회계'라는 분석 방식을 통해, 각 세대가 평생 세금으로 얼마나 부담해야 하는지, 순조세부담을 추산했다. 그 결과 고령화로 갈수록 연금, 급여 등 복지 지출이 늘면서 이 적자를 메우기 위해 국내총생산GDP의 13.3%가 추가로 부담돼야 하는 것으로 나타났다. 특히 20~30대 젊은 세대는 자신들의 평생 소득 중 약 20%에 달하는 돈을 지금보다 추가로 내게 돼 총 40% 이상을 세금 등으로 부담해야 했다.

젊은 세대만 힘들어지는 건 아니다. 부양할 사람들이 없어지면 노년층도 힘들어지긴 마찬가지다. 한국은 이미 노인들이 가난한 나라다. 우리나라가 OECD 안에서 1위를 차지하고 있는 낯부끄러운 지표가 몇 개 있는데 노인빈곤율도 그중 하나다. 2020년 기준 40.4%로 무려 10년 넘게 부동의 1위를 지키고 있다. 우리보다 훨씬 앞서 고령화한 일본의 노인빈곤율도 2020년 기준 20.0%로 한국의 절반이 안 된다.

이런 가운데 한국인이 노후에 받는 연금의 소득대체율은 40%대로 OECD 권고치 대비 20%p 이상 낮다. OECD 국가 평균(58.0%)에도 크게 못 미치는 수준이다. 국민연금 개혁안이 2025년 3월, 18년 만에 국회 본회의를 통과해 '내는 돈'인 보험료율이 현행 9%에서 13%로 인상됐고 '받는 돈'인 소득대체율은 40%에서 43%로 상향하기로 거국적인 합의가 이뤄졌지만, 여전히 다른 나라들과 비교해 열악한 수준이다. 지금과 같은 저출산고령화 속도라면 돈 낼 사람은 줄고 돈 받을 사람만 급격히 늘어나기에 앞으로도 대체율을 현격히 높이긴 어려워 보인다. 대체율을 높이긴커녕 지금 수준으로도 연금 재정이 고갈되지 않을까 걱정하는 형편이다. 지금 추세대로 노인 인구가 늘어난다면 어쩌면 한국은 근미래에 그냥 노인 많은 나라가 아니라 '가난한 노인이 가장 많은 나라'가 될지 모른다.

통계청에 따르면 2024년 2분기 65세 이상 노인 취업자 수가 월평균 394만 명으로, 1989년 집계 시작 이래 처음으로 15~29세 청년(380만 7,000명)을 뛰어넘었다. 처음 집계를 시작한 1989년만 해도 청년 취업자가 노인보다 13배 많았다는데, 35년 만에 노인이 청년을 역전했다. 노후 자산이 충분치 않다 보니 늦은 나이까지 일하는 노인이 늘고 있기 때문으로 보인다.

이런 고령 노동력의 유입이 청년들의 생산성을 어느 정도 대체할 수라도 있다면 좋겠지만, 생산 가능 인구 중심으로 짜인 산업구조에서 아직 노인들이 종사할 수 있는 일자리는 상대적으로 적고 열악한 게 사실이다. 예전에 노인 일자리 관련 기사를 기획하며 여러 분야의 어르신들을 만나 취재한 적이 있는데, 대학을 졸업하고 꽤 괜찮은 기업에서 오래 근무한 전력이 있음에도 정년퇴직 후 마땅한 일자리를 찾지 못해 식당, 경비, 용역 등 열악한 일자리를 전전하는 분들이 많아 놀랐다. 당시 취재한 퇴직자 중에는 소위 명문대를 졸업하고 대기업 임원까지 역임한 70대 남성인데 경비 등을 전전하다 핸드백에 단추 붙이는 알바를 하고 있다는 이도 있었다.

고령화는 경제적인 문제만은 아니다. 고령자 비율이 높아지면서 사회·문화적으로도 전에 없던 변화와 갈등이 발생할 것이다. 서로 다른 성향과 배경을 지닌 세대 간 갈등, 반목은 이미 생소한 일이 아니다. 연금 개혁만 봐도 한참 돈을 내야 할 젊은 세대와 당장 돈을 받아야 할 고령자들의 입장이 다르다. 앞서 지하철 좌석 이야기를 했는데, 어르신 지하철 무임승차 문제 역시 세대별 의견이 갈리는 대표적 사안이다.

앞으로 고령자 수가 더 늘고 그들의 목소리가 더욱 커지면 정책과 결정은 더욱 그쪽으로 무게가 실릴 가능성이 높다. 22대 국회의원만 해도 이미 60대 이상이 전체의 35% 이상이다. 3040 등 비교적 젊은 의원은 이른바 '청년 포션(청년 몫)'으로 들어온 이들을 다 포함해도 15%가 채 안 된다(선출 당시 기준). 오죽하면 국회의원 연령 쿼터제, 세대별 차등투표제를 도입하자는 말도 나온다. 2024년 5월 한국조세재정연구원KIPF 홍범교 명예선임연구위원은 보고서를 통해 50대에게 1표를 주고 20대에게는 1.33표를 부여하는 방식으로 인구수에 반비례하여 투표권을 차등화하자고 주장하기도 했다.

일상에서 급증하는 고령자와 젊은 세대 간 공존도 화두가 될 것이다. 노인 일자리 문제를 취재하면서 흥미로운 이야기를 들은 적이 있다. 흔히 고령자의 일자리가 늘어나는 걸 청년들이 꺼리는 이유는 청년들의 취업 기회가 줄어들기 때문이라고 알고 있다. 그런데 이미 취업한 청년들과 이야기를 나눠보니 "어르신들과 한 공간에서 함께 일하는 것 자체가 부담스럽다"라는 이유를 드는 청년들이 적지 않았다. 그만큼 고령자들과의 문화적 차이가 크고, 그들을 대하는 게 어렵기 때문이다.

취재원으로 만난 한 젊은 교수도 비슷한 이야기를 했다. 현재 다른 기관에서 연구교수로 파견 근무 중인 그는 나이가 훨씬 많은 노교수와 연구실을 함께 쓰고 있는데, 이로 인해 연구실 출근을 점점 피하게 되었다고 했다. "같이 있을 때 뭘 자꾸 물으시는데 그때마다 답해드려야 하고, 음료수 마실 때도 괜히 한 잔 같이 타드려야 하는 등 다시 대학원생으로 돌아간 기분"이 들었다는 것이다.

고령 인구가 늘고 있고 정부가 정년 연장 등 고령자 취업 활성화 방안을 추진 중이기 때문에 앞으로 일터와 생활 곳곳에서 고령자와 다른 세대 간의 공존은 늘 수밖에 없다. 흔히 많이 예로 드는 할리우드 영화 〈인턴The Intern〉(2015)처럼 30대 (그것도 심지어) 여성 CEO가 70대 남성 인턴에게서 일의 팁과 인생의 위로를 얻는 아름다운 그림이 펼쳐지면 좋겠지만 장유유서, 연공서열, 높임말 문화가 뿌리 깊은 한국 사회에서 나이 어린 상사와 나이 많은 부하 직원의 공존은 할리우드 영화 같지 않을 가능성이 높다. 예를 들면 한 다리 건너면 지연에 학연으로 다 연결되는 것이 좁디좁은 한국 사회다. 어느 날 60대 신입 직원이 30대 사장에게 이렇게 이야기했다고 가정해 보자. "사장님, 혹시 부친께서 ○○고 8기 졸업생, XXX 아닙니까? 제 후배더라고요. 와, 세상이 이렇게 좁네요!" 향후 사장이 신입 직원을 대하기 얼마나 껄끄러울지는 '안 봐도 비디오'다.

고령화와 함께 가구의 소형화도 저출산으로 인한 큰 변화다. 결혼, 출산이 줄어 가족의 규모가 작아지면서 1인 혹은 2인으로 구성된 '미니 가구'가 늘고 있다.

한국은 (이미 예상했겠지만) 가구 소형화의 속도도 빠르다. 저출산이 빠르게 진행되고 있는 탓이다. 그렇다 보니 재미있는 걸 볼 수 있는데, 인구는 줄어드는 가운데 되레 가구 수는 증가하는 현상이다. 「2024 행정안전통계연보」에 따르면 주민등록 인구는 2020년 5,183만 명으로 전년에 비해 0.04% 감소했고 2021년 5,164만 명(-0.37%), 2022년 5,144만 명(-0.39%), 2023년 5,133만 명(-0.22%) 등 4년 연속 감소하는 중이다. 그런데 주민등록세대는 2023년 2,391만 4,851세대로 전년(2,370만 5,814세대)에 비해 0.88%(20만 9,037세대) 증가했다. 가구가 작게 쪼개지는 것이다.

실제 '나혼산(나 혼자 산다)' 가구, 즉 1인 가구는 이제 전보다 많은 정도가 아니라 대한민국의 주 가구 형태가 됐다. 통계청의 2023년 '인구주택총조사' 결과 782만 9,035가구로 전체(2,207만 가구)의 35.5%를 기록했다. 1980년에는 4.8%에 불과했지만, 2000년 15.5%, 2020년 31.7%로 가파르게 증가했다. 이제는 부모와 자녀 등으로 구성된 3~4인 가구(712만 1,007가구·32.3%)보다 1인 가구

수가 더 많다.

행정안전부의 주민등록 인구 통계에서는 더 많이 집계된다. 주민등록 통계상에서 나혼산 1인 가구는 2024년 3월 이미 1,000만 가구를 돌파했다. 2024년 8월 통계에선 1,009만 7,800가구로 전체 주민등록 가구의 42%를 기록했다. 우리나라 열 집 중 네 집이 나혼산이라는 이야기다. 증가 속도를 감안하면 1인 가구가 과반수가 되는 날도 머지않았다. 참고로 통계청과 행정안전부 수치가 다른 이유는 통계청의 경우 국적 불문 국내에 살고 있는 사람을 모두 한국 인구로 인정하고 대신 유학이나 해외 근무로 외국에 사는 한국인은 제외하는 반면, 행정안전부는 반대로 국내 외국인을 제하고 주민등록이 남아 있는 한국인은 해외 인구 포함 모두 집계하기 때문이다.

과거에는 1인 가구라 하면 중년 이후 사별, 이혼 등으로 수동적이고 불가피하게 나혼산이 된 경우(비자발적 1인 가구)가 많았다. 하지만 저출산 분위기와 함께 2040세대 젊은 1인 가구가 빠르게 늘어서 지금은 2040 젊은 나혼산이 노년 나혼산보다 많다. 행정안전부의 2024년 8월 기준 주민등록 인구 통계에 따르면 2040세대가 전체 1인 가구의 44.5%를 차지해 60대 이상 노년층 비율인 38.7%를 넘어섰다.

결혼하지 않고 혼자 살거나 결혼 후 출산하지 않는 부부가 늘면서 가구 소형화 추세는 계속 이어질 것이다. 통계청 인구주택총조사 결과에 따르면 2인 가구도 전체의 28.8%로 1인 가구 다음으로 많았다. 그중 상당수는 결혼하고 아이가 없는 '딩크DINK, Double Income No Kids족'일 것으로 추정된다. 딩크족에 대한 공식 통계는 없지만 2인 가구와 함께 신혼 5년 내 아이를 낳지 않는 부부 비율 역시 증가하고 있어서다. 이런 무자녀 2인 가구 역시 과거에는 난임이나 나이, 경제적 이유로 수동적이고 불가피하게 되는 경우가 많았다면, 요새는 개인이 적극적으로 딩크족을 선택하는 경우가 늘고 있다.

1, 2인 가구의 증가는 고령자의 증가와 마찬가지로 다양한 변화를 불러올 것이다. 과거와 달리 구매 능력이 있고 자신을 위해 적극적으로 소비하는 젊은 솔로, 딩크족 부부는 새로운 영역의 소비를 진작할 것으로 기대된다. 솔로와 이코노미를 합친 '솔로노미'라는 말도 나온다. 대학교 교직원인 홍지훈 씨도 결혼 10년 차 딩크족이다. 대학생일 때 만난 지훈 씨와 지훈 씨 아내는 둘 다 타향 출신으로 홀로 지내며 서로를 의지하다 취미와 가치관 등 모든 것이 잘 맞아 결혼하게 됐다. 둘은 지금도 여행, 운동 등 많은 취미 활동을 함께한다. 가구 지출의 대부분은 부부의 취미 활동과 관련한 것이다.

○ 홍지훈(38, 남, 대학교 교직원, 결혼 10년 차, 자녀 X)

"와이프랑 워낙 잘 맞고 저희가 또 여행 다니는 거나 취미 운동을 같이 하는 거라든지 이런 거를 좋아해서 저는 탁구를 하고요. 수영도 하고 또 뭐 하지, 요가 같은 것도 같이 다니고 그렇습니다. 종목을 하나만 두지 않고 웬만하면 같이 할 수 있는 것, 자전거 라이딩을 한다든지 그런 식으로 취미를 공유해서 시간을 많이 보내는 편이에요. 시간도, 돈도 다 서로를 위해 쓰죠. 아기가 있으면 모든 정신이 아기에게 포커스가 되는데 저희는 좀 더 상대방을 보고 서로 원하는 걸 할 수 있다는 거, 그게 딩크족의 장점이 아닐까 싶어요."

2023년 통계청 '가계동향조사'에 따르면 30대 1인 가구의 월평균 수입은 365만 원이고 평균 지출액은 270만 원으로, 월수입의 약 73%를 소비하는 것으로 나타났다. 전체 가구의 평균 지출액 비율과 큰 차이가 나지 않는다. 자녀가 있는 가족이 소비의 상당 부분을 자녀에게 쓸 것을 감안하면 30대 1인 가구가 본인에게 쓰는 돈이 상대적으로 많다는 이야기다.

새로운 시장이 열린다는 건 좋은 일이다. 하지만 사실 1, 2인 가구의 급격한 증가에 대해선 우려와 부정적인 전망이 더 많은 게 사실이다. 가장 많이 제기되는 건 외로움과 사회적 고립으로 인한 우울증 등 1인 가구의 건강 문제다. 혼자라고 꼭 외롭거나 우울하다는 건 아니지만, 아무래도 가구 구성원이 적다 보면 상대적으로 외로움과 고립감을 느낄 기회가 많을 수밖에 없다.

국회미래연구원이 2021년 한국인의 행복 조사 서베이 자료를 활용하여 1인 가구, 다인 가구의 행복감을 비교한 결과 전반적 행복감이 1인 가구 6.22점, 다인 가구 6.61점으로 다인 가구가 유의미하게 높은 것으로 나타났다. 1인 가구는 생활 수준과 건강, 대인 관계, 안전감, 공동체 소속감, 미래 안정 등 거의 모든 항목에서 다인 가구에 비해 낮은 점수를 보였다. 2022년 서울연구원이 서울시 1인 가구를 대상으로 실시한 행복 지수 조사에서도 1인 가구 행복지수는 5.7점으로 다인 가구 6.4점과 비교해 눈에 띄게 낮았다.

유엔 지속가능발전해법네트워크Sustainable Development Solutions Network, SDSN가 2025년 발표한 「세계 행복보고서」에서 한국인은 세계에서 저녁 '혼밥'을 가장 많이 하는 나라로 꼽혔는데, 보고서는 누군가와 함께 식사하는 것이 소득, 취업 상태 못지않게 행복과 직결되는 요소라고 진단했다. 다시 이야기하면 혼자 밥 먹는 사람은 상대적으로 덜 행복할 거란 이야기다. 보고서에 따르면 한국인이 일주일에 타인과 함께 저녁 식사를 하는 횟수는 평균 1.6회에 불과해 G20 국가들 가운데 가장 적었다.

주변 누구와도 소통하지 않고 자기 안에 갇혀 은둔형 외톨이가 되는 이들도 있다. 우리보다 앞서 저출산고령화를 겪은 선진국들에선 이미 은둔형 외톨이가 사회적 문제로 대두된 지 오래다. 대표적인 것이 일본의 '히키코모리引きこもり'다. 히키코모리란 오랜 기간, 일반적으로 반년 이상 집에 틀어박혀 사회와의 접촉을 극단적으로 기피하는 행위나 그런 사람을 일컫는 일본 말이다. 쉽게 말해 심한 '방콕족' 같은 것이다. 아무런 사회·경제활동을 하지 않은 채 외톨이로 지내기 때문에 개인적으로도 문제가 될 뿐 아니라 가정과 국가에 부담이 되고 전체적인 생산력을 떨어뜨린다. 이들 중엔 오랜 고립 생활 끝에 망상에 빠져 이상행동을 보이는 사람들도 있다. 서

울 신림역과 경기 분당에서 칼부림 사건을 벌인 조선과 최원종, 또래 여성을 살해한 정유정도 고립·은둔 생활을 해왔던 것으로 알려진 바 있다.

일본에 히키코모리는 많게는 100만 명 이상 있는 것으로 추정된다. 한국은 아직 그 정도 수준은 아니다. 하지만 1인 가구가 가파르게 늘고 있어 한국에서도 외톨이 문제가 커질 가능성이 높다. 2024년 5월 CNN은 은둔형 외톨이가 동아시아에 늘고 있다며 일본과 한국, 홍콩의 외톨이 청년들을 합치면 그 수가 150만 명에 이른다고 보도하기도 했다.

연구들에 따르면 1인 가구는 다인 가구에 비해 주관적으로 인지하는 건강 수준도 낮았고, 만성질환에 걸릴 가능성도 높았다. 심장마비, 뇌졸중, 암, 우울증, 조기 사망과 관련이 있다는 보고도 있다. 혼자 살다 보면 아무래도 식습관을 비롯한 생활 습관이 상대적으로 불규칙·불균형해지기 쉽기 때문으로 보인다. 집에 혼자 있는 날 늦잠을 자거나 식사를 거르고, 야식을 먹는 등 생활의 리듬이 깨진 경험은 누구나 한 번쯤 있을 것이다. 1인 가구가 흡연, 음주 비율이 높다는 연구 결과도 있는데 같은 이유일 것이다. 혼자 지내는 것 자체가 스트레스를 유발한다는 연구도 있다. 인간은 사회적 동물로 진화해 왔다. 고립감, 유대감의 단절은 기본적으로 스트레스를 유발한다는 것이다.

고령화는 나혼산 가구들의 이런 문제를 더욱 심화시킬 것이다. 노년에 거동이 불편할 때, 아플 때, 경제적 어려움이 닥쳤을 때 1,

2인 가구는 손 벌릴 곳을 찾기 힘들다. 과거 가족이 담당했던 돌봄과 부양 기능은 점차 사라지면서 이미 독거노인 비율은 전체 노인 5명 중 1명꼴이다. 가족에 기댈 수 없다면 돌봄 시설, 인력 등 대안을 찾아야 하지만, 앞서 본 것처럼 한국 노인들의 경제 사정은 그리 넉넉지 않다.

인터뷰한 청년들 중에는 이런 노후 걱정 때문에라도 결혼과 출산을 생각할 수밖에 없다는 이들도 있었다. 지방에서 대학을 졸업하고 대학병원에 취업하기 위해 준비 중인 20대 여성 신은재 씨, 이미 취업해 백화점 IT시스템 관리업체에서 일하고 있는 30대 남성 윤충재 씨는 모두 노후에 홀로 남지 않기 위해 언젠가 결혼과 출산을 하는 편이 좋다고 생각하고 있었다.

◦ **신은재(24, 여, 병원 행정직 취업 준비, 결혼 X)**

"남자 친구 사귈 때도 결혼 생각은 별로 없었어요. 아직은 제 주변에는 거의 결혼한 사람이 없고요. (중략) 근데 혼자 지내다 보면요, 평생 혼자 살면 어떨까 하고 생각해요. 그럴 순 없지 않을까? 그래도 한 명쯤은, 같이 사는 배우자는 있어야 하지 않을까. 나중에 나한테 무슨 일이 있을지 모르잖아요."

◦ **윤충재(31, 남, 백화점 IT시스템 관리업체 재직, 결혼 X)**

"지금이야 친구들이랑 지내고 여자 친구 사귀고 하지만 70, 80 될 때까지 계속 친구랑 주변 동네 분들 사귀면서 지낼 수도 없잖아요. 그

분들이 나한테 24시간 붙어 계실 것도 아니고. 솔직히 독거노인으로 내가 언제 쓰러져 죽을지 어떻게 아나요. 집 안에 아내든 아이든 누구 하나는 있어야 하지 않겠나, 그런 생각이 들거든요, 솔직히."

충재 씨의 말처럼 말년에 기댈 가족도, 시설도 없다면 죽음을 챙겨줄 사람도 없다. 실제 홀로 쓸쓸히 죽음을 맞는 나혼산 노년층은 늘고 있다. 보건복지부에 따르면 전국 무연고 사망자 수는 2019년 2,656명에서 2022년에는 4,842명으로 불과 3년 동안 82.3% 증가했다.

최근 지인인 나혼산 40대 여성으로부터도 흥미로운 이야기를 들었다. 원가족으로부터 독립해 혼자 살고 있는 이 여성은 지방에 계신 부모님과 성묘 이야기를 하다가 불현듯 '내가 갑자기 사망하면 내 시신은 어디로 가지?' 하는 생각이 들었다고 한다. 그의 부모님은 이미 오래전 친척들과 함께 가족 수만큼 봉안묘를 분양받아 두었다는데, 당시만 해도 딸은 당연히 출가외인이 되어 시집 묘에 묻힐 걸로 생각해 포함하지 않았다. 부모님, 형제 등 원가족이 살아 있다면 누군가 장례를 치러주겠지만 원가족이 모두 사망하고 나면 시신을 챙길 사람을 찾기 어려울 터다. 고종 조카들이 있긴 해도 요새 제 부모도 부양하지 않는 판에 고모를 챙겨달라는 건 무리였다. "결국 부모님이 가족 봉안묘 시설에 추가 금액을 내고 한 자리를 더 분양받기로 하셨다"라고 여성은 전했다. 나혼산이 늘면서 이제 본인 사후도 '셀프'로 챙겨야 하는 '나혼죽' 시대도 온 셈이다.

여성들의 경우 안전 문제도 커지고 있다. 혼자 혹은 둘이 사는 여성들은 범죄에 노출될 가능성이 크다. 뉴스를 보다 보면 여성만 사는 집에 잠입해 강도나 스토킹 범죄를 저지른 사건 뉴스를 어렵지 않게 접할 수 있다. 경찰청에 따르면 주거 침입 성범죄만 해도 매해 300건 이상 발생하고 있다.

우리보다 앞서 이런 변화를 겪은 해외는 어떻게 대응하고 있을까. 영국은 2018년 '고독부 장관Minister of Loneliness' 직책을 신설했다. 이름 그대로 심한 외로움을 느끼는 사람들을 위해 정책을 짜는 담당자다. 5년 주기로 고독 대응 기본계획도 세운다. 일본도 2021년 영국과 마찬가지로 '고독·고립 대책 담당실'을 열어 고독 대책 담당 장관을 임명했다. 히키코모리 대책 사업은 2009년부터 시행하고 있다. 한국에서도 서울 등 일부 지차제가 별도 부서를 두고 1, 2인 가구를 전담하고 있지만 아직 전반적인 관심이 낮은 상태다.

물론 가족이 사라진대도 새로운 형태의 가족과 모임이 생겨 가족을 대체할 수 있다. 연대와 소속감을 느끼고 서로를 돌볼 집단이 꼭 과거의 가족 형태일 필요는 없다. 하지만 이런 새로운 형태의 가족 확산은 더디고 저출산과 나혼산의 확대 속도는 빠르다. 변화가 천천히 진행된다면 적응하고 대비할 시간이라도 있지만, 현재 한국의 저출산은 그럴 시간 여유를 주지 않고 진행되고 있다.

저출산,
천 명에게 물으니
천 가지 답이 돌아왔다

 2024년을 기점으로 최근 합계출산율이 소폭 반등했지만 이 증가 추세가 얼마나 어느 정도로 계속될지는 알 수 없다. 분명한 건 향후 늘어난다고 해도 최소 2, 3명이 되지 않는 한 장기적으로 급격한 인구 감소와 고령화, 가족의 파편화는 불가피하다는 점이다. 그래서 탈脫저출산 노력은 계속 필요하다.
 '문제 해결의 8할은 제대로 된 원인 파악'이라고 했다. 다행히 한국의 초저출산 원인은 이미 널리 알려져 있다. 지나가는 사람을 붙잡고 물어도 최소 한두 개는 너끈히 들을 수 있을 것이다. 높은 집

값, 어려운 취업, 일·가정 양립 불가, 여전한 성별 격차 등. TV, 신문, 그리고 각종 온라인 콘텐츠를 통해 거의 매일 귀에 못이 박히게 언급되니 뉴스 좀 보는 사람이라면 모를 수가 없다. 국내외 연구도 많다. 학자나 기자들 가운데는 저출산 원인을 이야기해 보라면 나를 포함해 공식처럼 줄줄 읊을 수 있는 사람이 적지 않을 터다.

8할을 끝냈으니 이제 2할에 해당하는 해결책만 내놓으면 될까? 그런데 그게 말처럼 쉽지 않다.

설문 조사하면 으레 '청년들이 아이를 낳지 않는 이유 1, 2위'가 나온다. 그런데 막상 개개인을 인터뷰해 보면 그 1, 2위가 그리 단순하지 않다. 같은 이유라도 사람마다 구체적인 사유가 천차만별이다.

예를 들어 집이 없어서 아이를 낳을 수 없다는 누군가는 알고 보면 집을 전혀 구할 수 없는 처지인 게 아니라, '인 서울' 좋은 동네에 집을 갖고 싶은데 그럴 여력이 안 될 뿐이다. 일자리 때문에 결혼 못 하겠다던 이는 알고 보니 취직은 했는데 만족할 만한 일자리가 아니라서 이직하려고 스펙을 쌓는 중이라고 한다. 집과 학위, 일자리까지 다 갖춘 사람은? 이제부터 열심히 일하고 성과를 내야 하는 시기이기에 출산을 미룬단다. 일찍이 높은 자리에 오른 사람은 바빠서 아이 키울 시간이 없다고 하고.

그뿐인가. 심층 인터뷰한 이들 중에는 다음과 같은 이유로 출산이 꺼려진다는 경우도 있었다.

○ **김치환(41, 남, 스타트업 대표, 자녀는 10세 아들)**

"제 주변 지인들만 하더라도 딩크족이 세 명이에요. 열 명 중 세 명이요. 그중 한 명이 저한테 해준 말 중에 와닿은 게 이거예요. '나는 벤츠나 BMW 타고 싶은데 애 낳으면 소렌토 타야 해.' 딱 이거거든요. 여자들로 치면 '에르메스 버킨' 하나 들어야 하는데, 애 낳으면 에코백 들어야 한다, 이런 거죠."

○ **김도담(30, 남, 무직, 결혼 X)**

"저는 어렸을 때 병을 좀 앓은 적이 있었어요. 그렇다 보니까 이게 유전되지 않을 수 있다고는 하는데 여성과 관계할 때 항상 그게 먼저 생각이 나더라고요. (중략) 큰 병이 아니더라도 삶의 질을 떨어뜨리는 질병들도 있잖아요. 비염이라든지. 지금 제 조카도 비염으로 고생하고 있거든요. 저도 어릴 때 굉장히 심했어 가지고 그런 걸 물려주기도 싫어요."

이런 이유로 출산을 원치 않는다고 하면 딱히 해법도 없다. 정책으로 해결할 사안이 아니기 때문이다. 출산을 독려한다고 외제차나 알레르기 치료를 지원할 수는 없는 일 아닌가.

논문이나 설문 조사에서 보던 것과 달리 막상 만나 이야기를 나눠보면 아이 낳지 않는 이유는 정말 다채로웠다. 생각해 보면 당연한 일이다. 출산은 사회와 국가를 재생산하는 거시적 의미의 행위이기에 앞서 지극히 개인적인 일이다. 출산을 포기하고 유예하는 이유는 개인마다 복잡·다양할 수밖에 없다. 자녀를 네 명 낳은 나를 보고 다들 '애국자'라 하지만 나 역시 남다른 우국충정이 있어서 애를 넷 낳은 게 아니라 그저 내 생각과 사정에 맞춰 넷을 낳았을 뿐이다.

다른 사람 역시 마찬가지일 것이다. 경제적 여건이 좋아도 다른 이유로 안 낳을 수 있고, 반대로 사정이 어려워도 평소 신념에 의거해 낳을 수 있다. '내가 경제적으로 충분히 풍족한가'에 대한 개개인의 기준은 다 다르다. 우리는 설문을 보고 청년들의 주거, 일자리 문제 때문에 아이를 낳지 않는다고 이야기해 왔지만 그건 사실 전혀 구체적이지도 정확하지도 않은 요인인 셈이다.

그렇다고 연구와 조사, 그를 통한 각종 청년 지원 정책이 소용없다는 이야기는 아니다. 일반적인 추세는 있다. 통상 주거, 일자리 등 경제적으로 안정적일 때가, 그렇지 않은 경우보다 아이를 낳을 가능성이 높은 건 사실이다. 한국경제연구원 「소득계층별 출산율 분석과 정책적 함의」(2022) 연구에서도 아이 낳는 가구를 100%라고 했을 때 2010년에는 그중 저소득층이 차지하는 비율이 11.2%였으나 2019년에는 8.5%로 2.7%p 떨어진 걸로 나타났다. 반면 같은 기간 고소득층은 46.5%에서 54.5%로 늘었다. 출산 가구 가운데 고소득층의 비율이 늘었다는 이야기다. 다른 말로 하면 집과 일자리가 열악한 저소득층이 갈수록 고소득층보다 아이 낳기를 더 주저했다는 뜻이다.

주거와 일자리 상황이 절대적으로 열악하다면 아무리 신념이 강하대도 출산을 주저할 수밖에 없을 것이다. 예를 들어 나도 국가로부터 급여를 받는 처지라거나 하루 벌어 겨우 하루 입에 풀칠할 정도로 가정 경제가 어려운 상황이었다면 아마도 넷을 낳을 생각을 하진 못했을 것이다. 그렇기에 정부는 계속 집값을 안정시키려 노력하고 청년 고용률을 신경 써야 한다. 꼭 출산율을 위해서만이 아니라 청년 계층이든 누구든 생활이 어려운 이들이 있다면 돌보고 지원하는 게 정부의 당연한 역할이다.

그러나 경제적 어려움이 개선된다고 꼭 그에 맞춰 출산이 정률로 늘어나는 건 아니다. 앞서 언급한 것처럼 개인이 출산을 결정하는 요인은 매우 복잡·다양하다. 집과 일자리를 모두 갖춰도 일터의 '워라밸work and life balance'이 좋지 않아 출산을 미루거나 포기할 수 있고, 워라밸이 좋은데 다른 일에 도전하기 위해 아기 갖는 것을 미룰 수 있다.

앞서 출산 가구 중 고소득층의 비율이 늘었다고 했는데, 그것도 따지고 보면 비율이 늘었다 뿐이지 고소득층의 출생아 숫자가 증가한 건 아니다. 2010년과 2019년 사이 출생아 수 자체가 3분의 2로 줄었기 때문에 고소득층의 출생아 수도 계산해 보면 감소했다. 다만 저소득층과 비교할 때 상대적으로 덜 줄었을 뿐이다. 소득이 많은 사람 안에서도 아이를 낳는 사람은 줄고 있다.

각자의 사정이 다양한 건 과거에도 마찬가지였을 것이다. 어째서 옛날에는 아이를 갖는 사람이 많았는데 지금 와서 이렇게 줄어든 걸까? 사회가 복잡해지면서 사람들의 사정도 더 다양하고 복잡해진 걸까?

앞서 노후 걱정 때문에 결혼과 출산을 결심했다는 윤충재 씨는 그와 관련해 흥미로운 이야기를 들려줬다. 충재 씨에겐 누나가 두 명 있다. 둘째 누나는 일찍이 해외에서 취업해 다른 나라에서 살고 있고, 첫째 누나는 고등학교 때부터 10년 사귄 남자 친구와 결혼해 국내에 거주하고 있다. 벌써 결혼한 지 몇 년이 지났지만 첫째 누나에겐 아이가 없다.

○ 윤충재(31, 남, 백화점 IT시스템 관리업체 재직, 결혼 X)

"첫째 누나가 저보다 나이가 세 살 더 많은데요. 그 누나가 결혼하고 계속 아기를 안 갖고 있거든요. 저희 누나 같은 경우에는 처음에는 (출산을 미루는 이유로) 집 문제를 계속 얘기를 하다가, 이번에 집을 사게 됐어요. 그랬더니 그다음에 하는 얘기는 이제 본인의 커리어라든지 그런 것 때문(에 아이를 낳지 않는 것)이라고 얘기들을 계속하더라고요. 좀 사회적으로 지위가 있다 보니까 약간 그런 거가 무너지는 두려움을 갖고 있는 거 같긴 한데. 사실 그 말도 저는 100%가 아닌 거 같아요. 뭔가 이유가 계속 새로 생기는 느낌이라서요."

충재 씨의 누나는 딩크족은 아니라고 한다. 그런데 아이를 낳지 않는 이유를 물을 때마다 매번 그 이유가 바뀐단다. 처음에는 '그렇구나' 했는데 그런 상황이 반복되니 이제는 이유를 매번 새로 만드는 것이 아닌가 하는 생각이 든다는 게 충재 씨 말이다.

충재 씨의 누나가 핑계를 대거나 거짓말하고 있는 걸까? 그렇진 않을 것이다. 보통 이렇게 '할 수 없는 이유'가 많을 때는 뭐다? 그 일을 별로 하고 싶지 않을 때다. 시험공부할 때를 생각해 보자. 책상에 앉으려고 하면 갑자기 냉장고에 넣지 않은 우유가 생각난다. 우유를 넣고 오면 어질러진 침대가 눈에 들어온다. 이불을 정리하고 나니 이번엔 깜빡하고 친구에게 연락하지 않은 게 생각난다. 친구에게 문자를 보내고 나면? 또 달리 해야 할 일이 떠오를 것이다. 결국 책상에 앉는 건 원래 계획했던 것보다 1시간이 지난 뒤다. 직접 이야기를 나눠보지 못했지만 추정컨대 충재 씨의 누나는 아이를 크게 갖고 싶지 않을 가능성이 높다.

출산에 대한 요즘 청년들 생각이 그와 비슷할 것이다. '썩 하고 싶지 않다.' 아이를 갖고 싶은 마음의 크기가 전보다 줄었다. 과거엔 집이 없어도 일단 가정을 꾸리고 아이를 먼저 낳았다면, 요즘은 아니다. 옛날엔 일이 바쁘면 부부 중 한 명이 일을 포기하며 아이를 가졌는데, 요새는 일이 아니라 아이를 포기한다. 같은 상황에서 과거 청년들이 어떻게든 아이 낳기를 선택했다면 요즘엔 아이를 낳지 않는 쪽으로 마음이 기운다.

허태균 고려대학교 심리학부 교수는 한 언론사 기고에서 이렇게 썼다. "우리의 선조들과 부모들이 지금의 우리까지 낳은 이유는 그때가 훨씬 더 아이를 가질 만한 세상이었기 때문이 아니라, 훨씬 혹독한 장애물이 있었지만 '그럼에도 불구하고'의 마음이 있었기 때문일 것이다. (중략) '그럼에도 불구하고…'의 가치가 없는 사회에서 장애물 몇 개 없앴다고 출산율이 올라갈 것 같지는 않다."[3] 아이를 갖기 어렵게 하는 각종 장애물도 문제지만 사람들의 머릿속에서 '그럼에도 불구하고' 결혼하고 아이를 낳아야 한다는 생각 자체가 사라지고 있는 게 더 문제라는 이야기다.

이수인 씨는 군부대나 국방부 등 군 조직에서 일하는 공무원, 이른바 '군무원'이다. 워라밸이 민간기업에 비해 좋은 편이다. 같은 군무원인 남편과 결혼해서 아들 한 명을 키우고 있다. 친정 부모님께서 정정하시어 아들도 봐주신다. 상대적으로 아이를 키우기 좋은 조건을 갖고 있지만 수인 씨는 둘째를 포기했다.

○ 이수인(43, 여, 군무원, 자녀는 7세 아들)

"일하면서 힘든 거요? 아니요, 우리는 아무래도 국가의 시책을 제일 먼저 흡수해서 시행하는 곳이다 보니까 보육과 관련한 복지는 너무 좋았어요. 육아휴직 한다고 눈치 보는 것도 없고. 어린이집도 바로 있으니까, 심지어 어린이집에서 아이 픽업해서 아기띠에 매고 잠깐 잡무 보고 가는 사람도 있고. 다른 민간 기업들 대비 훨씬 낫죠. 육아휴직도 3년인데 출산휴가 3개월 쓰고, 지금 1년 10개월 남아 있거든요. 둘째를 저희도 고민했는데 힘들기도 하고 둘째까지 아들로 나오면… 요새 아들 둘이면 '목매달'이라고 하잖아요. 우리 아들을 너무 사랑하지만 아들 둘인 엄마들을 보면 너무 힘들다고…. 그 길은 아닌 것 같았어요."

[3] 〈'그럼에도 불구하고'가 사라진 사회의 저출산〉, 《동아일보》 2024년 9월 4일 자.

수인 씨는 스스로 생각해도 근무 환경, 복지, 모성 보호 모두 만족스러운 직장에 다니지만, 그럼에도 둘째를 낳지 않기로 했다. 예전 같았으면, 보육 여건이 괜찮고 아이가 한 명뿐이라면 묻지도 따지지도 않고 둘째를 가졌을 것이다.

만약에 여러 현실적 장애물 때문에 둘째를 '못' 낳는다고 하면 그 걸림돌을 치워주면 그만이다. 그런데 수인 씨처럼 아들 둘 육아가 될까 봐 무서워서, 아이 둘을 키우는 것 자체가 힘들 것 같아서 '안' 낳는 것으로 애초 마음을 정해버린 사람의 뜻을 어떻게 돌릴 수 있을까? 대출금리를 깎아주고 주택 청약 우선순위를 높이면? 아이당 출산 지원금을 더 올리면 낳을까?

쉽지 않을 것이다. 그럴 마음이 별로 없기 때문이다. 앞서 출산을 포기하거나 유예한다고 한 젊은이들에게서도 이런 마음을 읽을 수 있었다. 경제적으로 힘들고 아이 키울 시간이 없고 여러 주변 상황이 여의찮은 것도 맞지만, 그 무엇보다 출산과 육아를 썩 열렬히 하고 싶지 않은 마음이다. 그렇다 보니 출산이 우선순위에서 밀리고 있었다.

저출산고령사회위원회가 육아정책연구소와 함께 2024년 봄 전국 만 25~49세 남녀 약 2,000명을 설문 조사한 '결혼·출산·양육 인식조사' 결과 미혼 남녀 중 결혼 의향이 있거나 계획 중인 경우는 61.0%, 결혼 의향이 없는 경우는 22.8%로 나타났다. 출산과 관련해서는 응답자 61.1%만 자녀가 있어야 한다고 생각했다.

물론 이런 설문 결과와는 달리, 여전히 많은 사람들이 자녀 출산에 대한 일종의 의무감을 갖고 있는 것도 사실이다. 청년들을 만나보면, "꼭 낳고 싶진 않지만 그래도 기회가 되면 한두 명쯤 낳아야 하지 않을까"라고 말하는 이들이 적지 않다. 또, 정작 자신은 아이를 가질 생각이 없다고 말하면서도, 누군가 아이를 낳아 잘 키우는 단란한 가정을 보면 은근히 부러운 마음을 드러내기도 한다. 2024년 출생아 수와 출산율이 소폭 반등한 것도, 바로 이런 상황에서 비롯된 결과일 것이다. 출산과 관련된 제도나 분위기가 예전보다 조금은 나아졌다는 인식이 퍼지면서, "그래도 낳아야 하지 않을까" 고민하던 일부 청년들이 실제로 출산을 결심한 것이다.

그러나 청년들 사이에서 전보다 아이 낳고 싶은 마음이 크게 줄어든 건 부인할 수 없다. 의무감을 느끼는 사람들도 하나는 낳지만 둘부터는 어려워한다.

결국 출산은 개인의 결정이고 아이도 개인이 낳아서 평생 키우는 것이기에 개인이 안 한다고 하면 그만이다. 2020년 발간된 통계청 「결혼 기간별 무자녀 가구 특성 분석」 보고서에서 무자녀 기혼 여성들을 설문한 결과 비출산에 유의미하게 영향을 미친 요인은 소득도, 주택도, 나이도 아닌 '가치관'으로 나타났다. 출산을 주저하게 하는 데는 여러 요인이 있었는데, 결국 출산을 안 하기로 결심하는 데는 당사자의 생각과 가치관이 유일하게 영향을 미쳤다.

아이 키우기 힘든 걸 넘어 무서워진 세상, 육아포비아

그런데 결혼과 출산에 대한 가치관이 한국에서만 변한 건 아닐 것이다. 세계 다른 나라 청년들도 전보다 결혼을 필수로 생각지 않는다. 그렇다면 왜 한국의 합계출산율만 유독 낮은 걸까?

어떤 사람들은 한국 청년들이 더 각박한 현실에 처해 있기 때문이라고 한다. 그러나 주요 선진국 젊은이들도 과거보다 각박한 현실을 마주하고 있다. 2023년 3월 출장차 독일의 노동경제연구원 **Institute of Labor Economics, IZA**을 방문해 부서장급 연구위원을 취재한 적이 있다. 이웃 나라 프랑스와 비교하면 독일은 상대적으로 보수적이고 출생아 수도 적은 편이다. 최근 2년간 출산율이 큰 폭으로 감소하기도 했다. 이 연구위원은 "독일도 청년 관련해 여러 문제와 맞닥뜨리고 있다"라며 Z세대들의 일자리 미스 매치, 여전히 나뉘는 가정 내 성 역할, 낮은 여성 고용률, 고령화 심화 같은 문제들을 털어놨다. 한국의 이야기라 해도 전혀 이질감이 없을 정도로 고민이 비슷해서 깜짝 놀랐던 기억이 있다.

그래도 독일 연방통계청에 따르면 2023년 독일의 합계출산율은 1.35명이다. 같은 해 한국 0.72명의 2배 수준이다. 최근 출산율이 계속 떨어진 탓에 정부가 파격적인 출산지원책을 내놓고 있는 이웃 나라 일본도 2023년 합계출산율이 1.20명으로 초저출산 상태이긴 하지만 한국보다는 훨씬 높다.

세계 주요 선진국 중에서 합계출산율이 0명대인 나라는 한국뿐이다. 앞서 이야기했지만 현재 한국의 출산율은 선진국 수준은커녕 전쟁, 기근을 치르는 나라들과 비슷하거나 혹은 그보다 더 못한 지경이다.

한국이 그 정도로 살기에 척박한 나라일까. 그렇진 않다고 생각한다. 어릴 때 짧게는 몇 주, 길게는 2년 동안 외국 생활을 한 경험이 있다. 남들은 다들 한 번쯤 살아보길 선망하는 선진국들이었지만 솔직히 그곳에 정착해 평생 살고 싶다는 생각이 들진 않았다. 적지 않은 시스템이 한국보다 불편하고 때로는 열악하다고 느꼈기 때문이었다. 교육, 의료, 교통, 통신, 하다못해 쓰레기 분리수거까지 한국의 신속하고 합리적인 시스템과 비교하면 답답한 게 한두 가지가 아니었다. 한국의 '빨리빨리' 문화에 대해 비판하는 사람들이 많지만, 기차 몇 시간 연착은 일상이고 달걀 하나 사려도 차를 끌고 나가야 하는 곳에 살다 보면 모든 것이 '빨리빨리', '도어 투 도어'로 신속하게 돌아가는 한국이 되레 선진국처럼 느껴진다.

치안도 한국만 한 나라가 없다. 밤늦게 젊은 여자 혼자 돌아다녀도 총 맞을까, 돈 뜯길까, 납치당할까, 걱정하지 않아도 되는 나라는 전 세계 선진국을 통틀어도 얼마 안 된다. 한국의 시민의식에 대해 자성하는 사람들이 많지만 사실 다른 나라 살아보면 한국이 되레 훌륭하다고 느껴질 때도 많다. 종종 유럽 등 선진국에서 한국을 찾은 외국인들이 한국 편의점의 외부 가판대를 보고 놀라는데 바로 이런 이유 때문이다. "아니, 저렇게 물건을 내놓고 팔아도 아무도 안 가져가?"

객관적인 조건만 따져서는 한국이 세계 최악의 저출산 국가가 될 이유를 찾기 어렵다. 앞서 이야기한 것처럼 청년들 각자의 상황을 봐도 그러하다. 절대적으로 아주 힘들고 어려운 상황이 아닌 청년들도 아이를 갖지 않는다.

다만 청년들을 인터뷰하면서 좀 다르다고 느낀 건 한국에서 출산과 육아를 버겁고 부담스럽게 생각하는 분위기가 강했다는 점이다. 어느 나라든 육아가 쉽고 별것 아니라 생각하는 곳은 없겠지만, 그것과는 조금 달랐다. 다음은 2040세대 청장년과 진행한 인터뷰의 일부다.

○ **조은주(24, 여, 항공 승무원 취업 준비, 결혼 X)**

"〈금쪽같은 내 새끼〉 같은 프로그램 잘라서 편집해 놓은 영상을 봤는데, 그런 거 보면 정말 어떻게 아이를 키워야 하나. 엄두가 안 나요. 좀 무섭기도 하고."

○ **김배령(29, 여, 서울 소재 회사 재직, 결혼 X)**

"다른 걸 다 떠나서 일반적인 가정에서도 엄마에게 기대하는 게 있잖아요. 그런 거 못 하겠다는 애들이 많아요. '내가 잘 못해서 얘도 나처럼 크면 어떡하지?' 그런 생각도 들고. …엄두가 안 난다는 표현 그게 딱 맞는 거 같아요. 지금도 일에 쏟는 시간이 많고, 자기 계발하고 그런 애들이 많은데 아주 조금의 남는 시간으로 남편이랑 관계도 유지해야 하고, 애한테도 잘해야 하고. 그런 거 어떻게 다 할 수 있을지 엄두가 안 나요."

○ **유진원(35, 여, 연구 단체 임원, 결혼 7년 차, 자녀 X)**

"그래도 아직은 처녀 몸이지만, 출산했을 때 외모도 망가질 거고, 1년이라는 기회비용의 시간도 분명히 있을 거고, 또 저는 활동을 막 이것저것 많이 하고 있으니까 여기에도 좀 지장이 갈 수 있을 거고, 이런 생각이 드니까 감히 할 수 있을까, (임신이) 부담스럽고, 마냥 기쁘지만은 않을 수 있는 거죠."

○ **이우진(42, 남, 군무원, 자녀는 7세 아들)**

"세상도 험하잖아요. 이런 세상에 남자애든 여자애든 하나 더 낳아서 잘 키운다는 게 쉽지 않다는 생각도 들거든요. 하나도 쉽지 않은데 둘은 정말 감히 도전할 생각이 안 들죠. 비용 문제도 당연히 큰데요. 사교육비 같은 거. 우리 아들, 지금도 뭐 많이 시키지 않거든요. 학원 세 개 다니는데도 벌써 비용이…. 근데 그것도 그거지만 애가 돈만 들인다고 클 수 있는 게 아니잖아요. 저희 부부가 할 수 있는 여력은 여기까지인 거 같다, 이 이상은 육아하기 너무 힘들고 부담스러울 것 같다, 그런 생각이 들었어요."

각자의 상황이 다르지만 이들이 출산과 육아에 관해 이야기할 때 공통점은 대체로 어둡고 비관적이라는 것이었다. 이들뿐만 아니었다. 일반적으로 출산과 육아가 어떠냐 혹은 어떨 것 같으냐고 질문했을 때 긍정적인 답이 나오는 경우는 거의 없었다.

특히 많은 사람이 쓰는 표현 가운데 눈에 띈 게 있다. "감히", "무섭다", "엄두가 안 난다"와 같은 표현이다. 외국인들이나 외국에서 아이를 키우는 한국인들을 인터뷰할 때는 쉬이 들을 수 없는 말이었다. "힘들다"라거나 "돈이 많이 든다"라고 구체적으로 어려움을 표하는 경우는 있어도 아이 키우는 게 무섭다거나 감히 할 수 없는 일이라고 표현하는 사람은 보지 못했다. 같은 부정적인 표현이라도 '힘든 것', '하기 싫은 것'과 '감히, 무서워서 할 수 없는 것'은 엄연히 그 결이 다르다. 한국의 육아에 대해 이야기할 때 사람

육아포비아를 넘어서

들은 후자의 표현을 많이 썼다.

2024년 저출산고령사회위원회 설문 조사 결과에서도 이런 인식이 드러난다. 저출산고령사회위원회 결혼·출산·양육 인식조사에서 청년 2,000여 명에게 '향후 출산 계획이 없는 경우 그 사유'를 물었다. 과거 경제적 상황 같은 객관적인 조건 항목만 있는 설문에선 주거, 일자리가 많이 뽑혔는데 이 설문에서는 달랐다. 인식과 관련한 선택지를 넣었더니 그 응답이 가장 많이 나왔다. 청년 응답자들이 가장 많이 꼽은 건 주거도 일자리도 아닌 막연한 두려움, 즉 '임신, 출산, 양육이 막연히 어려울 것 같아서'(40%)였다.

그런데 비단 젊은 청년만 그런 게 아니었다. 이미 아이를 키우고 있거나 다 키운 기성세대도 마찬가지였다. 육아 가정을 만나 이야기를 나눠봐도 "둘째는 없다"라거나 "후배들에겐 낳지 말라 할 것"이라고 이야기하는 이들이 많았다. 곧 손주를 볼 나이인 중장년층도 요즘 육아에 대해 부정적이고 비관적으로 이야기했다. 한때 대기업 임원이기도 했던 50대 정기연 씨는 하나뿐인 아들이 아이를 갖지 않거나 적게 낳았으면 좋겠다고 했다.

○ **정기연(55, 여, 전 대기업 임원, 자녀는 25세 아들)**

"우리 아들은 결혼을 좀 늦게 했으면 좋겠어요. 본인이 하고 싶은 거 다 하고 다 누리고 살다가. 출산은… 그 애가 내가 살았던 그 풍족한 삶을 또 살아야 하고 다른 애들이랑 경쟁해야 하고 막 이런 거를 생각하면 한숨 나오거든요. (손주가) 귀엽긴 너무 귀여운데 내가, 내 아들이 살아갈 앞날이 환경 문제다 뭐다 해가지고 나중에 계속 장난 아니라잖아요. 가끔 '애를 오히려 세상에 안 내놓는 것도 답이겠다' 하는 생각도 요즘 들어서 들어요."

"장난 아니"라거나 "애를 안 내놓는 것도 답"이라는 정기연 씨의 답변에서 젊은 층과 큰 차이가 없는 인식을 읽을 수 있었다. 의외였다. 중장년층의 입에선 그래도 아이를 낳아야 한다거나, 이러니저러니 해도 아이 키우면 행복하다, 육아는 가치 있는 일이다, 이런 말이 나올 줄 알았다. 그런데 그들 중에서도 적지 않은 수가 정기연 씨처럼 '내 아이가 나중에 자녀를 낳지 않아도 된다'고 이야기했다. 청년들을 인터뷰할 때도 부모님으로부터 '너는 애 (더) 낳지 않아도 된다'는 말을 들었다고 하는 이들이 많았다.

○ **윤충재**(31, 남, 백화점 IT시스템 관리업체 재직, 결혼 X)

"저희 어머니는 제가 최대한 늦게 (장가)갔으면 좋겠다고 하세요. 어머니 생각에는 제가 아직은 좀 약간 어리다고 생각을 하시기도 하고. 제 나이 또래에서 결혼하기에는 좀 이르다고 생각을 하는 것 같아요. (중략) 손주 안 갖고 싶으시냐 이런 얘기도 해봤는데 '엄마는 그런 거 신경 안 쓴다. 너만 행복하면 된다' 이러시더라고요."

○ **신미근**(41, 여, 교육 콘텐츠 제작 회사 재직, 자녀는 5세 딸)

"둘째 이야기는 우리 집은 물론 시댁에서도 전혀 없었어요. 딱 한 번

"시어머니가 그런 얘기는 하신 적이 있어요. 교회 다니시는데 누구 엄마가 '며느리 둘째 생각 없대?' 하셨대요. 그런데 저희 시어머니가 오히려 '요즘 세상에 하나 낳아준 것만으로 고맙지, 다들 애 안 낳는데 하나 낳은 것만 해도 어디냐'라고 하셨다고 하시더라고요."

신미근 씨는 딸아이 한 명을 키우고 있다. 옛날 같았으면 어르신들이 손자를 보려고 둘째를 낳으라고 은근히 권했겠지만, 미근 씨의 시어머니는 오히려 하나만 낳아준 것도 큰일이라고 며느리를 칭찬했다는 것이다.

연세가 아주 많은 어르신 중에도 요즘 육아에 대해 비슷한 인식을 가진 분이 꽤 있다. 재미있는 일화가 있는데 내 이야기다. 휴일에 아이들을 데리고 인근 산이나 동네 탐방 다니는 것을 좋아하는데, 나와 아이들끼리는 그것을 '탐방탐방 나들이'라고 부른다. 이렇게 아이들 네 명을 데리고 탐방탐방 나들이를 나가면 어김없이 동네 70~80대 어르신들로부터 "이 애들이 다 한집 애들이냐?"라는 질문을 받는다. 그렇다고 대답하면 곧이어 "대단하네", "어떻게 다 키우느냐"라는 놀람과 감탄이 돌아온다.

그런 말을 자주 듣다 보니 별생각 없이 넘기곤 했는데, 나중에 곰곰이 떠올려 보니 흥미로웠다. 1970년대 이전 한국의 합계출산율은 4명을 훌쩍 넘었다. 다시 말하면 '대단하다'며 나를 추켜세운 그 어르신들 역시 자녀가 최소 4명 이상일 가능성이 높다는 이야기다. 1960, 70년대 육아 환경은 당연히 지금보다 척박하면 척박했지, 윤택하진 않았을 터다. 그런 환경에서 4명 이상 키운 어르신들이 분유 물을 기계가 데워주고 천 기저귀 빨아 쓰지 않아도 되는 21세기 한국에서, 높은 확률로 그들보다 적은 아이를 키우고 있을 나에게 '대단하다,' '어떻게 키우느냐'며 놀라고 감탄하시는 셈이었다. 한번은 정말 궁금해서 되물은 적이 있다. "할머니께서 자식은 더 많이 키우셨을 것 같은데 제가 뭐가 대단해요?" 그랬더니 70대 할머니는 이렇게 답하셨다, "요즘 애 키우기 더 힘들다잖아."

보릿고개 있던 시절 아이들 대여섯 키운 어르신들조차 경외감(!)을 나타낼 정도로 요즘 육아는 어렵고 힘든 것으로 인식되고 있었다. 요새 TV나 유튜브 같은 미디어 콘텐츠에서도 〈슈퍼맨이 돌아왔다〉, 〈아빠! 어디가〉같이 따뜻하고 예쁜 육아를 보여주던 콘텐츠들은 대부분 사라지거나 인기가 떨어진 지 오래다. 대신 육아가 얼마나 고되고 어려운가 보여주는 '매운맛' 육아 고민 상담 프로그램이나 어려운 연애, 결혼, 척박한 육아 가정 사연, 이혼을 다룬 콘텐츠들이 넘쳐난다. 얼마 전 예능 프로그램에 내가 좋아했던 가수가 나와 자신의 육아 이야기를 한다고 해서 챙겨 보았는데, 평소 당차고 강하고 할 말 하는 '걸크러시'한 이미지였던 그조차 육아를 두고는 온통 힘들다는 이야기뿐이었다. "내 경험으로는 직장 생활보다 3배는 힘들다," "나 자신을 갈아 넣어야 한다" 등등.

비단 한국인만 그렇게 느끼는 건 아니었던가 보다. 한국인과 결혼해 한국에서 아이를 키우고 있는 영국인 대니얼 튜더Daniel Tudor 전 이코노미스트 한국 특파원은 한국에서의 육아 경험을 다룬 한 언론사 칼럼 제목을 아예 이렇게 달았다. 〈한국식 육아는 무서워〉[4].

　육아는 고되다는 생각, 더 나아가 무섭고 피하고 싶다는 부정적 생각이 사회 전반에 퍼져 있었다. 한양대학교 인구문제연구원이 2024년 10~60대 남녀 298명을 대상으로 결혼, 출산, 육아를 들었을 때 연상되는 단어를 물었는데 행복, 감동이라는 단어도 있었지만 의무, 스트레스, 고통이라는 단어를 꼽은 사람들이 많았다. 특히 육아에 대해선 의무, 스트레스를 먼저 떠올린 비율이 더 높았다. 육아 관련해 가장 많이 꼽은 상위 4개 단어 중 '아기'를 제외한 3개 단어가 모두 부정적일 정도였다.

　물론 시대와 문화를 막론하고 출산과 육아가 쉬웠던 적은 없다. 특히 육아 경험이 없는 청년들에게는 미지의 영역인 육아가 더 어렵게 느껴졌을 수 있다. 그러나 지금처럼 육아가 감히 엄두조차 나지 않는 일, 부모조차 자녀에게 "장난 아니다"라며 권하지 않는 일, 무섭고 겁나는 일로 여겨져 많은 사람이 꺼리는 일이었던 적이 있었을까.

　출산에 대해 과도한 두려움을 느끼는 정신병리학적 증상을 '토코포비아tokophobia(출산공포증)'라고 부른다고 한다. 토코스tokos는 그리스어로 출산, 분만, 포비아phobia는 공포, 두려움이다. 임신, 출산 과정에 대해 본능적으로 거부감과 극도의 공포를 느끼는 심리 질환이라는 말이다. 근래 한국에서 보이는 육아 전반에 대한 두려움, 거부감은 '육아포비아'라고 부를 수 있을 것 같다. 임신, 출산뿐

---

[4] 《조선일보》 2024년 9월 2일 자.

아니라 육아 전반에 얽힌 행위와 관계에 두려움을 느끼고 거부하는 현상이다. 정신병리학적인 질환은 아니지만, 우리는 어떤 행동에 대해 회피하거나, 거부 반응 혹은 두려운 감정을 느끼는 현상을 두고 '포비아'라는 말을 자주 써왔다. 콜포비아(전화 공포증), 케모포비아(화학물질 공포증), 전기차포비아 등이 그 예다.

많은 사람이 "한국에서 아이 키우기 힘들다"라고 이야기하는데, 그 역시 우리 사회에 만연한 육아포비아 현상이라 할 수 있다. 현재 미국에서 시간강사로 일하고 있는 김수경 씨도 그런 생각 탓에 가족들과 함께 미국으로 이주한 경우다. 미국에서 공부하면서 아이를 낳은 수경 씨는 한국에 돌아가 취업할 생각이었다. 하지만 한국에서 들려오는 각종 '육아 공포담' 때문에 마음을 접었다고 한다.

○ 김수경(45, 여, 미국 이주, 현지 대학강사, 자녀는 10세 딸, 7세 아들)

"첫째를 여기서 낳았을 때까지만 해도 한국에 돌아갈 생각이었어요. 그래서 첫째는 한국, 미국 이름 다 있거든요. 3년 지나고 남편이랑 그랬어요. '우리는 미국에 남게 될 것 같다'고. 그래서 둘째는 아예 미국 이름만 있어요. 이유가 있겠죠. 첫째를 여기서 키워보면서 아이들은 여기서 키워야겠다는 생각이 들더라고요. 아이들에 대한 시선이 달라요 여긴. (중략) 저흰 다시 한국 안 갈 거예요. 요새 한국 TV 보면 무서워요. 교육에 뭐에 아이 어떻게 키우나 싶어요. 애들도 부모도 너무 힘들고. 저희 애들도 미디어에서 한국 교육이나 청소년들 사는 모습을 접하고는 무섭다고 안 간다고 하거든요."

내 주변에도 '한국에서는 아이 키우기 너무 힘들다'며 외국행을 고민하는 사람이 많다. 의료인인 한 지인은 학창 시절 진보 단체 집회를 쫓아다니던 유명한 '반미주의자'인데, 얼마 전 그조차 '자녀와 함께 미국으로 이주할까' 고민 중이라는 말을 듣고 정말 놀랐다. 2024년 의대 증원 사태로 정부에 실망한 전공의들이 해외로 취업하기 위해 자격증을 알아보거나 취업설명회에 참가하고 있다는 보도가 많았는데, 비단 정부 증원 정책에 실망해서만은 아니었을 거라 생각한다.

육아포비아는 아이와 아이가 있는 가정에 대한 부정적 인식으로도 발전할 수 있다. 포비아란 자주 편견과 혐오 감정을 동반하기 때문이다. 최근 '노키즈존'이나 엄마들을 벌레에 빗대어 '맘충'이라 조롱하는 것도 육아에 대한 회피, 거부감 즉 육아포비아가 편견과 혐오에 이른 예라고 볼 수 있다.

가끔 들어가 보는 다자녀 부모들의 온라인 카페가 있는데 거기서도 다자녀의 부모란 이유로 무개념 취급을 당했다거나 부정적인 시선을 느꼈다는 내용의 게시물을 적잖이 볼 수 있다. 몇 년 전 이 카페의 회원 중 한 명은 자신을 인터뷰한 기사에 모욕적인 댓글을 단 누리꾼들을 고소하기도 했다. 댓글은 '부모가 능력도 안 되면서 아이들을 무책임하게 싸질렀다', '사람 아니고 햄스터 아니냐', '애들이 불쌍하다'는 등 아이를 많이 낳은 부모에 대한 혐오를 담은 내용이었다.

사실 혐오라는 게 거창한 것이 아니다. 일상적인 대화 속에서도 육아에 대한 편견과 혐오가 드러나는 걸 볼 때가 있다. 몇 달 전 한 지인과 그의 친구에 대해 이야기를 나누는데, 지인이 이렇게 말했다. "그 친구는 1년 애 낳고 키우더니 완전 중년 아줌마가 다 됐더라고요. 살찌고, 피부도 상하고, 눈은 퀭하고… 물컵도 막 쾅쾅 내려놓고." 별말 아닌 듯하지만 그 말엔 아이를 낳고 엄마가 된다는 건 곧 살이 찌고, 피부가 상하고, 성격까지 거칠어져 '무개념 아줌마'가 되는 일이라는 혐오감이 깔려 있었다.

저출산에 대해 많은 논의가 있었지만, 그동안 이런 인식에 대한 논의는 많지 않았던 것 같다. 자녀, 가족에 대한 가치관 변화는 세계 공통적이기도 하고 자칫 결혼도, 출산도 '결국 모두 마음먹기에 달렸다'는 식의 뜬구름 잡는 이야기가 될 수 있는 탓이다.

그러나 육아포비아로 대표되는 결혼, 출산, 육아에 대한 부정적 인식을 들여다보지 않고서는, 한국의 저출산 문제를 제대로 이해하거나 해결할 수 없다고 느꼈다. 어쩌면 이런 인식을 살피는 것이야말로 모든 정책의 출발점이어야 할지도 모른다. 허태균 고려대학교 심리학부 교수는 앞서 언급한 기고문에서 지적했다. "지금도 그들(젊은이들)이 모두 자식을 너무너무 가지고는 싶은데, 어쩔 수 없이 못 가져서 불행하게 산다는 그 일반화된 가정이 과연 타당한지 의문스럽다." 허 교수의 말처럼 우리의 정책과 분석은 애초 청년들이 자식을 너무너무 갖고 싶어 한다는 잘못된 전제 위에 서 있었던 건 아닐까?

지난 몇 년 많은 사람을 만나며 느낀 건 결혼, 출산, 육아가 '너무너무 하고 싶은데 못 하는 일'이 아니라 '썩 안 하고 싶은 일', '꺼리는 일'이 되어가고 있다는 것이다. 그리고 그 기저엔 육아에 대한 두려움, 부담감, 부정적인 인식이 자리하고 있었다.

육아에 대한 인식이 부정적이라면, 아무리 좋은 정책도 효과가 기대에 미치지 못할 수밖에 없다. 저출산 속도를 최대한 늦추고, 인구 감소에 대비할 시간을 벌기 위해서는 무엇보다 육아에 대한 지나친 두려움과 거부감을 해소해야 한다. 무엇보다 가장 행복하고 성스러워야 할 '내 아이를 키우는 일'이 무서운 일이 되어버리는 것은 결코 바람직하지 않다.

육아포비아의 기원

2

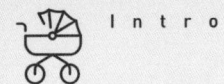
Intro

"왜 아이를 낳으셨어요?"

취재 중 만난 한 딩크족 여성으로부터 이런 질문을 받은 적이 있다. "왜 아이를 갖지 않으셨냐"라는 나의 질문에 상대가 오히려 역으로 질문한 것이었다. 선뜻 답이 나오지 않아 우물쭈물했다. 취재원으로부터 질문을 받을 일도 잘 없거니와, 왜 안 낳느냐는 질문이면 모를까 왜 낳았느냐는 질문의 답은 생각해 본 적이 없었다. "우리 때는 으레 낳았거든요"라고 겨우 답을 내자 여성은 "늘 궁금하더라. 전 도저히 아이를 키울 수 없겠다고 생각해서 안 낳은 건데, 아이를 많이 낳는 분들은 어떤 생각을 갖고 있을까"라고 했다.

'낳지 않는 이유가 아니라, 낳는 이유를 궁금해할 수도 있겠구나.' 여성과의 대화가 인상적으로 남았다. 앞으로는 점차 '왜 아이를 낳지 않는지'보다 '왜 낳는지'에 대한 질문이 더 흔해질지도 모른다. 그만큼 출산율은 줄고, 사람들의 인식도 달라지고 있다.

그 여성이 아이를 많이 낳는 사람들의 생각을 궁금해했듯이 과거 '다자녀 가구'로 불렸던 세 자녀 이상 출산 가구는 급격히 줄어 점차 소수가 되어가고 있다. 2024년 기준 셋째 이상 출생아 비율은 전체 출생아의 7% 아래로 떨어졌다. OECD 평균의 3분의 1에 불과하다. 셋은커녕 둘째마저도 낳는 사람이 줄고 있어, 정부는 다자녀 지원 기준을 세 자녀 이상에서 두 자녀 이상으로 낮췄다. 아마도 세계 주요 국가 중에서 다자녀 기준을 둘째부터로 둔 곳은 한국뿐일 것이다.

저출산 취재 과정에서 만난 많은 청년들도 앞의 일화의 여성처럼 낳아야 할 이유를 찾고 있었다. 결혼 후에도 오랫동안 아이를 갖지 않아 딩크족이나 난임이 아닐까 짐작했던 지인도, 알고 보니 수년째 출산 여부를 고민하고 있었다. 그는 "낳긴 낳아야 할 것 같은데, 막상 아이를 낳아 키울 생각을 하면 무섭고 엄두가 안 난다"라고 했다. 이 지인만이 아니었다. 많은 청년이 비슷한 두려움을 털어놓았다.

어쩌다 출산과 육아가 두렵고, 이토록 망설여지는 일이 되었을까. 아이를 낳아 키우는 일은 인류가 오래도록 당연히 해왔던 일이다. 아니, 생명이면 누구나 해온 일이다. 과거에도 육아는 힘들었지만, 행복하고 의미 있는 일이라는 인식이 더 컸다. 그러나 언제부터인가 육아는 '두려운 일'이자 '엄두가 나지 않는 일'이 되어버렸다.

인간이 어떤 대상에 대해 공포와 두려움을 느끼는 데에는 크게 다섯 가지 이유가 있다고 한다. 첫째, 생존이 위협받을 때, 둘째, 과거 그 대상으로 인해 공포감을 느낀 경험이 있을 때, 셋째, 크게 불안했거나 심리적으로 크게 억압을 받는 등 정신분석적 문제가 있을 때, 넷째, 그 대상이 사회·문화적으로 위험하거나 금기시되는 것으로 여겨질 때, 마지막으로, 대상에 대한 공포를 선천적으로 타고나는 경우다.

사회적 현상으로서 포비아는 네 번째 유형에 가장 가까워 보인다. 하지만 취재를 통해 만난 청년들은 육아하면 안 그래도 팍팍한 삶이 더욱 위협받을까 봐

2부 육아포비아의 기원

무섭다기도 했고, 자신이 경험했거나 주변에서 본 육아의 힘겨움을 떠올리며 공포감을 느낀다고도 했다. 아이를 키워본 경험이 있는 이들은 힘들었던 기억 때문에 "둘째는 못 낳겠다"라고 털어놓았다. 육아포비아가 생겨나는 경로는 다양했다.

그동안 저출산 문제를 꾸준히 취재해 왔지만, 이번 책을 위해 35명의 시민과 전문가를 추가로 인터뷰해 육아포비아의 원인이 무엇인지 더 깊이 들여다보았다. 낳지 못하는 이유가 개인마다 다르듯이 육아포비아의 원인도 복잡하고 다양할 것이다. 큰 틀에서 가장 중요한 원인, 생각지 못했던 착점들을 선별해서 묶었다.

아이 키울 돈보다
시간이 없다는 공포

온라인에서 어떤 물건을 처음 살 때 제품 상세 정보 다음으로 많이 참고하는 정보는 아마도 이미 물건을 사본 사람들의 리뷰, '후기'일 것이다. 제품을 미리 겪어본 사람의 후기는 때론 판매사가 제공하는 상세 정보보다 더 미더운 정보다. 오프라인에서 물건을 살 때도 마찬가지다. 특히 비싸고 오래 써야 할 물건이라면 한 번이라도 그 물건을 써본 사람을 찾아서 사용 후기를 물어볼 것이다. "나 그거 사려는데, 너는 써보니 어땠어?"

출산이라고 다를 것 없다. 청년들이 출산과 육아를 결심하는 데 있어 각자의 상황만큼이나 크게 영향을 미치는 게 주변에서 보고

듣는 선례다. "언니, 애 키워보니 어땠어?" 결혼이나 출산 전엔 대체로 일을 하거나 취업 준비 중이기 때문에 주로 일터의 선배들 모습이 참고 선례가 된다. 그리고 이런 선배 육아 가정 대부분이 절대적인 '시간의 빈곤'에 시달린다. 아이 키울 돈도 없지만, 아이 키울 시간도 절대적으로 부족하다.

육아가 무섭고 엄두가 안 난다는 생각, 육아포비아의 이유를 청년들에게 물어보면 가장 많이 나오는 답 중 하나가 '너무 바쁘고 빠듯해 보인다'는 것이다.

서희 씨는 결혼 전, 지훈 씨는 결혼 후 아이가 없는 상태지만 모두 육아가 두려운 이유로 시간이 없는 삶을 꼽았다.

○ **제서희(24, 여, 취업 보류, 개인 사업, 결혼 X)**

"사촌 언니가 애가 지금 딱 어린이집 다니는 시기라서요. 일을 하면서 애 보내는데 너무 힘들고 빠듯해 보이거든요. 육아랑 같이 하는 과정에서 그것 때문에 회사랑 문제도 많았고, 경력 단절로 이어질 뻔한 상황도 있었고 그래요. 그런 거 때문에 언니가 좀 버거워했는데. 언니 보면 나는 못 하겠다…."

○ **홍지훈(38, 남, 대학교 교직원, 결혼 10년 차, 자녀 X)**

"(딩크족이라) 부부간에 온전히 다 시간을 보내니 좋긴 해요. 아이들이 있으면 아무래도 아이에게 많은 시간이 포커싱되다 보니까 부부가 같이 보낼 시간이 없잖아요. 직장에서 아이 키우면서 일하는 분들

보면 정말 대단하단 생각뿐이에요. 정말 시간이 없더라고요. 어떻게 저걸 다 하나 놀라울 정도로 너무 바빠 보이고."

'아이 키울 돈도 좋지만 시간을 달라'는 구호는 기사나 인터뷰에도 자주 등장한다. 한국 아이들이 유독 더 손이 많이 가는 걸까? 아니, 문제는 가정이 아니라 일터다. 부모들이 일터에서 보내는 시간이 너무 길다 보니 육아에 쓸 시간이 태부족하다.

2023년 유럽 2개국 3개 도시를 도는 출장을 다녀온 적이 있다. 짧은 시간 많은 나라를 돌아야 했는데, 특히 독일에서는 사흘에 걸쳐 여러 도시의 회사와 공장을 도는 인터뷰를 짜놓은 터라 무척 바빴다. 정신없는 와중에도 눈에 띈 건 분명 평일임에도 가는 사무실마다 듬성듬성 비어 있는 자리였다. '외근 중인가 보다'고만 생각했는데 알고 보니 직원들이 재택근무로 출근하지 않았거나 이미 퇴근한 것이었다. 사무직 직원들은 대부분 하루 8시간(점심시간 1시간 제외) 내에서 본인의 근무 시간을 자유롭게 선택해 일하는 중이었다. 유연 근무의 일종인 시차출퇴근제였다. 팀원들 간에 회의하거나 업무를 교류할 수 있도록 '코어 시간(약 오전 10시부터 오후 3시 사이)'을 어느 정도 포함해야 한다는 것 말고 근무 시간에 별다른 제약은 없었다. 누군가는 오전 6시에 출근해 오후 3시에 퇴근하고, 다른 누군가는 오전 10시 출근해 오후 7시에 퇴근했다. 비단 한 회사만 그런 게 아니었다. 사무직은 물론 공장 근로자들도 주어진 시간만큼 일하고 알아서 퇴근한다고 했다.

매일 아침 일찍 출근해 날이 어둑해질 때쯤 퇴근하는 삶만 살아본, 그래서 독일 출장에서도 으레 일하던 버릇대로 아침부터 저녁까지 빡빡한 취재 일정을 짜놓고 정신없이 뛰어다니고 있던 나에겐 생소하고도 부러운 광경이었다. "왜 독일에서 공구工具가 발달했나 했는데 여기 와서 살아보니 이유를 알겠더라고요. 집에서 보낼 수 있는 시간이 많아서 다들 집도, 차도 스스로 고치는 것 같아요." 그곳에서 취재한 한 한국인 직원의 말이다.

반면 한국은 어떨까? OECD 2023년 국가별 근로자 1명당 연간 근로 시간hours worked 자료에 따르면 한국의 근로 시간은 1,872시간으로, 콜롬비아(2,252시간), 멕시코(2,207시간), 코스타리카(2,171시간) 등 중남미 최장 근로 시간 국가들 다음으로 7위를 기록했다. 2008년 첫 집계 이래로 줄곧 상위권을 기록하고 있다. 반면 독일은 1,335시간으로 전체 조사 국가 중 근로 시간이 가장 짧았다. 우리와는 537시간 차이가 난다.

이명재 씨는 서울 소재 공과대학을 졸업하고 독일로 가 그곳에서 취업했다. 어느덧 독일 생활 10년째, 독일 여성과 결혼해 지금은 아이 둘을 키우고 있다.

○ 이명재(37, 남, 독일 이주, 현지 여성과 결혼, 자녀는 7세, 4세 딸)

"이곳 독일에 나와 있는 한국 회사들이 많은데요. 보통 한국에서 직원 보내잖아요. 근데 이 주재원들이 현지 직원들이랑 일하려고 보면 독일 현지인이랑은 문화적으로나 일하는 이런 게 잘 안 맞는 거예요. 보통 한국 사람들은 상명하복도 강하고 특히 근로 시간도 길잖아요. 독일인들은 딱 시간 되면 일찍 퇴근하거든요. 그래서 답답해서 여기서도 웬만하면 직원 뽑을 때 한국인들을 뽑는다고 그래요. 현지 한국인들요."

독일에서도 굳이 한국 사람을 찾아 뽑아야 할 만큼 현지인과 한국인 간의 근무 스타일이 다르더라는 명재 씨 이야기는 한국인들이 상대적으로 얼마나 길게, 많이 일해왔는지 보여준다. 실제 한국 근로자들은 오래 일한다. 굳이 OECD 통계를 들이대지 않아도 해외 출장이나 여행을 가보면 쉬이 체감할 수 있다. 정해진 시각에 칼같이 문을 닫고 퇴근 후 저녁이나 휴일엔 업무 관련 전화를 할 수 없다는 게 상식인 외국과 달리 한국에선 시도 때도 없이 전화하고 요구할 수 있다. '24시간 서비스'도 넘쳐난다.

물론 한국의 근로 시간도 과거와 비교하면 많이 줄었다. 특히 법정 근로 시간의 경우 근 10여 년 새 비약적인 발전이 있었다. 법적으로 규정된 근로 시간만 보면 한국의 노동환경이 다른 선진국에 비해 결코 후진적이지 않다. 아니, 오히려 선진적으로 보이기까지 한다. 한국의 법정(기준) 근로 시간은 주 40시간, 연장 근로 시간은 주 12시간으로 합쳐서 총 52시간이다. 이른바 '주 52시간 제도'다.

미국은 법정 주 40시간이고 연장 근로 제한이 없다. 일본은 법정 주 40시간, 연장 월 45시간 혹은 연 360시간이다. 독일은 법정 일 8시간, 연장은 단위 기간 내 특정 시간을 안 넘으면 되는 탄력적 근로시간제를 운영한다. 영국은 법정 주 48시간, 연장 주 12시간이다. 프랑스는 법정 근로 시간이 주 35시간이고 연장 근로 시간이 연 220시간이긴 하지만 필요할 경우 하루 최대 10시간까지 일할 수 있다. 한국은 하루 최대 근로 시간이 8시간으로 제한된다. 사실 OECD 한국 기록인 연간 1,872시간도 근무 일수를 따져 계산해 보면 법정 근로 시간에 못 미치는 수준이다. 어떻게 된 걸까? 경영계 일각에서 주장하듯이 사실 우리나라 근로자들은 길게 일하지 않으면서 볼멘소리를 내는 걸까?

아니, 여기엔 맹점이 있다. 한국에는 집계되지 않는 비공식 근로 시간, '공짜 노동'이 많다는 점이다.

공짜 노동이란 일을 하긴 했는데 돈은 못 받는 초과 근로 시간을 뜻한다. 이 글을 읽는 직장인 중에 잡무가 남아 밤늦게까지 회사에 남아 일하거나, 끝내지 못한 일을 집으로 싸 들고 가서 해본 경험이 없는 사람은 없을 것이다. 이런 것이 별도 신고 없이 이뤄지면 공짜 노동이다. 초과 수당을 받아야 하는 초과 근로인데, 수당 없이 공짜로 노동력을 제공하는 것이다.

돈 안 주고 일 시키는 건 엄연히 불법이다. 그럼에도 이런 관행이 계속돼 온 건 공짜 노동이 마치 묵묵히 맡은 바 최선을 다하는 성실한 근로자의 미덕인 양 포장돼 왔기 때문이다. 이런 분위기에 편승해 법정 근로 시간 내 끝낼 수 없는 업무를 주고 암묵적으로 초과 근로를 강요하는 사용자들이 많았다. 미근 씨가 수년간 일해 온 직장도 마찬가지다.

○ **신미근(41, 여, 교육 콘텐츠 제작 회사 재직, 자녀는 5세 딸)**

"제가 최근까지 업무 시간도 아닌데 주말에 나와서 일하고 있거든요. 일이 많고 평일 내엔 다 할 수 없으니까. 수당? 그런 건 당연히 없죠. (중략) 이 업계가 여자들은 많은데 아무리 오래 일해도 45살? 사실 저 코앞이잖아요. 지금 같이 일하는 애들이 다 20대 막 이래요. 50대 선배가 뭘 하고 그 위에 애 있는 선배가 뭘 하고 그런 선례들을 볼 수 있어야 그 직장에서 미래가 있는 거잖아요. 여긴 아무도 없어요. 일단 애 낳은 여자가 없어요. 아, 회계팀엔 있죠. 거기는 만날 (일과가) 정해져 있거든요. 그런 데 아니곤 아이 있는 여자가 없어요. 업무가 매일 이런 식이니까, 언제 야근에 주말 근무할지 모르고. 그렇다 보니까 일하는 애들이 어린 경우가 기본적으로 많고 30대 이런 애들은 결혼도 안 한 거죠. 그래야 일할 수 있단 얘기예요."

미근 씨 말대로 공짜 노동 탓에 근로 시간이 대중없이 길어지는 일터에서 아이가 있는 직원은 버텨내기 힘들다. 돈은 좀 부족해도 부족한 대로 키우면 된다. 하지만 시간은 그럴 수 없다.

근로 시간이 경직적인 것도 문제다. 일하는 시간이 고정돼 있다는 이야기다. 앞서 본 독일 사례와 달리 우리나라 대부분의 직장은 출퇴근 시간이 고정적이다. 육아는 돌발 상황의 연속이다. 엄마, 아빠가 9시에 출근해 18시에 퇴근해야 한다고 배탈이 나서 토하고 몸져누웠다는 아이에게 "저녁 7시 우리 돌아올 때까지 더는 토하지 말고 기다려~"라거나, 유치원에 "학예회는 제 출근 전인 오전

8시 이전이나 퇴근 후인 오후 7시 이후 열어주세요"라고 요구할 순 없는 노릇이다.

> ○ **조앤 윌리엄스 미국 캘리포니아대학교 법학대학원 명예교수**
> "일이 너무 많아서 부모가 몰아서 일하고, 대신 몰아서 쉴 수 있다고 칩시다. 몰아서 일하는 동안 자녀를 꽁꽁 얼려둘 수 있나요? 만약 그럴 수 있다면 그건 괜찮은 근로 방식일 겁니다. 하지만 아이는 그렇게 키울 수 있는 게 아니에요. 아이는 매일, 매주 부모의 돌봄을 필요로 합니다."

윌리엄스 교수의 말처럼 아이는 꽁꽁 얼려뒀다가 내가 원하는 시간에 꺼내서 원하는 만큼 돌보고 다시 얼려둘 수 있는 '냉동식품'이 아니다. 아이를 키우면 매일 특정한 시각 특정 시간을 할애해야 하고 자주 예기치 않는 시간도 써야 한다. 그래서 경직된 근로 시간으로 운영되는 일터는 육아에 '쥐약'일 수밖에 없다.

결혼 후 부부가 모두 일을 하는 맞벌이 가구는 늘고 있다. 통계청에 따르면 국내 맞벌이 가구는 2023년 611만 5,000가구를 기록해 처음 600만 가구를 넘어섰다. 전체 유배우有配偶 가구 중 48.2%로, 과반이 코앞이다.

일터의 근로 시간이 길고 경직적이라면 맞벌이 부부는 아이를 낳고 키우기 위해 다음 세 가지 선택지 중 하나를 택할 수밖에 없다. 첫째, 부모 중 한 명이 일을 그만두고 육아를 전담한다(독박 육아). 둘째, 부부 중 한 명 혹은 두 명 다 경력 손실을 감수하고 근로 시간을 줄인다. 셋째, 부모를 대신할 돌봄 인력을 들인다. 첫 번째와 두 번째는 일을 줄여 육아 시간을 늘리는 방법이고, 세 번째는 돈을 들여 남의 시간을 사는 방법이다.

어느 쪽도 청년들이 보기에 달가운 선택지가 아니다. 첫 번째 선택지는 당연히 독박 육아 주무자가 될 사람이 반기지 않을 테고, 요새는 '독박 근로'를 해야 할 사람 역시 내키지 않아 할 것이다. 나홀로 가정 경제를 책임져야 한다는 부담이 커지기 때문이다. 누군가 경력에 손해를 봐야 하는 두 번째 선택지 역시 기꺼운 선택지는 아니다. 세 번째 돌봄 인력을 구하는 방안은 적잖은 비용이 든다. 비용을 들이지 않거나 적게 들이려면 조부모, 즉 양가 부모님 손을 빌려야 하는데, 돈이 덜 드는 대신 '죄책감이 더 든다'는 단점이 있다.

"아니, 왜 남의 손을 빌린단 말야? 우리에겐 아침부터 저녁까지, 급하면 휴일에도 국가가 보육 기관 보육료 전액을 지원하는 무상 보육 제도가 있는데!" 그렇다. 한국에서 만 0세부터 5세(세는나이로는 7세)까지 영유아가 어린이집에 다니면 보육료는 국가가 무상으로 제공한다. 이른바 무상보육 제도다. 훌륭한 제도인 건 사실이나 웃프게도 이것 역시 한국 부모들의 근로 시간이 대체로 길고 경직적인 탓에 '무상인 듯 무상 아닌 무상 같은 너~'가 되어버린 지 오래다. 많은 부모가 보육 기관이 문 닫는 시간(어린이집 기준 오후 7시 반)까지 아이를 데리러 갈 수 없기에 추가 돌봄 인력과 비용을 들여 아이를 하원시키게 되었고, 기왕 이렇게 된 거 더 일찍 하원시켜 교육을 더 받게 하자는 부모들이 늘면서 오후 5시 이전 하원시켜 학원에 보내는 것이 대부분 어린이집에서 '뉴노멀(새로운 정상)'이 되고 말았다. 요즘은 굳이 일찍 하원할 필요 없는 아이들도 대체로 오후 5시 이전 하원해 추가 금액을 내고 돌봄 인력이나 사교육 시설에 맡겨지고 있는 게 현실이다.

아이가 커서 학교에 들어가면 좀 나아지지 않을까 싶지만 안타깝게도 더 많은 시간과 비용이 들게 되는 경우가 대부분이다. 학교가 일찍 끝나기 때문이다. 저학년은 여전히 돌봄을 필요로 하는데 이 돌봄 공백을 대부분 방과 후 교실이나 사교육으로 메우면서 교육에 드는 비용만 훌쩍 늘어난다. 이런 문제를 해결하겠다면서 방과 후 수업을 다양화하고 저학년에 돌봄 프로그램을 무료로 제공하는 늘봄 학교가 2024년부터 전면 시행됐지만, 기존 돌봄 교실+방과 후 교실과 큰 차이가 없어 사교육이 크게 줄어드는 효과는 나타나지 않고 있다.

설령 사교육이 학교 늘봄 교실로 대체된다고 해도 부모가 퇴근하는 시각이 그대로라면, 아이가 부모 돌아오기까지 이른바 '방과 후 뺑뺑이'를 돌아야 하는 근본적인 현실은 변하지 않는다. 뺑뺑이가 그저 조금 더 안전하고 조금 더 저렴해질 뿐이다.

결국 일터가 변하지 않으면 아이 돌봄을 위해 앞서 언급한 세 가지 안 중 하나를 택할 수밖에 없다. 많은 경우 누군가 그의 일과 혹은 경력을 희생해 돌봄을 맡는다. 인생 선배들을 통해 본 이런 육아 현실은 청년들에게 두려움을 주기에 충분하다. 안 그래도 아이를 키우는 건 한 번도 해본 적 없는 막막한 일인데, 그걸 위해 많은 시간과 비용을 들이고 자신의 경력까지 희생해야 한다니 당연히 엄두가 나지 않는다.

엄마, 아빠, 두 살 어린 남동생과 '아들 둘' 집 같지 않은 화목한 가정에서 자랐다는 이효동 씨는 엄마, 아빠처럼 화목한 가정을 일구는 게 꿈이다. 하지만 대학을 졸업하고 취업을 준비하면서 일터의 현실을 마주할수록 자신이 없어진다고 했다.

○ **이효동(26, 남, 취업 준비하며 공공기관 인턴 근무, 결혼 X)**
"제가 무조건 (워라밸이 좋다는) 공무원 여자를 만나서 결혼할 수도 없는 거잖아요. 이건 개인이 맞춰갈 문제라기보다 사회에서 개선해야 할 문제 같거든요. 저나 아내 될 사람 중에서 하나 일을 그만둬야 한다고 하면 저는 일단 무조건 배우자 의견에 맞춰갈 것 같아요. 아이도 좋지만 더 중요한 건 아내랑 저인데 누군가 희생해야 하는 건 싫거든요."

효동 씨는 자녀를 낳고 싶지만 아이를 맡길 방법을 찾지 못한다면 배우자의 의견에 따라 아이를 포기할 생각이라고 했다. 요즘은 효동 씨 같은 청년이 적지 않을 것이다. 과거엔 아이를 위해 일을 포기하는 게 당연했다면, 요즘은 일을 위해 아이를 포기하는 게 이상하지 않은 시대다.

겨울을 맞이한 청춘,
생식을 멈추다

　TV 예능 프로그램을 자주 보지는 않지만, 한동안 유일하게 챙겨 봤던 프로그램이 있다. 바로 서바이벌 경연(오디션) 프로그램이다. 처음엔 가수 오디션으로 인기를 끌더니, 아이돌, 래퍼, 댄서, 요리사, 머슬테이너 등 다양한 분야로 확장되며 십수 년째 꾸준한 인기를 이어가고 있다. 요즘도 TV 편성표를 보면 경연 프로그램이 서너 개씩은 꼭 눈에 띈다.

　이런 프로그램을 보다 보면, 소위 '3요(이걸요? 제가요? 왜요?)'를 외친다는 MZ(밀레니얼+Z)세대는 다른 나라 이야기 같다. 혹독한 훈련, 독설에 가까운 평가, 노골적인 우등반·열등반 구분, 편견과 비하, 출연자 간의 반목까지. 숨 막히는 압박 속에서, 어리게는 내 아이와 비슷한 또래의 참가자들이 모든 어려움과 수모를 묵묵히 견디며 각자의 역할을 해냈다. 정말 대단했다.

그들이 그런 고통과 치욕을 감내하는 데는 이유가 있다. 경쟁을 뚫고 올라선 소수의 승자에게는 달콤한 보상이 기다리기 때문이다. 상금과 부상은 물론, 방송을 통해 얻는 유명세와 그에 따른 부가 수익까지. 심지어 최종 승자가 아니더라도 성실한 태도와 좋은 성과를 보여준 이들에게는 스포트라이트가 쏟아졌다.

이런 맥락에서, 경연 프로그램의 인기를 '한국 사회의 축소판'이라 보는 분석이 많았다. 사회 전반에서 경쟁이 일상이 된 현실, 심지어는 사랑이나 결혼처럼 경연과는 가장 거리가 멀어 보이는 영역마저 적자생존 경쟁의 무대가 된 사회에서, 이들 프로그램이 큰 공감을 얻고 있다는 해석이다. 나 역시 보잘것없는 지원자가 역경을 딛고 성장해 결국 승자가 되는 과정을 보며, 묘한 쾌감과 대리 만족을 느꼈던 것 같다.

한국 사회는 정말 경연 프로 같은 사회일까. 적어도 한국인들이 한국 사회를 더 경쟁적이라 느끼는 건 사실인 것 같다. 《동아일보》가 여론 조사 기관과 함께 2023년 성인 1,850명을 대상으로 벌인 '한국인으로서의 인식에 대한 설문조사'를 보면 스스로 '한국과 가장 잘 어울리는 이미지'라고 생각하는 것을 고르라는 질문(복수 응답)에 '역동적이다'(25.8%)라고 답한 사람도 있었지만, 대부분 '경쟁적이다'(36.5%) '복잡하다'(17.7%) '피곤하다'(16.3%)라는 답변을

골랐다.

한국에서 아이 키우기 무섭다는 청년들이 가장 많이 든 이유 역시 한국 사회의 이런 특성이었다. 경쟁, 복잡함, 피곤함…. 한국 사회는 경쟁이 유달리 심하다는 것이다. 청년들에게 우리 사회에 대한 감상을 물으면 실제 다음과 같은 말을 자주 들을 수 있다. 치열하다, 급하다, 갈등이 많다, 불안하다, 각박하다, 팍팍하다, 배려 없다… 등등.

○ 이효동(26, 남, 취업 준비하며 공공기관 인턴 근무, 결혼 X)

"요새 이런저런 (인터넷) 게시판 댓글들 보면 다 부정적이고 자극적이고 갈등을 불러일으키는 그런 내용밖에 없어요. 사람들이 그냥 다들 정신적으로 팍팍한 거 같아요. 서로가 서로를 향해 치열하게 공격하고 밟고 올라가고…."

○ 제서희(24, 여, 취업 보류, 개인 사업, 결혼 X)

"상호 간에 좀 부담을 줘도 배려하고 그러면 되는데 요즘은 나, 혹은 내 거가 너무 중요해 가지고. 요즘 너무들 각박해요. 그래서 더 충돌이랑 갈등이 일어나는 것 같아요. 우리나라 사람들은 대부분 날이 서 있고 화가 난 느낌…."

한국은행 경제연구원은 2023년 12월 「초저출산 및 초고령사회」 보고서를 공개했다. 보고서에서 한국의 청년들이 경쟁 압력을 심하게 느끼고 그것이 초저출산의 주요 원인 중 하나라고 짚었다. 연구진은 한국 청년의 고용률이 OECD와 비교해 크게 낮고 임시직 근로자의 비중이 높아 고용의 양과 질이 모두 좋지 못한 점, 그래서 대기업 등 좋은 직장을 향한 경쟁이 치열한 점, 청년들의 생활비 등 재정 상황이 불안해 계속 경쟁에 뛰어들 수밖에 없는 점 등을 경쟁 압력의 예시로 들었다.

같은 보고서에서 청년들을 직접 설문한 결과 역시 높은 경쟁 압력과 불안을 느끼는 청년이 많은 것으로 나타났다. 그리고 이런 경쟁 압력을 크게 느낄수록 희망 자녀 수도 적었다. 경쟁 압력을 크게 느끼는 그룹의 평균 희망 자녀 수는 0.73명으로, 경쟁 압력을 덜 느끼는 그룹의 평균 희망 자녀 수인 0.87명보다 약 16.1% 적었다. 출산과 육아는 치열한 경쟁과 함께 할 수 있는 일은 아니었다.

유진원 씨는 그런 경쟁 압박 속에 출산을 미뤄온 청년 중 한 명이다. 20대에 일곱 살 차 남편과 결혼해 벌써 7년 차인 그는 남편이 지방에서 근무하고 본인은 서울에서 공부하면서 5년간 주말부부로 살아야 했다. 학위를 마치고 어딘가 좋은 취업처를 찾기 위해 버티면서 임신은 자연히 뒷전이 됐다.

○ **유진원(35, 여, 연구 단체 임원, 결혼 7년 차, 자녀 X)**

"대학원 남자 동기들은 두 명이 국립대 전임교수로 갔거든요. 여자 박사가 훨씬 많은데 여자들 제치고. 남자들은 취업을 그렇게 잘해요. 이런 거 보면 애 낳기 쉽지 않죠. 왜냐하면 안 그래도 밀리는데,

사실 공부하고 육아하고 병행하는 게 쉽지도 않고요. 애까지 낳으면 (교수 임용까지) 타임라인이 더 길어질 텐데. 불안한 거죠. 내 위치가 불안하니까 가질 수가 없었어요. (중략) 애를 낳는 건 그냥 모든 생물의 본능이잖아요. 그 본능을 계속 억제해 온 거예요."

진원 씨 말처럼 자손을 남기려는 번식의 욕구는 모든 생물이 가진 본능이다. 하지만 척박한 환경에 처했다는 두려움은 그 본능마저 억제시켰다. 자녀를 낳는 순간, 자녀뿐 아니라 자신조차 위험해질 수 있기 때문이다. 나무도 겨울이 오면 꽃과 잎을 떨어뜨리고 생식을 멈추지 않나. 진원 씨 역시 박사 과정 동기들과 교수 임용 자리를 두고 치열한 경쟁을 벌인 7년간 피임하면서 '겨울나무처럼' 버텨왔다고 할 수 있다. 어쩌면 남자 동기들 역시 마찬가지였을 것이다. 육아와 취업, 학업을 병행하는 건 아이 아빠에게도 쉬운 일은 아니다.

그렇다면 한국 청년들은 왜 이렇게 경쟁 압박을 심하게 느끼는 걸까. 여러 이유가 있겠지만 많은 취재원은 여느 나라보다 좁은 공간에서 일찍 경쟁이 시작된다는 점을 원인으로 꼽았다. 학창 시절부터 시작되는 성적과 입시 경쟁이다. 앞서 한국의 인구 감소를 흑사병에 비유했던 《뉴욕타임스》 칼럼니스트 로스 다우섯 역시 해당 칼럼에서 한국 초저출산의 원인으로 크게 두 가지를 꼽았는데, 그중 첫 번째가 "특별히 잔혹한 학업 경쟁 문화uniquely brutal culture of academic competition"였다.

○ **김수경(45, 여, 미국 이주, 현지 대학강사, 자녀는 10세 딸, 7세 아들)**

"한국은 경쟁이 아주 어릴 때부터 시작되잖아요. 여기(미국) 와보니까 확실히 느껴요. 한국이 그게 심했구나. 한국 급식 보면 엄청 훌륭해요. 미국 급식은 거의 쓰레기거든요. 한국 애들은 그렇게 훌륭한 급식 먹으면서 행복하지 않아요. 여기 애들은 쓰레기 같은 음식 먹으면서도 깔깔 이러면서 학교 가고 싶어 하거든요. 한국처럼 학교가 심한 경쟁의 공간이 아니니까요."

OECD는 2024년 내놓은 「한국경제보고서」에서 한국의 저출산 상황을 두고 "월드 챔피언" 저출산이라고 칭하며 명문대, 대기업을 향한 지나친 경쟁, 이른바 "황금 티켓 증후군golden ticket syndrome"이 그 원인이라 지적했다. 황금 티켓 증후군이란 소수만 취할 수 있는 사회적 성공을 위해 많은 사람이 역량을 집중하는 현상을 뜻한다. 영화로도 만들어져 유명한 영국 동화 『찰리와 초콜릿 공장Charlie and the Chocolate Factory』에서 유래했는데, 초콜릿 회사 사장인 윌리 웡카가 초콜릿 제품에 다섯 장의 황금 티켓을 넣고 이 티켓을 찾은 아이에게 공장을 견학시켜 주겠다고 하자 부잣집 부모들이 아이에게 공장 견학 기회를 주기 위해 초콜릿을 사재기했다는 내용에서 따왔다고 한다. 이 황금 티켓을 따기 위한 경쟁이 학생 때부터 치열하게 벌어지고 있고, 그 탓에 "한국의 고등학교가 생사의 전쟁터가 되고 있다"라는 게 보고서의 분석이다.

한국 사회에서 학력은 학'벌閥(가문)'이라 불릴 정도로 중요한 것이 사실이다. 어느 대학을 졸업했느냐에 사회생활의 출발선이 달라진다. 블라인드 채용과 같이 취업에서 학교, 출신을 보지 않는 공정한 경쟁을 위한 기제들이 마련되고 있지만 여전히 좋은 대학을 졸업하면 취업이 한층 손쉬울 뿐만 아니라 취업 후에도 승진, 경력 쌓기에서 내내 유리한 고지에 선다. 각종 인맥을 통해 향후 인생에서 다양한 방식으로 도움도 받을 수 있다. 찰리의 공장 황금 티켓은 환상 속 꿈의 티켓이라는 의미가 강하지만, 한국 사회에서 명문대 입학은 아직까진 분명 실익이 존재하는 황금 티켓이다.

당연히 학벌을 얻기 위한 경쟁은 치열하다. 보고서는 고등학교가 전쟁터가 되었다고 했지만 안타깝게도 고등학교가 전쟁터가 된 지는 이미 오래고 요즘은 중학교, 초등학교, 심하게는 유치원과 어린이집까지 전쟁터다. 입시 대비 교육이 이르면 영유아기부터 시작되는 탓이다. 일부 지역에선 경쟁률 높은 '영어유치원(영유아 영어 학원)'에 아이를 입소시키기 위해 또 별도로 입시 과외를 시키거나 또 다른 학원에 보내는 이른바 '4세 고시'까지 성행할 정도다.

이런 입시 위주 교육의 병폐는 심각하다. 그저 시험만 넘기면 된다는 '한탕주의' 주입식, 암기식 교육이 만연한다. 입시에 도움 안 되는 교육, 대표적으로 예체능 교육과 일반적인 인문·사회 교양은 설 자리를 잃고 있다. 책 대신 문제집을 읽는 아이들만 넘쳐나고, 자기 주도적으로 공부하고 깨우치는 게 아니라 주어진 틀 안에서 피동적으로 공부하다 보니 엄청난 학업량을 소화하면서도 정작 아이들의 문제 해결 능력이나 창의적 사고는 떨어진다.

단기간 속성으로 입시 맞춤형 인재를 만들어 주는 사교육은 배를 불리고 공교육의 입지는 나날이 좁아지는 전도 현상도 큰 문제다. 서울에서 초등학생과 중학생 두 아이를 키우는 40대 안희주 씨는 아이들로부터 학교 이야기를 들을 때마다 답답하다고 했다.

> ○ 안희주(45, 여, 대학강사, 자녀는 14세, 12세 아들)
>
> "애들이 밤늦게까지 학원 다니느라 학교 가서 자고 막 학교 수업 시간에 학원 숙제 꺼내서 한다는 거예요. 학원 숙제가 너무 많으니까. 막 쉬는 시간에도 하고. 근데 그걸 선생님이 뭐라고 말을 못 한다는 게 더 기막힌 거죠. 완전 거꾸로 된 거잖아요."

희주 씨의 말처럼 "완전 거꾸로 된" 전도 현상은 날로 심해지고 있다. 그를 보여주듯 저출산으로 학령 인구는 줄어드는데 사교육비는 계속 오른다. 교육부와 통계청 발표에 따르면 2024년 초중고 학생 수는 513만 명으로 전년보다 8만 명(1.5%) 줄었는데, 이 학생들이 쓴 사교육비는 29조 2,000억 원으로 전년보다 7.7% 늘어 또 최고치를 경신했다. 이렇게 돈을 쏟는 만큼 학부모와 학생들은 학교보다 학원에 의지하게 된다. 요즘 학교는 빼먹어도 학원은 못 빼먹는다고 말하는 부모들이 적지 않다. 그만큼 학원에 많은 돈과 시간을 들이고, 또 거기서 더 많은 걸 배우기 때문이다.

어느 나라나 사교육은 있지만 한국의 사교육은 과해도 너무 과하다. 캄캄한 저녁 8, 9시에 내가 퇴근할 때 제 몸만 한 가방을 메고 귀가하는 초등학생(고등학생이 아니라 초등학생이다)들을 여럿 만난다. 그제야 학원이 끝나 집에 돌아오는 것이다. 그 밤에 그 조그만 어린아이가 혼자 돌아다닐 수 있다는 게 한국 사회 훌륭한 치안(!)의 방증일지는 모르나 아직 천지 분간 못 하고 뛰어놀아도 허물없을 아이들에게 서글픈 일이 아닐 수 없다. 동네 놀이터에서 주간에 아이들을 볼 수 없게 된 지 이미 오래다. 아이들은 당연히 행복하지 않다. 2021년 OECD가 조사한 어린이 행복 지수에서 한국은 22개 국가 중 22위로 꼴찌를 차지했다. 2024년 초록우산 어린이재단의 아동 행복 지수 연구 결과에서도 권장 시간 대비 '과소 수면'에 해당하는 한국 아동은 18.8%, '과다 공부'에 해당하는 아동은 65.1%에 이르는 것으로 나타났다.

지난 수십 년간 공교육이 붕괴하면서 교사의 지위와 처우도 과거와 비교해 크게 추락했다. 2023년 한 초등학교 교사가 교내에서 목숨을 끊은 사건이 벌어졌을 때 많은 교사가 분개하며 결집했던 이유다.

이 사건으로 학교 현장에 대한 많은 반성이 이뤄지면서 잠시 변화의 기류가 나타나는가 싶었는데, 정부의 의과대학 정원 증원 발표 소식 이후 다시 상황은 빠르게 제자리로 돌아갔다. 선진국 수준의 의사 수를 갖추기 위해 2006년 이후 3,058명으로 동결돼 온 의대 정원을 2,000명 늘리겠단 정부 계획에 2025학년도 수능에는 역대 최대 재수생이 몰렸다. 일반 재수생은 물론 직장을 다니던 성인들까지도 지원했다.

학원가엔 이런 수요를 노린 온갖 과도한 프로그램이 등장해 다시금 눈살을 찌푸리게 했다. 2024년 7월 한 시민단체는 초등 5학년이 고등학교 2학년 수학을 선행 학습하는 일명 '초등 의대반'을 규제해 달라며 성명을 발표했다. 초등학생이 한두 학년 선행도 아니고 고등학교 2학년 수학을 선행하는 건 규제해 달라는 내용이었다. 외국 지인들이 들으면 식겁할 일이다. 아마 윌리엄스 교수가 4세 고시 이야기를 들으면 다시 머리를 감싸 쥐며 이렇게 외칠지도 모른다. "대한민국은 정말 망해가고 있군요!"

과학고등학교와 한의과대학을 졸업한 박세경 씨도 의대 경쟁을 경험한 1인이다. 현재 개인 한의원을 개업해 운영하면서 글을 쓰고 있는 세경 씨는 요즘 청년들이 전보다 더 심한 경쟁 압박에 놓이게 된 것이 최근 20년간 입시 제도의 변화 영향이라고 생각했다.

○ **박세경(40, 여, 한의사 겸 작가, 결혼 X)**

"한 20년쯤 전에 '이해찬 개혁'으로 내신이 강화됐잖아요. 저는 개혁 그 전에도 학교 다녀봤고 그 후에도 다녀봤어요. 근데 확실히 그 후의 친구들하고는 좀 끈끈한 그런 게 없어요. (내신 강화) 그 전에는 학교 안에서만 경쟁하는 게 아니라 어차피 전체랑 다 경쟁하니까 굳이 학교 친구들이랑 날을 세울 일이 없었어요. 근데 내신 강화 이후 내 친구들이 다 경쟁자가 됐어요. 내 친구보다 점수를 잘 받아야 하고, 그래야 내가 우선순위에 서고, 그런 생각 계속하다 보면 '찌질하고 짜치게(후지게)' 구는 게 몸에 익어요. 어떤 사람 만났을 때 좋은 관계를 생각하는 게 아니라 항상 스펙을 맞추고. (중략) 그런 태도가 아무도 안 만나고 나만 살아남아야겠다, 이런 생각으로 가서… 남편감 가능할 때도 객관적인 조건으로 계속 계량을 하거든요. 그런 것들이 제가 볼 때 바로 옆 친구하고 1~2점 차이로 경쟁하면서 몸에 익은 거라니까요. (중략) 예전에는 곳곳에 따뜻한 소규모 공동체의 느낌이 있었는데 그걸 다 파편화해 버린 게 입시 제도 변화인 것 같아요."

이런 분석은 실제로 교육학계와 사회학 연구, 언론 보도 등에서 자주 언급되는 내용이다. 입시 제도를 다양하게 해 경쟁을 줄인다고 확대한 '내신 중심의 입시 제도'가 경쟁의 양상을 개인화·일상화·고립화시켜 경쟁이 되레 더 심화됐다는 지적이다. 세경 씨는 이 내신 중심 개혁 제도가 도입된 때 수능을 치른 이른바 '이해찬 세대'다. 이해찬 세대란 이해찬 전 교육부 장관이 고교 교육 정상화를 외치며 도입한 각종 개혁 정책의 대상이었던 수험생들을 일컫는다. 주로 1983, 1984년생들인데, 이들의 대학 입시를 앞두고 내신 성적 반영 비율을 크게 높이는 교육개혁이 단행됐다. 수능 성적뿐 아니라 학생의 평소 학교 성적, 특기 등 보다 다양한 면을 평가한다는 취지였다.

하지만 학벌 사회가 바뀌지 않는 상황에서의 입시 다변화는 입시 경쟁 완화로 이어지진 못했다. 되레 전국 단위 시험이 아니라 학교 내 상대 평가가 중요해지면서 개별 학교 단위 경쟁만 치열해졌다는 분석이 나온다. 우리 반 짝꿍 철수, 옆 반 절친 영희와 학교에서부터 내신·수행평가 점수를 다투게 되었다는 것이다. 세경 씨가 말한 것처럼 이때 체화한 '만인의 만인을 향한' '찌질하게 짜치게' 구는 경쟁이 사회의 무한 경쟁과 이기주의 심화로 이어졌다는 이야기다.

내신을 강화하는 방향의 정책은 공교육을 살리기 위한 것이기도 했다. 그러나 사회는 그대로였고 경쟁만 파편화됐다. 더구나 이해찬 1세대들이 수능을 치른 해 하필 교육과정평가원이 문제 난이도 조절에 실패하며 '불수능'이 벌어졌고, 그래서 수시전형만 믿고 있던 학생들이 대거 폭망해 하향 지원하는 '대환장 파티'가 벌어지는 바람에 개혁은 '단군 이래 최저 학력'을 냈다는 비아냥 끝에 망작으로 기억됐다.

한국 사회가 유독 경쟁이 심한 사회로 여겨지는 데에는 뿌리 깊은 비교 문화도 중요한 요인으로 작용한다. 한국 사회는 타인의 시선을 의식하고 평판을 중시하는 경향이 강한 사회다. 유교의 서열주의적 전통, 체면문화, 집단주의에 더해 지난 반세기 가파른 성장으로 누군가는 벼락부자가 되고 누군가는 벼락거지가 되는 걸 겪은 경험이 남과 끊임없이 비교하고 자기 위치를 재확인하는 문화를 만들었다.

그나마 과거엔 비교 대상이 옆집, 사촌, 친구와 지인 등 내 눈에 보이는 범위 안으로 국한됐다. 하지만 갈수록 각종 미디어, SNS 등 플랫폼이 많아지면서 비교의 대상도 많아지고 있다. '남의 정보'를 확인할 수 있는 곳이 크게 늘었기 때문이다. 김준호 씨 역시 세경 씨처럼 최상위 학업 경쟁을 거쳐 모두가 선망하는 의과대학에 들어간 모범생이다. 현재 정신과 의사인 그는 많은 사람들을 상담하며 한국 사회의 비교 범위가 더욱 확장되고 있다고 느꼈다.

○ 김준호(41, 남, 의사, 자녀는 9세, 8세 아들)

"현대사회 경쟁이 더 심해지는 게 우리가 몰라도 되는 걸 너무 많이 알게 된 거 때문이라고 저는 생각을 하거든요. 저희 어릴 때는 딴 집 어떻게 사는지 몰랐고 부자라고 하면 그냥 그런가 보다, 어떤 브랜드를 입는지도 몰랐고 생각할 수 있는 게 벤츠 탄다 이 정도였는데, 요샌 SNS나 미디어 통해 다 공유되잖아요. 어떤 동네가 제일 부자고 아닌지 다들 잘 알고요. 요즘은 뭐든 다 계급도 나누잖아요. 옷도 계급 나누고 차도 계급 나누고. 우리 땐 그런 거 잘 없었다는 말이죠. 왜냐하면 자기가 사는 커뮤니티가 전부였고 그러니까 남들과 비교를 덜 하고 그런 건데. 너무 많은 걸 알게 된 거죠. 그러니까 루저가 아닌 사람이 없고…."

준호 씨 말처럼 과거에는 누가 무슨 일을 하고, 어디에 살고, 어떤 가방을 메고, 어떤 차를 모는지 직접 묻지 않는 한 알 길이 없었다. 지금은 누가 강남 초호화 아파트에 살면서 벤츠를 몰고, 에르메스를 드는지 클릭 한 번이면 알 수 있는 세상이다. 각종 남의 정보가 범람하면서 자연스레 비교할 거리도 더 늘고 경쟁 심리와 상대적 박탈감도 커지고 있다.

이런 분위기는 청년들을 더욱 조바심 내게 만든다. 남들보다 더 좋은 학교, 더 좋은 직업을 갖고 더 잘살기 위해 경쟁하도록 부추긴다. 어느 동네, 어느 회사가 좋은지 조금만 찾아보면 각종 비교 정보가 넘쳐난다. 소위 좋은 직장이라고 하는 곳들의 채용 경쟁률은 갈수록 높아지고 있다. 한국경영자총협회의 '신입사원 채용 실태조사'에서 신입 채용 경쟁률은 2008년 26.3:1에서 2017년에는 35.7:1로 높아졌다. 이후 경력직 수시 채용이 증가하면서 조사가 중단되었는데, 이 역시 사회 초년생들에게 취업 등용문이 더욱 좁아졌음을 의미한다. 이미 실력에 경험을 겸비한 경력자들과 경쟁하게 되었단 뜻이기 때문이다.

실제 각종 조사에서 우리나라 청년들의 첫 직장 재직 기간은 2년이 채 안 될 정도로 이직이 잦다. 한 번 취업한다고 끝이 아니라 더 좋은 직장으로 올라가기 위해 무한 경쟁하고 있는 탓이다. 2024년 5월 통계청에 따르면 그해 15~29세 취업자들이 대학 등 최종 학력을 졸업한 뒤 직장을 얻기까지 걸린 기간도 평균 11.5개월로 역대 최장을 기록했다.

일자리로 끝일까? 아니, 그다음은 살기 좋은 동네와 아파트를 찾기 위한 경쟁이 이어진다. 안정적 일자리와 주거지를 찾지 못하면 결혼을 주저하게 되는 한국인들의 특성상 이런 끝없는 경쟁은 결혼과 출산의 시기를 계속 늦추고 꺼리게 만들 수밖에 없다. 사회생활 3년 차인 최은우 씨는 요새 젊은 여성 가운데 드물게 '꼭 결혼해서 아이를 낳을 것'이라고 공공연히 말하는 여성이다. 은우 씨는 어렸을 때부터 좋은 학교, 직장 못지않게 좋은 가정을 이루는 것이 꿈이었다고 한다.

> ○ **최은우(26, 여, 서울 소재 회사 재직, 결혼 X)**
>
> "저는 원래 꼭 부모가 되고 싶은 사람이라서 기혼인 선배들을 만나면 어떤지 물어보거든요. 그러면 저출산 막 이야기하시면서 '애를 낳는 것 자체가 커리어인으로서 자살이다', '발목 잡는 일이다' 이런 얘기들을 하시더라고요. 그러니까 자꾸 자신이 없어지고… 사실 저는 가능하다면 커리어인으로서도 계속 뭘 하고 싶은데 고민을 안 할 수가 없고 그러다 보니까 뭔가 내가 무조건 출산하겠다, 이런 자신은 갈수록 잘 못하게 되는 것 같아요."

은우 씨는 아이도 키우면서 일도 지금처럼 잘하고 싶지만 '결혼하고 아이 낳으면 끝', '자녀가 커리어 발목을 잡는다' 같은 말을 자주 듣다 보니 자신감이 없어진다고 했다. 경쟁사회에서 어렵게 좋은 학교, 좋은 직장에 들어갔는데 아이를 낳는 순간 도태되기 시작할 것 같아서다.

은우 씨 걱정이 과한 것도 아니다. 앞서 이야기한 것처럼 아이를 키울 시간이 없는 일터에서 많은 부부가 둘 중 하나 경력을 포기하는 선택을 한다. '그걸 손해라고 보지 않으면 그만'이라고 할 수도 있지만, 학창 시절부터 치열한 경쟁에 익숙해진 청년들에겐 쉽지 않은 일이다.

> ○ **김준호(41, 남, 의사, 자녀는 9세, 8세 아들)**
>
> "모두가 달리면 상대적으로 나는 가만있어도 뒤처지는 게 되잖아요. 그니까 내가 괜찮은 사람, 괜찮은 삶이라고 느껴지지 않고. 그러니까 뭔가 더 해야 한다는 압박감이 들고 불안하고, 스트레스가 쌓이고 그러는 거 같아요."

유명순 서울대학교 보건대학원 교수 연구팀이 2024년 8월 공개한 성인 남녀 1,024명 대상 심리 조사「한국인의 울분과 사회·심리적 웰빙 관리 방안 조사」에 따르면 성인 49.2%가 '장기적 울분 상태'에 놓여 있었다. 장기적 울분 상태란 장기간 해소되지 않는 스트레스와 분노, 좌절과 무력감을 뜻한다. 성인 절반이 이런 감정을 오랫동안 느끼고 있다는 이야기다. 특히 30대에서 장기적 울분 상태의 비율이 가장 높았다. 취업, 학업, 결혼 등 여러 경쟁 스트레스에 가장 크게 내몰리는 시기다.

울분과 불안, 압박감을 느끼는 사람이 가족을 이루고 자녀를 낳길 기대하긴 어려울 것이다. 앞서 본 것처럼 유엔 2025년「세계 행복보고서」에서 한국은 세계 50위권으로 국가의 사회·경제적 수준에 비해 많이 낮은 성적을 기록했다. 한국의 행복도 점수는 6.038점으로, 전체 147개국 중 58위였다. 물론 국력과 만족도가 꼭 비례해야 하는 건 아니지만 유럽 국가들은 대부분 상위권이었고, 이 조사가 시작된 이래 역대 최저 순위를 기록했다는 자본주의 경쟁의 상징 미국도 24위였다. 한국의 성적은 이 조사가 공개된 이래 계속 50위 전후에 머물러 있다. 2018년 통계청은 당시 57위를 차지한 우리나라를 두고 높은 경제 수준에 비해 개인이 느끼는 행복의 정도가 낮은 이유를 분석했는데 특히 '사회적 관계' 점수가 95위인 점을 들어 '지나친 경쟁과 취약한 사회 통합'이 원인 중 하나라고 꼽은 바 있다.

성소수자 임효연 씨는 정부 기관에서 복지 관련 업무를 하고 있다. 본인은 결혼과 출산이 어려운 상황이지만, 업무상 우리 사회 젊은이들의 취업 현실과 결혼, 출산 고민을 자주 접하기에 평소 관련 고민을 많이 한다고 했다.

○ **임효연(37, 여, 공무원, 결혼 X)**

"내 아이가 어떻게 태어나든 어떤 환경에 있든 최소한은 살 수 있을 것이라는 믿음이 있어야 아이 낳기가 더 쉽지 않을까요? 그러니까 엄청 극심한 경쟁이라든가 자원을 한 명한테 몰빵해야 한다든가 항상 패배 의식에 빠져 우울해해야 하는 그런 생각을 해야 하는 세상이라면 내 아이가 살아남기 어려울 거다, 그래서는 아이를 갖기 힘들고 무서워지는 거죠."

효연 씨의 말처럼 경쟁이 심한 사회에서 청년들은 본인뿐 아니라 미래의 자녀를 위해서도 출산을 기피하게 된다. 아이에게도 그런 삶을 물려주고 싶지 않아서다. 나무를 비롯해 많은 생물이 겨울이 오면 번식을 그치고 깊은 겨울잠에 빠지듯이 말이다.

혼자서
마을이 되어야 하는
한국 부모

 직업 특성인지, 사람 사는 모습을 둘러보는 게 좋아서 해외여행을 가더라도 주로 도시를 걷는 여행을 짠다. 남편이 바쁠 때는 나와 아이들만 가기도 한다. 남들은 "아이 넷을 혼자 데리고 해외여행을 간다고?!"라며 식겁하지만, 몇 번 다녀보니 할 만했다. 아이들과 다니다 보면 남편과 함께할 때와는 또 다른 재미가 있었다.
 그래도 혼자 아이들 넷을 챙기다 보면 실수가 있게 마련이다. 한번은 해외 소도시로 아이들과 나만 여행을 갔다가 웃지 못할 경험을 했다. 관광지를 둘러보던 중 갑자기 비가 내려서 급히 역으로

방향을 돌려 걷고 있었다. 우산을 나눠 쓰고 걷는 엄마와 어린아이 넷이 안쓰러웠는지 차를 타고 지나던 한 할아버지께서 목적지까지 태워주겠다며 뒷좌석을 내어주셨다. 치안이 좋은 나라였고 여러 정황상 이상한 분은 아닌 것 같아 감사히 차를 얻어 탔다. 여기까지는 훈훈한 미담 드라마였는데 역에 도착해서 할아버지와 작별한 뒤 돌연 장르가 공포물로 바뀌었다. 할아버지 차 안에 지갑, 휴대전화 등 온갖 중요 물품이 든 가방을 놓고 내린 걸 뒤늦게 깨달은 것이다.

세상에 이를 어쩌나. 당황한 마음을 가라앉히고 주변을 둘러보니 작은 파출소가 눈에 띄었다. 들어가 손짓, 발짓, 그림으로 상황을 설명했다. 휴대전화가 사라져 번역기가 없는 탓에 상황을 설명하는 데 오랜 시간이 걸렸다. 많은 오해와 오역 끝에 1시간여 만에 경찰관들을 설득, 맨 처음 차를 탄 동네까지 함께 가는 데 성공했다. 거기서 비를 맞으며 가가호호 주차장을 살핀 끝에 천운으로 나와 아이들이 탔던 차를 발견할 수 있었다. 가방을 찾았음은 물론이다.

그동안 여행을 많이 다녔어도 이 정도 스펙터클한 실수는 없었기에 '여행 어땠느냐'고 묻는 사람들에게 꼭 이 인상적인 에피소드를 이야기했다. 그때마다 돌아오는 상대방의 질문은 (내 기대와 달리) "애들은?"이었다. 아이들은 그새 어디서 뭘 하고 있었냐는 것이다. 아이들까지 챙길 여유는 없었기에 '알아서 시간을 보내며 기다리고 있으라' 했고 아이들은 비를 피해 근처 상점에 들어가 구

경하고 서로 놀이도 하며 시간을 보냈다. 우리 아이들에겐 그리 어려운 일이 아니었다. 나들이 가면 늘 엄마가 '알아서 놀아'며 풀어놓기 때문이다. 아이들은 혹시 할아버지가 되돌아오실지 모른다며 한 명씩 돌아가며 역 앞도 지켰다고 한다. 여기까지 이야기하면 상대방은 대개 뜨악한 표정으로 "대단하다"라고 했다. 애들도 애들이고, 그렇게 놔둔 엄마도 여러 가지 의미로 용기 있다는 것이다.

그런가? 얼마 뒤 가끔 연락하고 지내는 외국인 취재원을 만났을 때 이 이야기를 했더니 다 들은 그가 씨익 웃으며 말했다. "기자님은 정말 한국 엄마 같지 않아요." 일반적인 한국 엄마였다면 말도 통하지 않는 외국 땅에서 그렇게 아이들을 풀어두고 가방을 찾으러 다니지 못했다는 것이다.

그 말을 듣고 '한국 엄마 같은 엄마'는 어떤 엄마일까, 생각해 보았다. 생성형 AI인 챗GPT에 물어보니 크게 다음 세 가지 설명이 나왔다. 헌신적이고 희생적인 엄마, 자녀를 물심양면으로 돕는 열정적인 엄마, 자녀의 문제를 내 일처럼 나서 해결해 주는 엄마. 딱 봐도 나처럼 이역만리든 어디서든 아이들을 알아서 있으라며 홀로 내버려두는 엄마는 아니었다.

취재원들의 생각도 크게 다르지 않았다. 몇몇 사람은 "그래서 한국에서 부모 되기란 '빡세다'"라고 했다. 20대에 몽골 장학생으로 한국을 처음 방문해 대학교에서 만난 남편과 결혼하고 지금은 한국에서 두 아이를 키운 지 11년 차인 몽골인 바르설하 씨는 지금도 한국의 양육 분위기가 낯설다고 한다.

○ 바르설하(32, 여, 몽골 출신, 유학원 운영, 한국인과 결혼, 자녀는 11세, 2세 딸)

"한국 처음 와서 놀란 게 '시집와서 처음 칼 만져봤다' 이런 사람 많이 본 거예요. 설거지도 안 해봤대요. 다들 귀하게 자라는 거 같아요. 몽골에선 어릴 때부터 집안일을 정말 많이 해요. 저는 감자를 거의 네다섯 살 때부터 깎기 시작했거든요. 껍질 벗기다가 상처가 나면 부모한테 숨겼어요. 조심스럽지 못하다고 혼날까 봐. 여기선 아이가 조금만 다쳐도 다 병원 가더라고요. 몽골에서는 되게 강인하게 키워요. 아이가 놀다가 넘어지면 부모가 그냥 '일어나' 이러거든요. 근데 여기서 그러면 이상하게 쳐다봐요. (중략) 한국에선 아이가 뭘 혼자 하게 놔두지 않더라고요. 아이가 여덟 살 되면 회사를 쉬어야 한다고 하잖아요. 지금도 매일 교문으로 픽업 가는 엄마들 이해가 안 돼요. 한국 학교 다 가까운데, 저는 그 교문 앞에서 진짜 할 일이 뭘까 하고 생각해요. 한국 부모들의 인내심이 너무도 훌륭한 거예요. 저는 못 해요. 근데 이러면 한국 사회에서 좀 나쁜 엄마가 될 수 있어요."

바르설하 씨만이 아니다. 한국에서 부모들의 학교, 학원 픽업을 신기하게 보는 외국인들을 여럿 봤다. 외국에서 부모들이 픽업을 안 하기 때문이 아니다. 외국에서도 학교나 학원, 친구 집에 갈 때 부모가 동행하는 경우가 적지 않다. 하지만 그건 오가는 길이 멀거나 험할 때다. 한국처럼 밀집도가 높아 학교는 물론 학원, 친구 집 등 웬만한 곳이 다 도보 거리에 있거나 심지어 아파트 단지 안에 있는데도 영유아가 아닌 초등학생을 부모가 일일이 동행하는 건 적잖은 외국인 눈에 신기한 모습이라고 했다.

독일에서 아이 둘을 키우고 있는 이명재 씨가 한국 육아에 대해 느낀 감상도 바르셀하 씨와 비슷했다.

> ○ **이명재**(37, 남, 독일 이주, 현지 여성과 결혼, 자녀는 7세, 4세 딸)
>
> "독일이 아이 키우는 데 있어선 훨씬 리버럴한 것 같아요. 우리나라만큼 부모들이 신경 쓰지 않아요. 간단한 거에서도 한국은 1부터 10까지 다 해주는데, 예를 들어 아이들 옷에 단추를 막 다 끼워주잖아요. 신발도 다 신겨주고. 처음에 제가 그러니까 여기 사람들이 좀 신기하게 보더라고요. 그리고 전 또 흥미롭게 생각했던 게 집 안 온도인데요, 독일 집은 추워요. 애들을 춥게 키워요. 애들 춥다고 막 온도 올려주고 난방하고 그런 거 아니고. 우리나라 애들 있는 집은 엄청 따뜻하잖아요."

이런 독일식 육아를 하다가 가끔 한국에 들어오면 '부모가 해야 할 수많은 일들'에 놀란다고 명재 씨는 말했다. 명재 씨 말처럼 부모들이 모인 온라인 커뮤니티에는 각종 '투두 리스트 to do list'들이 돌아다닌다. 아이를 잘 키우기 위해 부모들이 해야 할 일, 꼭 알아야 할 정보, 사야 할 물건 등을 정리한 글들이다. 나도 양육 시기별 육아 팁을 담은 육아 실용서 집필을 제안받은 적이 있다. 네 아이 워킹맘이라니 당연히 다양한 육아 비법이 있을 거라 생각한 것 같은데, 비법은커녕 앞서 본 것처럼 '한국 엄마 같지 않은' 엄마로 방목에 가까운 유기농 육아(!)를 하고 있기에 정중히 고사했다. 그러고 나서 서점을 방문해 보니 교양 코너 어딜 가나 육아 실용서들이 한편을 차지하고 있었다. 그만큼 꾸준히 찾는 사람이 많다는 뜻이었다.

이런 책과 지침들에 따르면 좋은 부모가 되기 위해 해야 할 일은 임신 전부터 시작됐다. 스타트업 대표로 외국어 학원 업체를 운영하는 부인과 함께 열 살 아들을 키우고 있는 김치환 씨도 이런 리스트와 주변 사람들의 조언을 듣고 '몸을 만든 뒤' 임신했다. 기왕에 아이를 낳고 기를 거면 태초부터 아이에게 최선을 다하고 싶었기 때문이다.

○ 김치환(41, 남, 스타트업 대표, 자녀는 10세 아들)

"아내랑 저는 (아이가) 생기면 생기는 거고, 아니면 아닌 거고 해서 피임하고 있었는데 주변에 애들이 하나둘씩 생기니까 우리도 가져볼까 그러는데 바로 가지면 안 된다고, 몸을 만들어야 한다고 주변에서 그러더라고요. 그래서 책이랑 남들이 하라는 대로 정보를 찾아봤죠. 뭐가 많더라고요. 철분, 엽산 다 먹고. 술도 좀 많이 안 먹고 그렇게 몸을 만들어 가지고 임신해야 한다고요. 와이프는 소위 태교라는 것도 하고, 태교 여행도 다녀왔죠. 그러고 나서 '잠금 해제'를 했죠."

아이를 가지고 나면 어느 분만병원과 산후조리원을 가야 할지, 어떤 태교 수업을 듣고 무엇을 미리 준비해 놔야 하는지 찾는 숙제가 이어진다. 아이를 낳은 뒤엔 당연히 더 구체적이고 다양한 정보가 쏟아졌다.

30대 후반에 결혼해 아이를 낳은 곽지은 씨는 주변 사람들로부터 이런 '해야 할 일'에 대해 많은 조언을 듣고 있다고 했다. 출판사에 다니던 지은 씨는 장기간 연애도 해봤지만 일하며 하루하루 지내다 보니 결혼이 늦어졌다고 한다. 두 살 차 남동생은 진작 결혼해 초등학교 2학년 조카가 있다. 지은 씨도 마흔 전엔 가야 한다는 생각에 선을 봤고, 지금의 남편을 만나 2023년 아이를 낳았다. 상대적으로 늦게 아이를 낳은 탓에 주변 지인들이 웬만해선 다 육아 선배들이었다. 덕분에 다양한 정보를 습득할 수 있어 좋지만, 한편으론 부담도 크다고 했다.

○ 곽지은(41, 여, 출판사 육아휴직, 결혼 2년 차, 자녀는 1세 아들)

"이유식부터 유기농 재료로 시작해서 나중에 아이 먹거리까지 다 유기농을 해야 한다는 거예요. 내가 뭘 하고 있다고 그러면 주변에서 '그러면 안 돼', '그거 그렇게 하면 안 된다던데' 막 그래요. 그런데 (하란 대로) 안 하면 마음에 걸리니까요. 문제는 이게 끝이 아니라는 거죠. 진짜 얘기 들어보면 한도 끝도 없더라고요. 들으려는 게 아니라 주변에서 친구들한테서 그냥 보이기도 하고. 애가 좀 크면 어딜 가야 한다, 뭘 먹여야 한다, 뭘 가르쳐야 한다…."

이런 부모들의 부담은 미디어 콘텐츠의 소재가 되기도 한다. 다큐멘터리는 물론 드라마, 영화, 예능까지 한국 부모들의 과한 양육 열정과 부담을 다룬 콘텐츠를 쉽게 찾을 수 있다. 2025년에는 한 유명 코미디언이 서울 강남에 살면서 아이 사교육에 열심인 엄마, 일명 '대치맘(대치동 사는 엄마)'을 패러디한 영상을 만들어 크게 화제가 되기도 했다. 고작 네 살인 아이에게 영어와 수학 사교육을 시키고 배변 훈련 과외를 알아보는가 하면 좋은 제기차기 과외 선생님을 찾기 위해 직접 면접까지 불사하는 열혈 엄마 '제이미 맘'의 일과를 그린 내용이었다. 아이 일정을 쫓아다니다 보니 밥 먹을 시간도 없어서 차 안에서 은박지에 싼 김밥을 꺼내 먹는 모습에 "고증이 완벽하다"라는 찬사가 쏟아졌다. 물론 과장된 측면도 있었지만, 한국에서 자녀를 키운 부모라면 대부분 공감할 수밖에 없는 내용일 것이다. 내 주변 워킹맘 가운데도 주말이면 아이 학원 라이딩하고 숙제를 도와주느라 하루가 꼬박 간다는 사람이 적지 않다. 마치 마라톤 가이드 러너처럼 아이와 시험공부를 같이 하거나, 아이를 위해 직접 '족보(역대 시험 문제 정리)'까지 만든다는 부모도 봤다.

한 외국인 취재원은 이런 부모들의 모습을 보고 "한국에선 '부모라는 직업'이 따로 있는 것 같다"라고 했다. 부모가 해야 할 일이 직장 업무 수준으로 빡빡하다는 말이다. 바르셀하 씨도 시어머니로부터 비슷한 이야기를 들었다.

○ **바르설하**(32, 여, 몽골 출신, 유학원 운영, 한국인과 결혼, 자녀는 11세, 2세 딸)

"저는 한국에서 놀란 게 직업이 주부(전업주부)인 사람이 너무 많다는 거예요. 그분들이 이제 아이 하나 낳고 둘만 낳잖아요. 그러곤 온 정성을 다 아이에게 쏟아요. 정말 아이를 위해 할 일이 뭐 그렇게 많은 걸까 늘 생각해요. 시어머니에게 들은 말 중에 진짜 충격적이었던 게 있는데요. 어느 날 애가 뭘 흘렸어요. 서너 살 때였는데 애한테 '너 왜 흘렸어' 제가 막 이렇게 할 수 있잖아요. 근데 어머님이 저한테 뭐라고 하시면서 '네가 닦아야지. 엄마가 그런 걸 닦고 정리하는 게 직업인 사람이잖아' 그러시는 거예요."

표현이 좀 거칠긴 하지만 다른 부모들의 인식도 바르설하 씨 시어머니의 말씀과 크게 다르진 않을 것이다. 한국에서 부모는 모든 상황에서 아이의 조력자, 든든한 지원군이 되어야 하는 존재다. 그건 부모라는 역할에 주어진 하나의 직무와 같았다.

사실 따지고 보면 아이를 키우는 데 돈이 많이 든다고 하는 것도 이런 부모관 탓이 크다. 부모가 해야 한다고 알려진 것들을 모두 이행하려면 상당한 비용과 시간이 든다. 태교 여행, 양질의 산후조리, 유기농 음식, 좋은 유모차와 시터, 교육 등.

하지만 대다수 청년에겐 그런 비용과 시간을 들일 여력이 없다. 그렇다 보니 부모 되기가 엄두가 안 나고 두려운 마음이 들 수밖에 없다. 전 이코노미스트 한국 특파원이자 작가이면서 한국인 여성과 결혼해 아기를 키우고 있는 대니얼 튜더 씨는 앞서 언급한 언론사 기고에서 이렇게 적었다. "고백하자면, 한국의 이 복잡하고 엄격한 육아 방식에 충격을 받았다. 아기 옷을 위한 별도의 세탁기와 아기 옷 전용 세제 모두 생전 처음 보는 것이었다. 108가지 알레르기를 검사할 수 있다는 병원의 검진 광고까지. 그때마다 비용과 두려움은 극대화되고 육아의 기쁨은 최소화되는 기분을 느꼈다."

이런 가운데 갈수록 육아 기간마저 길어지고 있다. 과거에도 헌신적인 부모는 있었지만 그래도 자녀가 성인이 되는 20대면 육아에서 졸업할 수 있었다. 대체로 20대면 결혼하거나 취업해서 독립하는 것이 일반적이었기 때문이다. 하지만 경쟁이 치열해지고 청년들의 졸업과 취업이 늦어지면서 독립의 시기도 지연되고 있다. 그만큼 부모가 자녀를 돌보고 함께해야 하는 육아 시간은 길어지고 있다는 뜻이다.

OECD에 따르면 경제적 자립을 못 해 부모에게 얹혀사는 20대, 이른바 '캥거루족'의 비율이 2022년 기준 한국에선 81%를 기록해 36개 조사국 가운데 가장 높았다. 뭐든 1위 했다 하면 압도적 1위를 해온 전례에 걸맞게 역시 이번에도 OECD 평균인 50%를 크게 웃도는 1위였다. 자녀가 결혼한다고 끝도 아니다. 바쁜 육아에 조력이 필요해 조부모 힘을 빌리는 일이 많기 때문이다.

결국 자녀를 한번 낳으면 짧게는 30년, 길게는 그 이상, 수십 년을 헌신해야 하는 셈이니 더욱 결혼, 출산에 신중해질 수밖에 없다.

시대가 달라졌는데 요새 MZ세대 청년들이 여전히 '부모가 자식을 위해 헌신해야 한다'고 생각할까? 인터뷰를 해보니, 놀랍게도 청년들의 부모관은 기성세대와 크게 다르지 않았다. "아이를 낳지 않을 거면 몰라도, 기왕 낳는다면 부모로서 최선을 다해 잘 키워야 한다"라고 생각했다. 그래서 잘 키울 자신이 없다면 차라리 낳지 않는 게 낫다고 했다. 출산을 주저하는 이유로 '잘 키울 자신이 없어서', '아이를 힘들게 할까 봐' 등의 이유를 대는 청년이 적지 않았다.

회사원 김은미 씨는 현재 딩크족, 대기업 연구원 고세영 씨는 한때 딩크족이었다. 두 사람 역시 아이를 낳지 않은 이유로 그 미래를 책임질 수 없다는 점을 꼽았다.

○ **김은미(38, 여, 회사원, 결혼 5년 차, 자녀 X)**

"아이를 안 낳는 이유는 지금 우리나라가 전혀 낙관적으로 희망을 가질 수 있는 상황이 아니니까요. 아이를 부모의 욕심으로 태어나게 해서 이런 디스토피아를 안길 수 없다, 이런 거죠. 그게 일단 제일 큰 것 같아요. 사실 당장 내 노후도 없을 마당에 이런 세상에 아이를 태어나게 하는 게 책임감이 있는 일인가라는 거에 대해서 회의적인 부분이 있어요. (중략) 주변 언니들이 애를 키우는데 직장이 있는 여성들은 애를 어떻게 키우는지 거의 불가능한 일처럼 보여요. 부모의 시간이 너무 많이 들고. 어쨌든 애를 낳으면 잘 키우고 싶을 거 아니에요, 무조건. 그럼 돈을 쏟아붓지 않을 수가 없는데 이런 구조에서 애도 스트레스, 나도 스트레스, 남편도 스트레스를 받을 거니까…"

○ **고세영(46, 남, 대기업 연구원, 자녀는 5세 딸)**

"제가 와이프를 설득해서, 딩크족으로 살자고 그래서 딩크족으로 7년을 살았어요. 이게 '아기가 나보다 더 잘 살 수 없다'와 연결된 얘기예요. AI 시대 도래, 이게 화이트칼라의 직업을 날리는 거거든요. 기후변화도 그렇고 하여튼 지금까지 우리가 알던 세상하고 다른 세상을 살게 될 텐데 이 두 개 다 세상을 엄청나게 양극화시킬 거예요. 지금 같이 SKY 대학 문과를 가서 대충 어디 취직해서 중산층의 삶을 구사하는 것 자체가 없어진단 거죠. 그러면 무엇보다 애가 괴로울 텐데 '그런 짓(출산)을 왜 해야 하지?'라는 생각이 들었던 거죠."

은미 씨는 현재도 딩크족, 세영 씨는 2012년 결혼 후 딩크족으로 살다가 마음을 바꿔 2019년 아이를 낳았다. 둘이 처음 딩크족을 결심한 이유가 비슷해서 흥미롭다. 그 이유는 아이가 맞이할 불안하고 비관적인 미래. 쉽게 말해 자녀의 미래가 걱정돼 낳지 않았다는 이야기다.

헌신, 모성, 가족애 같은 가치에 전보다 크게 의미를 두지 않을 것 같은 요즘 청년들이 어째서 자녀에게는 책임감 있는 듯한 태도를 보이는 걸까. 여전히 자녀와 부모, 가족은 하나의 운명공동체라는 유교적 가족관이 남아 있어서이기도 하지만, 다른 측면도 있다.

또 다른 인터뷰들에서 그 단초를 찾을 수 있었다. 울산이 고향이지만 현재는 일을 위해 전남 무안에 살고 있는 김훈 씨는 목포의 한 중소기업에 재직하면서 학업과 시민사회 활동을 병행하고 있다. 결혼하지 않은 상태인 김훈 씨, 최은우 씨는 충분한 자산 없이 태어났을 때 본인들이 겪은 어려움, 그것이 아이에게 대물림될까 봐 걱정하고 있었다.

> ○ **김훈(31, 남, 전남 지역 중소기업 재직, 학업·시민사회 활동 병행, 결혼 X)**
>
> "지금 나도 미래를 걱정할 만큼의 여유가 없고 당장 이제 현실이 걱정이니까요. 우리가 뭐 MZ세대다 막 그러는데 사실 지극히 현실적인 이유로 판단하고 행동하는 거거든요. 내가 기반이 돼 있거나 내가 물려줄 부동산이 없고 내가 자산 형성이 안 돼 있으면 내 자식들이 어떤 상황이 될지 뻔히 아니까…."

> ○ **최은우(26, 여, 서울 소재 회사 재직, 결혼 X)**
>
> "요즘에 사실 젊은 사람들의 공통된 그 정서가 가난하고 뭐 없으면 애 낳는 게 죄다 이거거든요. 실제로 저도 약간 그렇게 생각해요. 저희 부모님을 원망하는 것까지는 아닌데 저도 좋은 것을 물려받지 못한 거에 대해 '난 운이 안 좋았다' 이런 생각이 있거든요. (중략) 저는 잘 키울 어떤 의지와 노력을 하지 않는 사람이 아이를 낳는 거는 어떻게 보면 죄악이라 생각해요."

김훈 씨와 최은우 씨 두 사람 말처럼 가족에 대한 소속감이 옅어진 요즘 청년이 부모의 책임감만큼은 크게 느끼는 이유는 공교롭게도 치열해진 경쟁에 있었다. 치열한 경쟁사회에서 부모조차도 하나의 '자산'이 된 것이다. 청년들은 경제·사회적 자산이 있는 부모, 그 황금 티켓을 쥔 일명 '금수저' 자녀들이 학창 시절부터 사회생활까지 남들보다 앞선 지점에서 출발해 내내 유리하게 달리는 것을 봐왔다. 아이를 낳는다면 그런 금수저는 못 줄지언정 돈도 백(배경)도 없는 '흙수저'는 만들지 말아야 했다. 자신이 살았던 흙수저의 삶을 그대로 대물림하는 건 그 자체로 자녀에게 죄를 짓는 일이었다.

하지만 모두가 알다시피 지위와 재력은 아무나 쉬이 누릴 수 있는 게 아니다. 더구나 좋은 부모 되기 위해 갖추어야 할 것은 돈, 집 같은 외형 자산 말고도 더 있었다. 서울 소재 한 대기업에 다니면서 맞벌이하고 아들 넷을 키우는 전정희 씨는 아마도 요즘 젊은이들이 보기엔 불가능에 가까운 일을 소화하고 있는 슈퍼 워킹맘일 것이다. 정희 씨는 요새 육아 관련 프로그램을 보면 답답해 한숨이 나온다고 했다. 부모에게 거의 성인聖人에 가까운 인간적, 도덕적 자질을 요구하기 때문이라 한다.

> ○ 전정희(41, 여, 서울 소재 대기업 근무, 자녀는 12세, 10세 등 4명)
>
> "요새 육아 교육 프로그램들 보면 아이에게 다양성과 존중감을 줘야 하고, 그래서 일찍 일어나야 하고 애들 앞에선 휴대전화도 못 하고 책 읽어야 하고. 본보기를 보이라고. (중략) 혼낼 때 애 하나를 앉혀 놓고 기다려 주면서 얘가 스스로 뭘 할 때까지 다독이라고 그러잖아요. 아니, 정확히 8시간만 근무하고 집에 오는 부모도 잘 없는데.

퇴근해서 애들 씻기기만 해도 9시, 10시인데 이럴 시간이 어딨어요? 물론 극한인 아이들한텐 그래야 할 수 있겠지만 부모도 삶이라는 게, 생계라는 게 있잖아요. 엄마, 아빠가 성인聖人이 아닌데. 훈육 이건 필요하다고 생각해요. 그런데 그걸 무슨 학대처럼 표현하니까. 이런 거, 저런 거 다 지켜가면서 키우자니 젊은 사람들 보기에 부담스럽지 않겠어요?"

대학 이후 지방에서 서울로 올라와 혼자 살면서 현재는 서울 소재 한 기업에 재직 중인 김배령 씨도 부모로서 갖춰야 할 물리적 자산 못지않게 지혜, 품성 같은 정서적 자산이 부담스럽게 느껴진다고 말했다.

○ **김배령(29, 여, 서울 소재 회사 재직, 결혼 X)**
"문제 있는 애들 육아하는 거 요즘 TV에 나오고 하잖아요. 그런 거 보면 부모들부터 올바르고 잘 대처해야 하는데. 막 요새 나오는 프로그램 보면 그런 생각이 드는 거예요. '저런 애가 나오면 어쩌지.' 그리고 그거보다 더 많이 드는 생각은 '내가 저런 이상하고 막돼먹은 부모가 되면 어떡하지' 이 생각이에요. 내가 충분히 훌륭한가. 그래서 아기 낳지 말자고, 그런 얘기를 하는 여자애들이 되게 많아요."

대다수 청년들도 배령 씨와 마찬가지로 생각할 것이다. "아, 뭐가 이렇게 어려워? 나는 이번 생에 좋은 부모 되기는 틀린 것 같아.

어차피 잘 키우지 못할 바엔 안 낳는 게 낫지!" 부모 되기의 높은 허들이 청년들을 출산 포기로 이끄는 것이다.

허지원 고려대학교 심리학부 교수는 이런 청년들의 마음을 "완벽한 부모 신드롬"이라고 정의했다. 청년들의 "완벽한 부모가 될 수 없다는 걱정"이 저출산으로 이어진다는 것이다. 1982~1996년 밀레니얼 세대는 완벽을 추구하는 경향이 있다. 따라서 준비가 덜 되었거나 뭘 준비해야 할지 모르는 상태에서는 출산하지 않는다고 허 교수는 설명한다. 잘 키우려는 마음이 역설적으로 자녀를 키울 수 없게 만드는 셈이었다.

아주 오래전 재밌게 본 책 중에 미국의 저널리스트 주디스 워너 Judith Warner가 쓴 『엄마는 미친 짓이다』(2005)란 책이 있다. 미국 워킹맘이 프랑스 특파원 생활을 하며 깨달은 두 나라 엄마의 양육 태도 차이를 기술한 책이다. 프랑스는 잘 알려졌다시피 유럽 내에서도 출산율이 높은 나라다. 지금 와서 떠오르는 인상적인 내용은 프랑스 엄마들이 '아마추어'에 만족한다는 것이다. 아마추어 맘이란 프로페셔널 맘과 맞서는 개념인데, 프랑스 엄마들은 강한 모성으로 자녀를 통제하고 이끄는 프로페셔널 맘을 추구하기보다는 각자의 상황에 맞춰 다소 서툴더라도 엄마로서 역할하며 자신의 인생도 즐기는 아마추어 맘에 만족한다는 내용이었다. 그래서 프랑스 맘들은 양육 부담을 상대적으로 적게 느끼고 아이도 많이 낳을 수 있다고 저자는 분석했다.

한국의 엄마, 부모는 정확히 그 반대라 보면 될 것 같다. 완벽한 프로페셔널 맘 앤 대디를 추구한다. 그래서 부모들은 어릴 때 단추 채워주는 것부터 시작해서 감자 깎아주기, 학원 라이드, 대입 컨설턴트, 취업, 나아가 결혼과 육아 지원까지 떠안는다. 2002년 개봉한 영화 〈결혼은 미친 짓이다〉처럼, 누군가 요즘 한국의 부모가 해야 할 일들을 보면 "육아는 미친 짓이다"라고 할지도 모르겠다. 주디스 워너 책의 영어 원제는 'Perfect Madness'다. '완벽함을 요구하는 광기'란 의미다.

이 세상에 완벽한 건 없다. 부모도 마찬가지다. 하지만 완벽한 부모상 탓에 이 사회엔 스스로 부족하다고 여기는 부모들만 넘쳐나게 됐다. 성공한 사업가이자 유튜버로서 많은 사람의 부러움을 사는 여진우 씨도 '완벽한 부모'가 되기 위해 둘째를 포기했다고 전했다.

○ **여진우(39, 남, 유튜버·사업체 대표, 결혼 12년 차, 자녀는 3세 아들)**

"둘째 이상은 힘들 것 같아요. 아내가 본인이 애한테 많은 시간을 투자하고 싶은 스타일이고 그거에서 만족감을 온전히 느끼기 위해서는 하나만 키워야 한다고 판단했습니다. 지금 있는 아이만 잘 키우기도 뭔가 많이 어려웠던 그런 기분이라. 사실 막연한 생각이죠. 근데 와이프도 그렇게 커온 것 같아요. 어릴 때부터 외고, 특목고에 이렇게 쭉 와서 본인도 애 어릴 때부터 하나만 딱 집중해서 완벽하게 다 해주고 잘 키우고 싶다고…."

언젠가 한 외국인 취재원이 내게 이런 말을 한 적이 있다. "한 아이를 키우는 데 온 마을이 필요하다는 아프리카 속담 이야기를 한국에서 많이 하던데요. 정작 한국에선 '온통 부모'만 필요한 것 같아요." 이렇게 온통 부모만 필요한 육아는 부모가 될 청년들에게 부담스럽고 무서울 수밖에 없다. 대부분은 이 한 몸 바쳐 부모가 되느니 부모가 되지 않는 길을 택하려 할 것이다.

엄마, 아빠처럼
살기는 싫어

2000년대 초 교환학생으로 미국에 가 있는 동안 스스로 생각해도 대단한 일을 한 게 하나 있다. 약 석 달간 캐나다 밴프부터 미국 텍사스까지, 배낭 하나 메고 홀로 북미 서부를 종단한 일이다. 지금 생각해 보면 어떻게 그렇게 여행했을까 싶을 정도로 무모하고도 용감한 여행이었다. 부모님께 용돈을 받아 쓰는 처지였기에 돈을 아끼겠다며 험상궂은(?) '백형', '흑형'들이 타는 야간버스를 타고 이동하면서 숙박을 갈음했고, 너무 이른 새벽 목적지에 도착하면 길거리 벤치에서 잠깐 눈을 붙이기도 했다. 식사할 때가 마땅찮아 길거리에서 서서 혹은 걸으면서 식사한 적도 많았다. 스마트폰도 없던 시절이어서 지도와 안내서를 보며 길을 찾아다녔는데, 헤매긴 부지기수였고 로키산맥 산길을 홀로 오르다가 길을 잃고 헤매서 엉뚱하게 차도 한가운데로 걸어 나온 적도 있다. 할리우드 영화에서나 보던 히치하이크도 그때 처음 해봤다.

여러 우여곡절 끝에 다행히 큰 사고 없이 여행을 마무리했다. 20년이 지난 지금 다시 생각해도 스스로가 대견하고 멋진, 뜻깊은 경험이다. 그 당시만 해도 이런 여행을 여학생 혼자 가는 경우가 드물었던 터라 대학원, 아르바이트, 회사 면접 등 나의 특장점을 보여야 하는 자리마다 이 경험을 자랑하곤 했다.

요즘엔 별로 특이한 일도 아니다. 아이들과 국내외 도시 여행을 나가보면 도보 여행 중인 나 홀로 여성 여행객들을 정말 많이 만날 수 있다. '혼여(혼자 여행하기)'를 안내하는 책이나 콘텐츠도 다양하다. 온갖 오지 여행, 혼자 살아남기 여행, 목적지 도달하기 여행 등 관련 프로그램도 넘쳐난다. 해외여행 인구가 크게 늘면서 이제 여자 혼자 여행하는 데 전처럼 대단한 용기와 무모함은 필요치 않게 되었다.

세상은 달라졌다. 할 수 있는 것들이 많아졌고 실제 전에 없던 걸 시도하는 사람도 많아졌다. 남자든, 여자든, 젊든, 나이 들었든. 요즘은 남녀노소 가리지 않고 시간과 마음만 있으면 무엇이든 배우고 도전할 수 있다. 내 딸은 최근까지 일주일에 두 번 클라이밍(암벽타기) 학원에 다녔는데 나 어릴 때만 해도 그냥 동네 뒷산 클라이밍(오르기)이라면 모를까 전문적인 암벽 클라이밍 같은 걸 동네서 배운다는 건 상상하기 어려운 일이었다. 요샌 다르다. 솔로인 내 친구들 중엔 제2외국어 공부는 물론 발레, 폴댄스, 플라잉요가, 독서토론, 수영, 아이스하키 등 별별 것을 다 배우러 다니는 '취미 부자'들이 많다.

내가 하고 싶은 것만 해도 외롭거나 허전할 틈 없이 지낼 수 있는 요즘이다. 그런 청년들에게 "결혼과 출산, 왜 안 해요?" 하고 물어보면 아마 이런 답이 돌아올 것이다. "왜 해요? 이렇게나 할 게 많은데!"

요즘 출산이 비호감 선택지가 된 건 출산 자체가 어렵고 힘들기 때문이기도 하지만, 이렇게 '출산 말고 할 것'이 많아졌기 때문이기도 하다. 거꾸로 말하면 출산을 택했을 때 포기해야 할 것이 늘어난 셈이다. 출산의 기회비용이 커졌다는 의미다. 일과 경력이 대표적이다. 윤오정 씨는 배우다. 연극을 주로 하고 영화와 드라마도 찍는다. 서울 소재 명문대학을 졸업하고 뒤늦게 배우의 길로 뛰어들었다. 본인 일에 더욱 매진하고 싶기에 꾸준하고 안정적인 수입이 들어오긴 어려운 상황에서 결혼과 출산은 엄두가 나지 않는다.

○ **윤오정(40, 남, 배우, 결혼 X)**

"영화 조금씩 찍고 연극도 하고 그렇게 했죠. 영화가 저는 좀 더 재밌는데 연극도 좋아해요. 그래서 지금도 1년에 한두 개는 연극 하는 것 같고 나머지는 (영화) 촬영하는 것 같아요. 노는 시간도 많고. 배우의 일과는 아주 훌륭하죠. (중략) 저는 결혼을 왜 미뤘냐면 여자 친구랑 지금처럼 만나는 게 제일 좋았거든요. 그 친구도 일이 바빴고 저도 지금처럼 연기를 하는 게 좋았고. 결혼하게 되면 가족이 생기고 할 테니까, 사실은 주변에 결혼해서 애 낳은 형 보면서 너무 피곤해 보인다, 나는 좀 미뤄야겠다 약간 이런 생각도 들었던 것 같고요. 저는 지금이 제일 좋은데 이 시간을 좀 더 늘렸으면 하는 게 제 바람이었고."

박사 과정을 밟느라 출산을 미룬 유진원 씨, 일을 하면서 동시에 오랫동안 그려왔던 작가의 꿈까지 이루고 있는 박세경 씨도 마찬가지다.

○ **유진원(35, 여, 연구 단체 임원, 결혼 7년 차, 자녀 X)**

"제가 박사 과정 중이었는데 시댁에서 막 빨리 낳아야지, 낳아야지 엄청 압박을 하셨거든요. 근데 제가 못된 걸 수도 있지만 저 그냥 '귀머거리 3년' 그렇게 살았어요. 박사가 그냥 딸 수 있는 것도 아니고 내가 쌓아온 게 얼만데, 괜히 이제 와 삶에 변화가 생겼다가 제가 책임지지 못할 일이 생기면 후회될 것 같은 생각이 드니까…."

○ **박세경(40, 여, 한의사 겸 작가, 결혼 X)**

"어렸을 때 좀 행복하게 할 거 다 해보고 살았고 그때 연애도 하고 그랬으면 별로 다시 즐겨야 할 게 없으니까 결혼해서 살 것 같은데요. 저는 이제 새 진로를 탐사하고 그렇게 글을 쓰고 있잖아요. 요즘 너무 즐겁거든요. 뭔가 진짜 즐거움을 느낀 게 오래되지 않는데. 그렇다 보니까 (결혼, 출산보다) 이 일을 더 하고 싶고 그런 게 있죠."

과거엔 일과 경력이라 하면 주로 회사나 학업 정도였다. 하지만 오정 씨(연기)와 세경 씨(글쓰기) 사례에서 보듯이 최근엔 그 분야도 다양해졌다. 그만큼 할 수 있는 일이 늘었다는 이야기다.

앞서 취미 부자 이야기를 했는데, 요새는 일이나 벌이가 아니라 각자가 좋아하는 것, 취미 생활을 즐기기 위해 결혼과 출산을 미루고 포기하는 사람도 적지 않다.

○ **성대진(40, 남, 온라인 판매 중개업, 이혼, 자녀 X)**

"요새 SNS 보면 많잖아요. 무슨 유럽, 캐나다를 만날 나가고 옷도 명품 입고. 명품백이 막 수십 개씩…. 그런 거 사고 그런 거 좋아하는 사람들 많잖아요. 그런 사람들이라면 애를 더 낳기보다 그냥 돈을 지금 상황에 더 쓰겠죠. 그 사람들한테 저출산이 위기다, 연금이 고갈된다, 나라에 일할 사람이 없어진다, 솔직히 개인적으로 크게 와닿겠어요?"

대진 씨 말처럼 비싼 차와 명품 브랜드 백같이 자신이 사고픈 것을 마음껏 사고 누리기 위해 출산을 미루거나 포기하는 사람도 있다. 과거엔 비싼 외제 차가 많지도 않았거니와 그런 차와 가방을 살 여력이 있는 사람도 적었다. 무엇보다 그런 것들을 즐기기 위해 아이를 낳지 않는다는 건 상상도 못 할 일이었다. 하지만 요즘은 다르다. 한국인들의 구매력과 정보력이 높아졌고 덕분에 전에 없던 것을 즐기는 사람들이 많아졌다. 해외 배낭여행, 철인삼종경기, OTT 시청, 맛집 투어 등. 반면 출산의 당위성은 떨어졌다.

이런 청년들에게 부모의 삶은 어떻게 보일까. 그리 좋아 보이지 않을 것이다.

우리의 아버지들은 대부분 가정의 유일한 수입원으로서 '처자식을 먹여 살리는' 데 충분한 돈을 벌기 위해 가능한 한 더 오래, 더 길게 일했다. 앞서 본 세계 최장 수준의 근로 시간이 그 결과다. 나의 아빠 역시 어릴 때 평일에 이야기를 나눈 기억이 거의 없다. 아빠는 늘 일찍 나가시거나 늦게 들어오셨고, 어떨 때는 주말도 없이 일하셨다.

요즘은 과거처럼 길게 일하진 않는대도 아버지의 책임감과 부담감은 남았다. 결혼과 출산이 부담스럽다거나 미루고 싶다는 남성들은 대체로 일자리 등 경제적인 이유를 댔는데, 가장이 돼야 한다는 부담이 반영된 것이었다. 이서훈 씨는 지방 소재 대학 미디어 관련 학과에 재학 중이다. 현재 대전에서 따로 살며 공부와 취업 준비를 병행하고 있다. 서훈 씨는 방송업계 일을 하고 싶은데, 초봉이 좋지 않고 자리도 불안정해 취업 후 한동안 결혼과 출산을 하기 어려울 것 같다고 했다.

○ **이서훈(23, 남, 미디어 관련 학과 재학 중인 대학생, 결혼 X)**

"결혼하고 싶지만 저는 아직 멀었다고 생각해요. 최소 이 업계에서 세전 3,000만 원은 벌 수 있게 돼야지 않을까. 여자들에게 결혼과 출산의 부담이 훨씬 크다는 것은 동의하는데요. 남자의 경우도 경제적 부담이 크게 다가오거든요. 아무래도 가장이 될 테니까. 쭉 혼자 살 자신은 없어서 지금으로선 언젠가 결혼도 하고 아이도 낳을 것 같은데요. 그런데 지금 상황에선 제가 제대로 된 직장에 취업한 것도 아니고 하니까 언제 결혼할 수 있다, 혹은 하고 싶다고 기약하기 어렵죠."

배우인 윤오정 씨 역시 마찬가지 부담감을 전했다.

○ **윤오정(40, 남, 배우, 결혼 X)**

"(결혼, 출산을 결정하는 데 있어) 제 직업도 확실히 부담이긴 해요. 제 주변에도 저보다 한두 살 많고 이런 형들 결혼할 때 보면 장인, 장모님 찾아갈 때가 큰 부담인 거죠. 드라마처럼 '내 딸을 어떻게 책임질 건가' 이런 질문은 안 하시겠지만 비슷하게 돌려서 '쿠션'을 먹이실 거잖아. 남자가 보통 벌어야 한다고 다들 생각하니까. 그때 솔직하게 '지금 나 하나 건사하기도 힘듭니다' 이런 말 할 수는 없잖아요. 집을 사서 결혼하기는 어렵지만, 또 찾아보면 예술인 주택도 있긴 하거든요. 그런 식으로 하면 어떻게 어떻게 되겠다는 생각이 있긴 한데…. 그게 상대방에게 만족할 만한 수준인진 또 다른 얘기니까요."

저출산고령사회위원회가 2024년 만 25~49세 남녀 약 2,000명을 대상으로 벌인 설문 조사에서 남성들은 아직 미혼인 이유로 '결혼에 필요한 자금을 더 모은 다음에 하려고'를 압도적으로 높게 (82.5%) 꼽았다. 출산을 꺼리는 이유로도 '자녀 양육 비용이 부담되어서', '일, 학업, 여가 생활에 지장을 받을 것 같아서'를 여성보다 상대적으로 많이 꼽았다.

남성들이 과거 아빠처럼 살기를 껄끄러워하고 있다면 여성도 과거 엄마처럼 살기 싫은 건 마찬가지다.

과거 아빠가 가장으로 일터에서 하루를 보내야 했다면, 과거 엄마들은 대개 전업주부가 되어 집과 가정에 하루를 바쳤다. 그러나 지난 수십 년간 여성의 사회적 지위와 눈높이는 몰라보게 격상했다. 요즘 여성들은 교육 수준도 높고 무엇보다 성 평등한 교육을 받고 자라 사회활동에 대한 욕구가 크다. 실제 사회활동도 늘었고 많은 부문에서 남성을 압도하고 있다. 여성의 대학 취학률(취학 적령 인구 중 취학자 수)은 남성 취학률을 넘어선 지 이미 오래다. 교육기본통계에 따르면 2023년에도 여성의 대학 취학률이 78.3%로 남성 74.3%보다 높았다. 그만큼 공부도 여학생들이 더 잘한다고 할 수 있다. 많은 남학생이 입시에 상대적으로 불리한 남녀공학보다 남자 단일 성性으로 구성된 학교(남중, 남고)를 부러 찾아간다는 건 이미 널리 알려진 이야기다. 남녀공학 가면 상대적으로 성적이 좋은 여학생들에게 밀려 내신이 떨어지기 때문이다.

취업시장에서도 여성 인재들의 활약이 두드러진다. 입사 시험

1등, 각종 고시 1등을 여성 수험생들이 차지했다는 건 이젠 뉴스거리도 아니다. 옛날엔 기계적 중립을 맞추기 위해 여성에게 취업 가산점을 준다고 했는데, 요즘은 남성 수험생에게 줘야 하는 경우가 적지 않다. 고용률은 여성이 남성보다 낮지만, 꾸준히 올라 2023년 '경제활동 인구조사' 기준 61.4%를 기록했다. 바야흐로 여성 10명 중 8명이 대학에 입학하고 6명은 일을 하는 전에 없던 시대다.

이런 시대에서 나고 자란 여성들은 당연히 남성과 마찬가지로 하고픈 것과 이루고 싶은 것이 많다. 능력도 있고 당차다. 이런 여성들을 대표하는 것이 일명 '알파걸'이라는 개념이다. 미국 하버드대학교 교수인 댄 킨들런Dan Kindlon이 2006년에 출간한 저서 『새로운 여자의 탄생: 알파걸Alpha Girls: Understanding the New American Girl and How She is Changing the World』에서 처음 쓴 이 말은 알파벳의 첫 글자인 알파와 젊은 여성을 합친 합성어로 우두머리, 첫째가는 젊은 여성을 뜻한다. 남성과 동일한 교육을 받고 자라 사회적 지위, 성공에 대한 욕구도 높고 저돌적인 도전 정신을 지닌 강한 여성이다.

이들이 과거 엄마 같은 삶에 만족할 리 없다. 딸만 있는 집에서는 아들과 다를 것 없이 큰 딸들도 많다. 그런데 살면서 별달리 차별이랄 것을 경험하지 못하고 살던 이들이 어느 순간 크나큰 성차별이 근거리에 존재하고 있었음을 깨닫게 되는데 다름 아닌 엄마의 모습이다. 취재하며 만난 2040세대 대부분의 어머니가 결혼하거나 아이를 낳은 뒤 일을 그만둔 경력 단절 여성이었다. 박세경 씨도 어머니가 결혼하며 일을 그만둔 뒤 전업주부로 살아왔다고 전했다.

> ○ **박세경(40, 여, 한의사 겸 작가, 결혼 X)**
>
> "저희 엄마도 전업주부셨는데요. 우리 같은 알파걸들이요, 가정이 대부분 엄마의 희생으로 버텨왔단 걸 크면서 철들고 나면 알게 되고 막 화가 나거든요. 저는 가끔 엄마한테 하는 이야기인데, '나 따위를 키우느라 왜 엄마 아까운 커리어를 버렸어?' 그래요. 우리 엄마도 옛날에 나처럼 글 쓰고 싶었다고 하는데. 글도 잘 쓰시거든요. (중략) 나를 키우느라 엄마가 엄마 커리어를 몰빵했다는 거, 그걸 알게 되는 순간 알파걸들은 그게 너무 싫은 거예요."

세경 씨의 말엔 경력 단절 여성이 된 엄마를 안쓰러워하는 마음과 동시에 그런 삶을 산 엄마에 대한 거부감, 자신은 그렇게 살지 않겠다는 다짐이 담겨 있다. 젊은 여성들과 이야기를 나눠보면 엄마에게 갖는 마음이 대부분 이와 비슷했다. 가족을 위해 자신의 시간을 희생한 엄마에게 고마움과 연민을 느끼면서도 엄마가 그런 희생을 자초한 것이 화가 나고 '누가 희생해 달라고 했느냐'며 못마땅하게 느끼기도 하는 양가적인 감정이다. 그리고 그건 자기 자신에 대한 마음이기도 했다. 본인 역시 그렇게 살게 될지 모른다는 데 대한 두려움과 반감.

장경섭 서울대학교 사회학과 석좌교수는 그의 저서 『내일의 종언?: 가족자유주의와 사회재생산 위기』(2018)에서 과거 아빠, 엄마의 가족 우선주의에 대한 반감이 지금은 "가족 피로"가 되어 탈가족화를 견인하고 있다고 설명한다. 개인보다 누군가의 아빠, 엄마, 딸, 아들로서의 역할을 중시해야 했던 의무감이 부담감과 피로감이 되어 가족을 거부하는 현상, 즉 저출산으로 나타나고 있다는 것이다.

허태균 고려대학교 심리학부 교수도 기고문 〈초저출산… '개인주의'는 죄가 없다〉[5]에서 저출산을 부른 건 개인주의가 아니라 되레 가족주의라고 꼬집는다. 흔히 저출산은 젊은 세대의 개인주의적 성향 때문이라고 생각하기 쉬운데 허 교수에 따르면 1997년부터 2017년까지 한국 사회에서 개인주의와 집단주의를 조사한 41개의 연구 자료를 통합 분석한 메타분석 결과 우리 사회는 전혀 개인주의적으로 바뀌지 않았다. 젊으면 나이 든 세대보다 상대적으로 개인주의적인 경향이 있기에 시간이 갈수록 개인주의적이 되어간다고 착각할 뿐이라는 것이다.

그렇다면 지난 수십 년간 합계출산율과 출생아 수는 왜 급격히 떨어진 것일까. 허 교수는 개인주의자가 문제가 아니라 오히려 '개인주의자가 될 수 없는 한국 부모들'이 한국 저출산의 원인이라고 지적한다. 가족에 헌신하고 가족을 위해 내 삶을 바쳤던 개인주의자가 될 수 없는 한국 부모들이 청년들로 하여금 결혼과 출산을 부담스럽게 만들어서 저출산이 야기됐다는 이야기다. '부모가 되면

[5] 《동아일보》 2024년 8월 15일 자.

저렇게 살아야 하는구나, 그럼 부모가 되지 말아야지' 하고 말이다.

물론 아이를 낳고 과거처럼 내 삶을 오롯이 포기하는 부모만 있는 건 아니다. 부부 각자 일과 경력, 취미 생활을 어느 정도 영위하면서 아이를 키우는 집도 점차 늘고 있다. 여진우 씨네도 그중 하나다. 진우 씨의 아내는 아이를 낳고 한때 일을 그만두었지만, 얼마 뒤 다시 일터로 복귀했다.

○ **여진우(39, 남, 유튜버·사업체 대표, 결혼 12년 차, 자녀는 3세 아들)**

"와이프가 처음에 퇴사하고 아이를 키웠는데 아이를 키우다 보니까 알게 된 거예요. 뭔가 자기가 해왔던 커리어나, 커리어를 찾기 위해서 노력해 왔던 그 모든 것들에서 느꼈던 효용감이 갑자기 확 줄어들고 거기서 자존감이 떨어진다는 생각을 많이 했던 것 같아요. 그런 거에 대해서 심각하게 둘이 논의한 적은 없지만 이게 집에만 있으면 터지니까 그래서 다시 일을 시작했어요. 직장 생활을 다시 하고 애 좀 크고 나니까 지금은 본인 취미 활동도 즐기면서 지금이 너무 좋다고 얘기하더라고요."

진우 씨의 아내는 출산 후 육아에 전념하기 위해 스스로 경력 단절을 택했다. 하지만 능력 있고 반짝였던 자신이 사라지는 것 같은 생각에 두려움, 우울함이 커졌고, 결국 다시 일을 시작했다. 지금은 일과 육아를 병행하면서 짬짬이 운동도 하고 있다. 엄마의 삶도 개인의 삶도 놓치지 않은 것이다.

하지만 두 삶을 다 놓치지 않으려다 보니 자녀를 많이 낳기는 어렵다. 진우 씨네도 육아하면서 본인의 삶도 즐기기 위해 자녀를 둘 이상 낳는 건 어렵다고 판단했다.

자녀 수가 한 명이라면 여전히 저출산을 면할 수 없다. 2013년 전체 출생아 중 51.6%였던 첫째아 비율은 2023년 60.1%까지 올랐다. 첫째아 비율이 높아졌다는 건 그만큼 둘째, 셋째 출산이 줄고 있다는 뜻이었다.

출산의 기회비용을 따져봤을 때 육아에 쏠 시간과 비용을 배분할 여유가 없는 청년들은 한 명도 낳기 어렵다고 판단할 것이다. 많은 청년에게 일과 출산, 두 마리 토끼를 잡는 일은 결코 녹록한 일이 아니다.

한국의 미혼율은 매년 최고치를 경신하고 있다. 2022년에는 30대 미혼자의 비율이 전체 50%를 넘어섰다. 30대의 절반이 결혼하지 않은 상태란 뜻이다. 결혼 후에 자녀를 갖지 않는 부부도 증가 추세다. 그리고 2025년 국민통합위원회가 25~44세 청년을 대상으로 벌인 설문에서 응답자들은 청년기에 가장 중요한 과업으로 '일'(38.1%)과 '여가·자아실현 등 개인생활'(23.1%)을 가장 많이 꼽았다. '배우자'(22.0%)와 '자녀'(16.8%)는 후순위였다.

여전한
시월드의 공포

 여기 한 드라마가 있다. 재벌가 자제와 결혼했다며 스포트라이트를 받은 주인공. 하지만 사실 주인공의 삶은 지옥 같다. 배우자와 그 가족들이 제멋대로 굴어도 대거리 한 번 제대로 할 수 없고, 가족들을 위해 밤낮없이 일하고 제사까지 준비해도 돌아오는 건 당연한 일을 한다는 반응, 그리고 눈칫밥뿐이다. 결국 숨 막히는 결혼에서 벗어나고자 주인공은 이혼을 결심한다.
 2024년 상반기 방영된 〈눈물의 여왕〉이라는 드라마 줄거리 일부다. 처음에 제목과 줄거리를 보고 며느리 눈물 쏙 빼는 '시월드(시댁 혹은 시집살이)' 드라마인가 했는데 아니었다. 재벌가 자제가 여

자, 평범한 배경의 신데렐라 주인공이 남자다. 즉 드라마는 눈물 쏙 빼는 시집살이가 아니라 '처가살이'에 관한 내용이다. 재벌가 결혼, 불치병, 기억상실 등 닳고 닳은 뻔한 소재를 얽으면서도 드라마가 대체로 호평을 얻은 건 이런 변주 덕이 컸다. 특히 드라마에서 재벌가 사위들이 상복을 걸어붙이고 부인 집안의 제사를 직접 준비하는 모습은 크게 화제가 되기도 했다.

사위의 처가살이 주제가 '변주'라며 호평을 얻었다는 건 여전히 현실에선 반대 상황이 일반적이라는 뜻이다. 아직 많은 집에서 제사 준비는 여성의 몫이다. 처가살이보다는 시월드, 시집살이가 훨씬 흔하다.

이런 이야기를 하면 요즘 남성들은 대부분 고개를 갸우뚱한다. 유부남인 30대 지인에게 이야기했더니 그도 의아하다는 얼굴로 이렇게 되받았다. "시집살이요? 언제 적 이야기예요? 우리 와이프는 엄마 집에 가면 우리 엄마가 차린 밥 먹고 설거지도 안 해요. 내가 다 하는데요?"

지인의 말처럼 요새 젊은 부부들 사이에서 과거 같은 시집살이는 보기 어려워진 게 사실이다. 나 어릴 때만 해도 며느리를 새벽부터 밤까지 노예처럼 부리면서 따뜻한 말은커녕 하대와 폭언을 서슴지 않는다거나 심지어 폭력까지 행사하는 뜨악한 시집살이 사례를 어렵잖게 접할 수 있었다. 며느리는 전통 가족 안에서 그야말로 을 중의 '슈퍼 을'이었다. 오죽하면 "시집살이는 귀머거리 3년, 장님 3년, 벙어리 3년"이라는 말까지 있었을까.

하지만 세상이 바뀌었다. 요즘 이런 시집살이를 겪는 혹은 겪을 여성은 거의 없을 것이다. 나도 시댁에 가면 시어머니께서 차려주시는 밥을 잘 얻어먹기만 하고 오는 며느리 중 한 명이다.

그러나 육체적 고초와 인권유린에 가까운 대우가 사라졌다고 해서 시집살이가 완전히 사라졌다고 할 수 있을까. 여성들을 인터뷰 할 때 인상적이었던 것은 결혼과 출산을 꺼리는 이유로 시월드를 꼽는 여성이 여전히 적지 않았다는 점이다. 비교적 기성세대에 가까운 30, 40대는 물론 20대 젊은 여성들도 마찬가지였다. 시댁과의 관계, 누군가의 며느리가 되는 것이 결혼과 출산이 부담스러운 이유 중 하나라고 했다. 세상이 변하고 시댁도 바뀌었는데 왜 젊은 여성들은 여전히 시집살이를 두려워하는 걸까?

신은재 씨는 대구에서 대학을 졸업한 뒤 "대학병원에서 사원증을 메고 다니는 직원들이 멋있다"라는 어머니의 말에 영향을 받아 병원 행정직 취업을 준비하고 있다. 결혼과 출산은 취업 후 자리를 잡고 나서 하려고 생각 중이지만, 여전히 두려움이 크다. 경제적인 이유가 큰데, 그 못지않게 시댁과의 관계에서 종속될까 봐 걱정된다고 한다.

○ **신은재(24, 여, 병원 행정직 취업 준비, 결혼 X)**

"(결혼한다면) 제일 걱정되는 건 경제적인 문제긴 하지만 시댁 걱정도 있어요. 저희 엄마가 진짜 모든 걸 다 바쳐서 애들을 키우셨거든요. 시댁 문제도 있었고, 엄마가 명절 때마다 음식을 엄청 많이 하셨는데 그거를 제가 다 옆에서 같이 했어요. 그러다 보니까 매년 명절만 오면 제가 다 두려울 정도였거든요. 결혼하면 나도 뭔가 그런 시댁을 만나지 않을까, 그런 게 겁나는 게 있죠."

은재 씨처럼 젊은 여성 중엔 엄마나 주변 사람을 통해 간접적으로 시집살이를 경험한 사람이 많다. '왜 시댁과 시집살이가 신경 쓰이느냐'고 물었을 때 이처럼 과거 혹은 지금의 엄마 사례를 드는 여성들이 많았다. 우리의 엄마 세대까지만 해도 눈에 보이는 시집살이가 있었기 때문이다.

세상이 변했다고 하지만, 과연 다 바뀌었을까? 꼭 그렇지만도 않은 사례들을 사회에서 많이 봐왔기에 여성들은 여전히 불안감을 느꼈다. 회사에서 예전같이 "미스김 커피~"하는 상사는 없어도 손님 맞을 때 누군가 커피를 타야 한다면 암묵적으로 여성 직원들이 타 가야 한다든가, 선생님과 스튜어디스 같은 여초 직업(여자들이 절대다수인 직업)들조차 관리자는 대부분 남자인 식으로 말이다. 드라마 속에는 여자 재벌과 일반인 남자 부부도 있고 여자 사장에 멋진 남자 비서도 있지만, 현실에선 기업 임원 절대다수가 남자고 비서는 젊고 예쁜 여성들인 경우가 대부분이다.

결혼, 시댁과의 관계 역시 본질적으로 달라진 건 없을 거라는 게 많은 젊은 여성의 생각이었다. 대구에서 대학을 졸업한 조은주 씨는 여성들에게 좋은 직업이라 생각해 승무원 취업을 준비하고 있다. 은주 씨와 김배령 씨가 본 세상 역시 그리 성 평등하진 않다.

○ **조은주(24, 여, 항공 승무원 취업 준비, 결혼 X)**

"제 친구가 남자 친구랑 4, 5년 정도 사귀었는데 그 남자애가 신발 같은 것도 자기가 안 빨고 그냥 베란다 놔두면 어머니가 그냥 알아서 빨아주시고 집에서 게임하면 아버지가 밥을 차려주시는데 설거지도 안 한다고 했거든요. 이제 조금 오래 사귀었으니까 결혼도 생각해서 결혼 얘기하니까 그 남자 친구가 '혹시 된장찌개 끓일 수 있냐' 묻더라는 거예요. '밀키트 사 먹으면 된다' 그러니까 자기는 그런 거 싫다고, 못 먹는다고, 직접 끓여달라 그러더래요. 그래서 계속 그런 걸로 다투다가 결국 헤어지게 됐어요. 옆에서 보는 저는 '와, 세상은 그렇게 빨리 바뀌지 않는구나' 실감했거든요."

○ **김배령(29, 여, 서울 소재 회사 재직, 결혼 X)**

"제가 다 경험해 본 건 아니지만 연애만 해도 알죠. 저희 또래 남자애들만 봐도 막 과거보다 획기적으로 변한 것도 아니잖아요. 솔직히 걔네 엄마, 아빠도 똑같을 거란 말이죠. 저희 아빠, 엄마가 평소 저한테 설거지하지 말라고 하셨는데 그 이유가 뭔지 아세요? 어차피 시집가면 많이 할 텐데 왜 지금부터 고생하냐는 거였어요."

은주 씨와 배령 씨의 말처럼, 과거만큼은 아니더라도 아내·며느리·엄마에게 기대되는 전통적 역할은 여전히 사회 곳곳에 남아 있다. 결혼하면 이런 역할에 자연스레 종속될 수밖에 없다는 점이 젊은 여성들이 느끼는 두려움과 불편감이었다. 예전처럼 명절마다

10~20인분씩 전을 부치지는 않더라도, 여전히 제사를 준비하는 것은 며느리와 시어머니의 몫일 거라거나, 막상 상을 차려놓고 나면 술을 따르고 절하는 역할은 남성들이 차지하는 식으로 말이다. 노골적으로 무시하거나 구박받는 차별이 아니어도, 이런 성 역할과 지위의 차이가 여성들이 결혼을 주저하게 만드는 이유로 작용하고 있다.

예전 여성들이라면 '이 정도쯤이야'라며 넘어갔을 것이다. 하지만 남녀 평등한 환경에서 고등 교육을 받고 자란 요즘 여성들은 성인지 감수성과 성평등 인식이 전에 없이 발달했다. 시부모님이나 남편은 무심코, 별 뜻 없이 한 말과 행동에서도 아주 사소하고 작은 차별을 감지해 냈다.

○ **임효연(37, 여, 공무원, 결혼 X)**

"제가 아는 친구 중에는 시댁 때문에 이혼한 친구가 있어요. 걔가 결혼할 때 (남편으로부터 명절 공평하게 챙기자고) 약속을 분명히 받았는데 명절 되면 꼭 명절 당일에는 무조건 남자 집에 가더라는 거예요. 그래서 그것 때문에 계속 싸우다가 이혼하자고 했더니 남자가 이해를 못 했다는 거죠. 남편이 왜 이렇게 유난스럽게 구냐고, 근데 걔는 약속하지 않았냐고, 네가 약속을 안 지킨 거고 이것만 안 지키는 걸로 끝나는 게 아니다 그런 거죠. 사실 그 남편만 몰랐지 이것뿐만이 아니었거든요. 그 차별이란 게 진짜 치사해 보여서 말하기도 어려운 것들인데, 예를 들면 시댁에서 닭을 삶았는데 다리를 자기만 안 준다거나… 그런 거예요. 남자들은 이해 못 하잖아요. 여자들은 시댁에서 앉아 있는 것조차 불편한데."

효연 씨 말처럼 그의 친구가 주장하는 차별은 따지자면 '치사해 보여서 말도 하기 어려운' 것들이다. 하지만 치킨 부위 차별이나 시댁에서 편히 앉아 있을 수 없는 것, 명절 당일엔 반드시 시댁을 가야 하는 암묵률 등 사소한 행동의 기저에 깔린 함의는 결코 사소하지 않다는 게 여성들 생각이었다.

그 저간엔 며느리에 대한 전통적 인식, 남아 선호 사상, 가부장제 문화 등이 자리하고 있기 때문이다. 효연 씨의 친구 역시 단순히 닭다리를 못 먹은 게 문제가 아니라, 며느리나 외가가 당연히 후순위가 되는 상황, 그런 생각이 당연한 가부장적인 문화가 문제였다.

남성, 남편 들에겐 다소 피해망상처럼 들릴 수도 있다. 하지만 그렇게 치부하기만은 어려운 것이, 부부간 가사 노동, 육아 시간 평균 비율 등을 봐도 아직까진 여성의 비율 및 기여도가 훨씬 높기 때문이다. 여성이 일을 하지 않을 때는 물론이고, 부부가 맞벌이할 때도 마찬가지다. 통계청 육아휴직 통계에 따르면 2023년 전체 육아휴직자 19만 5,986명 가운데 여성이 74.3%였다. 물론 2015년 여성이 전체 휴직자 13만 6,560명 중 94%를 차지하던 것에서 많이 줄어든 수치이긴 하지만, 유럽 등 보육 선진국과 비교하면 남성 육아휴직자 비율이 턱없이 낮다. 그해 출생아 부모만 봐도 아빠의 경우 100명 중 7명(7.4%)만 휴직하는 것으로 나타났다.

육아로 인한 경력 단절 비율은 말할 것도 없다. 앞서 이야기한 것처럼 길고 경직적인 근로 시간 탓에 육아를 위해 부부 중 한 명이 일을 그만둬야 하는 경우가 많다. 그럴 때 퇴직을 택하는 건 대체로 여성이다. 남편의 급여 및 승진 가능성이 높아서 그런 것도 있지만, 그렇지 않을 때도 엄마가 일을 포기한다. 여전히 육아, 가사, 내조 등은 여성의 역할로 인지되고 있는 탓이다.

물론 과거보다 부부가 가사와 육아를 분담하는 경우는 많아졌다. 아빠들의 육아·가사 참여율이 높아지면서, 오히려 일은 일대로 하고 집에 돌아와 집안일까지 함께 하는 고단한 남편들의 모습도 흔해졌다. 이런 남편들이 서툰 솜씨로 아이를 돌보다가 아내에게 혼나거나 지적을 받는 장면을 예능이나 다큐에서 낯설지 않게 볼 수 있다. 과거처럼 집에서 '왕' 대접을 받던 남편의 모습은 이제 드물다.

하지만 아무리 분담률이 늘었대도 아빠가 가사와 육아 주무자가 되는 경우는 여전히 드물다. 효연 씨는 직장에서 워킹맘 상사들이 아이 일로 수시로 전화 받는 걸 본다. 엄마에게 이것저것 묻고 허락을 받기 위해서다. 아빠는 어떨까?

○ **임효연(37, 여, 공무원, 결혼 X)**

"회사에 있다 보면 여자 과장님들, 팀장님들은 계속 애들 전화를 받아요. 심지어 50대 여자 국장님도 다 큰 애들 전화를 받거든요. 근데 남자 상사들은 그런 전화 받는 걸 본 적이 없어요. 여자 국·과장님들은 심지어 애 아빠한테서도 전화가 와요. '나 애랑 같이 있는데 책 뭐 읽어줘야 해?' 그 아빠는 그렇게 생각하겠죠. 나는 아이에게 책을 읽어주고 육아를 분담하는 좋은 아빠라고. 근데 실상은 무슨 책을 읽어줘야 하는지도 모르는 거잖아요. 그건 결코 절반의 분담이 아니에요. 그냥 도와주는 거지. 평소 육아는 엄마가 하고 있다는 거거든요."

효연 씨 말처럼 설령 육아에 관련된 행위를 절반씩 나누어 하고 있다고 해도 결국은 여성이 기획자인 경우가 대부분이다.

이런 가족 내 여성의 육아, 가사 부담은 사회생활로 이어진다. 결혼, 출산, 가족을 이루는 과정에서 승진을 포기하거나 휴직하고, 일을 그만두는 건 주로 여성이 되면서 직장과 사회에서 여성들의 위치도 상대적으로 낮아질 수밖에 없다.

○ **신은재(24, 여, 병원 행정직 취업 준비, 결혼 X)**

"제가 이번에 계약직으로 지원서 넣은 병원도 다섯 명이 면접 보러 왔는데 다 여자분이셨거든요? 근데 회사 들어와서 보니까 남자가 훨씬 많더라고요? 서류나 이런 걸로 봤을 때는 여자들의 성적이 늘 높고 입사 성적도 1등인데 어느 순간 보면 직장에 남자들만 남아요. 다들 결혼하거나 아이 낳고 떠나는 거죠. 한직으로 밀리든가. 그래서 과장, 부장 이상도 다 남자예요. 승진도 끼리끼리 하고. (중략) 남자들은 유튜브 이런 데 보면 담배 이런 거 피우면서 유대를 쌓고 축구 얘기 이런 거 하면서 친해지고 그러잖아요. 주변에 승진한 선배들은 다 남자인데 그런 거 보면 나도 올라가려면 축구 보고 담배라도 피워서 유대를 쌓아야 하나 그런 생각까지 들어요."

○ 제서희(24, 여, 취업 보류, 개인 사업, 결혼 X)

"사촌 언니가 애 둘 낳고 회사에서 여러 번 잘릴 뻔했거든요. 그 사례가 주는 시사점이 진짜 큰 게 거기가 일단 남초 회사거든요. 육아휴직 제도가 있는데 암묵적으로 그냥 그런 걸 눈치를 주거나 그런 경우가 너무 많다고 하고. (중략) 언니도 그 회사에서 엄청 오래 일했거든요. 그런데도 중간중간 잘릴 뻔한 상황이 있었을 정도니. 그런 것만 봐도 애 낳고 나면 나도 뻔하겠구나, 남자 상사들에게 이해받기는 힘들겠구나, 그런 생각 들죠."

은재 씨와 서희 씨가 보는 모습이 한국 대부분의 직장 모습이라 해도 과언이 아닐 것이다. 여전히 각종 사회지표에서 나타나는 한국 여성의 지위는 놀랍도록 낮다. 한국의 성별 임금 격차는 OECD 가입 이래 무려 28년간 부동의 1위를 지키고 있다. 2022년 기준 31.2%로 남성이 100만 원을 받는다면 여성은 70만 원도 못 받을 정도로 격차가 크다. 대기업 여성 임원 비중도 10년 넘게 꼴찌였고 지난해 기준 7%대로 여전히 세계 최하위 수준이다.

세계경제포럼World Economic Forum, WEF이 매년 성별 임금, 기업 임원 수뿐 아니라 국회의원 수, 가사 노동 시간 등을 참고해 발표하는 「글로벌 성별 격차 보고서」에 따르면 2024년 한국의 국가 성평등 지수는 146개국 중 94위였다. 그나마 전년보다 11단계나 오른 성적이 이 정도다.

요즘 여성들이 이야기하는 시집살이는 이런 현실을 포괄하는 것이라 할 수 있다. 과거처럼 육체적 고충이 큰 시집살이가 아니라 여전히 과거 같은 며느리, 아내 역할을 기대받는 삶이다.

○ 유진원(35, 여, 연구 단체 임원, 결혼 7년 차, 자녀 X)

"남편이랑 저랑 주말 부부를 5년 정도 했거든요. 남편은 지방에 있었고 저는 서울에서 박사 과정 중이었으니까 내려갈 수 없고. 그런 식이었는데 시부모님께서는 저한테만 '뭐 엄청 대단한 거 한다고, 해외 박사도 아니고 국내 박사인데 평상시엔 남편한테 좀 내려가 있고 수업 들을 때만 왔다 갔다 하면 되지' 이러셨어요. (중략) 연세가 있으니까 그 시대 분들은 그렇게 생각할 수 있다고 생각해요. 근데 머리로 이해해도 마음으로는 안 그렇잖아요. 나도 똑같은 귀한 자식이고 똑같이 공부하는데 왜 나한테만 이러시는 건가 싶고. 역시 시댁은 시댁이구나."

진원 씨처럼 부부가 같이 사회생활을 해도 아직은 며느리에게 가사, 내조 같은 임무가 더 요구된다. 며느리가 되면 좋든 싫든 이런 관계와 역할 속에 놓일 터였다.

여성들이 며느리가 됨으로써 느끼는 부담 중엔 부양에 대한 부담도 있다. 사위는 대체로 장인, 장모를 부양해야 한다는 부담을 갖지 않지만, 며느리는 남편 집안 사람이 됨으로써 시부모님을 부양해야 한다는 부담을 진다. 과거엔 아예 시부모와 합가해서 사는 경우도 많았다. 지금은 합가까지 하는 경우는 드물지만, 여전히 시댁에 건강상 문제나 경제적 어려움이 발생하면 며느리가 돌봄에 나서는 경우가 적지 않다. TV 보험 광고를 보다 보면 간병인의 예시로 등장하는 건 주로 며느리다. 장인, 장모를 간병하는 사위가 나오는 경우는 본 적이 없다. 드라마나 다른 콘텐츠에서도 마찬가지다.

여성 노동 관련 전문가인 조앤 윌리엄스 명예교수는 2024년 방한했을 때 가진 인터뷰에서 이런 부양 부담 또한 한국 여성들이 결혼에 대한 두려움을 키우는 큰 원인 중 하나일 것이라고 분석했다.

○ **조앤 윌리엄스 미국 캘리포니아대학교 법학대학원 명예교수**

"한국에서 잘 이야기되지 않는 것 중에 매우 중요한 주제가 있는데 그게 바로 부양 부담이에요. (한국) 아이들 대략 25%가 가정에서 길러집니다. 그런데 어르신의 경우 가정에서 돌봄받는 비율이 70%에 달해요. 딸 혹은 며느리가 돌보고 있는 거죠. 그리고 내 생각에 이게 한국에서 혼인율을 떨어뜨리는 한 원인일 거예요. 왜냐하면 여성들은 결혼하면 내 부모님뿐 아니라 배우자의 부모님까지 돌봐야 할 수 있다는 걸 알기 때문이죠. 아주 높은 가능성으로요."

요즘은 며느리보다는 딸이 돌봄의 주체가 되는 경우가 더 많고 그마저도 실제 부양하는 게 아니라 요양 시설에 모신 뒤 비용만 부담할 때가 더 많긴 하다. 하지만 그런 경우라도 대체로 며느리는 비용과 수고의 부담을 같이 진다. 외동 자녀가 계속 늘고 있는 가운데 지금의 관행이 그대로 간다면 여성은 본인의 부모와 배우자의 부모, 많게는 그 조부모까지 부담해야 하는 처지에 놓일 수 있다.

> ○ **정기연(55, 여, 전 대기업 임원, 자녀는 25세 아들)**
>
> "저는 '형제 연금'이 있다고 표현하거든요. 친정 엄마가 살아 계셔서 부양 부담을 져야 하는데 이게 사실 또 은퇴한 입장에선 부담이 크잖아요. 다행히 저는 현재 저보다 잘나가는 형제가 있어요. 그 덕에 노후에 부담을 덜었으니까 형제 연금이라고(불러요). 근데 미래엔 형제 연금을 기대하기 어려울 거란 거죠. 저만 해도 아이 하나고 갈수록 사람들이 아이를 안 낳으니까요. 우리 다음 세대엔 그런 걸 기대하기 어렵겠죠."

과거 가부장제 사회에서는 여성이 이런 부담과 책임을 숙명처럼 감내했다. 하지만 요즘 여성들에게 그건 당연한 일이 아니다. "한국이 지구상에서 소멸하는 첫 번째 나라가 될 수 있다"라고 경고했던 세계적인 인구학 석학 데이비드 콜먼David Coleman 영국 옥스퍼드대학교 명예교수는 한국 저출산의 가장 주요한 원인이 '여성들의 기존 전통에 대한 반발'에 있다고 지적한 바 있다. 과거 가부장적 가족주의, 과도한 업무 문화, 경쟁으로 과열된 교육 환경, 낮은 성평등 지수, 보편적이지 않은 동거 문화, 비혼 출산에 대한 폐쇄성 등으로 인해 상대적으로 더욱 크게 억눌려 왔던 여성들이 남성보다 더 개인을 우선하는 삶을 선택하고 있고, 그것이 출산 거부로 이어지고 있다는 것이다.

요즘은 맞벌이가 늘며 많은 여성이 전에 없던 경제활동 의무까지 지게 됐다. 장경섭 서울대학교 사회학과 석좌교수는 그의 책 『내일의 종언?: 가족자유주의와 사회재생산 위기』에서 1990년대 말 경제 위기로 인한 가장의 실직, 고용 불안이 더 이상 가장 1인에게 가정 경제를 의존하는 기존 체제를 유지할 수 없게 했고, 결국 현모양처의 전통 가치관을 가졌던 여성들이 남편의 소득 보완, 또는 대체 역할로 내몰렸다고 설명했다.

문제는 똑같이 일하게 됐음에도 여성들의 돌봄 부담이 여전히 높다는 점이다. 그리고 심지어 둘 다 잘하기를 요구받는다. 오랫동안 성 역할 규범과 출산의 관계를 연구해 온 메리 브린튼Mary Brinton 미국 하버드대학교 사회학과 교수의 연구팀에 따르면 한국은 여성이 경제활동을 해야 한다는 의식도 강하고, 또 그러면 가족생활에 문제가 생긴다는 의식도 강한 모순적인 나라로 나타났다. 사람들 대부분 여성의 경제활동은 인정하고 필요하다고 생각하지만, 동시에 돌봄은 여전히 여성의 몫이라 생각해서 여성이 일하면 가정에 문제가 생긴다고 인식한다는 것이다. 브린튼 교수가 "일-지향 보수주의pro-work conservative"라고 명명한 이 독특한 성 역할

의식이 조사 대상 중 독보적으로 강한 나라가 한국이었다. 그리고 연구에 따르면 일-지향 보수주의가 강한 나라일수록 합계출산율도 낮았다.

○ **유진원(35, 여, 연구 단체 임원, 결혼 7년 차, 자녀 X)**

"박사가 성 평등해야 한다고 그러더니 막상 교수가 되면 여자가 확 줄어요. 유리천장을 깨는 것도 여자의 몫이에요. 근데 여자도 실력껏 움직이라고 해놓고 지금 와서 출산이 안 돼서 애를 낳으라니 이게 논리가 앞뒤가 안 맞는 거예요. 그냥 좀 스탠스를 확실하게 해야지, 여자가 경제 성장에 이바지하는 게 맞다면 사실 저출산이라는 당연한 결과를 받아들여야 해요. 여자가 무슨 알파고도 아니고요, 노동력으로 경제 성장에도 기여하라, 유리천장도 뚫어라, 애도 낳아서 키워라…."

남성들이 여권이 신장한 요즘 사회에 상대적 박탈감을 느끼고 분노하지만, 여성들은 여전히 여성들이 차별받고 남성보다 열위에 있다고 느낀다. 정부 설문 조사에서도 결혼과 출산에 더 부정적인 건 늘 여성이다. 저출산고령사회위원회 2024년 '결혼·출산·양육 인식조사'에서 결혼하지 않은 남녀 중 결혼 의향(하고 싶다)이 있거나 계획 중인 경우는 61.0%, 결혼 의향이 없는 경우(나중에도 하고 싶지 않다)는 22.8%인데 남성에 비해 여성의 결혼 의향이 낮았다(남 13.3%, 여 33.7%). 출산도 마찬가지다. 자녀가 있어야 한다고 생각하는 비율은 61.1%였는데 남 69.7%, 여 51.9%였다. 특히 25~29세 여성 중 자녀가 있어야 한다고 생각하는 비율은 34.4%에 불과했다. 이런 설문 조사에서 여성의 의향이 더 높게 나오는 경우는 보지 못했다.

앞서 출산은 결국 개인이 결정하는 것이기에 개인이 '못 하겠다' 하면 그만이라 했다. 잊지 말아야 할 건 특히 여성이야말로 출산을 결정하는 가장 핵심 주체라는 점이다. 아무리 사회가, 남편이, 시부모님이 낳으라고 해도 여성이 부담스럽고 무서워서 못 낳겠다고 하면 그만이다.

정상이 아니면
불편한 사회

 2024년 한국 영화계를 대표하는 간판 톱스타 배우가 결혼하지 않은 상태에서 아이를 가진 사실이 드러나 한동안 세상이 떠들썩했다. 더욱 화제가 된 건 그가 '아빠로서 아이는 책임지겠지만, 아이 엄마와 결혼할 계획은 없다'고 밝히면서다. '비혼 출산'이라며 '새로운 가족 트렌드'를 조명하는 기사들이 쏟아졌고, 아이를 향한 동정론과 '비혼 출산 지원 제도를 마련해야 한다'는 목소리도 커졌다. 언론과 대중의 관심이 높아지자 정치권까지 가세했고, 급기야 대통령까지 나서 사안을 언급하며 이런 가족을 지원하는 법을 내겠다고 공언했다. 며칠 뒤 그 유명 배우는 한 권위 있는 시상식 무대에 올라 개인사로 물의를 일으킨 데 대해 사과했고 아이를 끝까지 책임지겠다며 다시 대중 앞에서 약속했다.

2024년 연말 온·오프라인을 뜨겁게 달군 한 유명 배우의 사생활 관련 해프닝이다. 이 일로 많은 언론이 비혼 출산 기획 기사를 쏟아 냈다. 하지만 엄밀히 말해서 이 배우의 사례는 흔히 새로운 가족 형태를 일컬을 때 말하는 비혼 출산과는 거리가 있다.

보통 비혼 출산이라 하면 자녀를 갖고 싶지만 결혼을 원치 않거나, 결혼 제도 틀 안에서는 도저히 뜻을 이룰 수 없는 이들이 결혼 외 방법으로 자녀를 갖고 키우는 걸 뜻한다. 2020년 방송인 사유리 씨의 출산이 대표적인 예다. 사유리 씨는 결혼하지 않았지만 자녀를 갖고 싶어서 해외에서 정자를 기증받아 임신했다. 이렇게 적극적으로 자녀를 낳고 가족을 이루고픈 이들이 전통적 혼인 외 다른 방법으로 아이를 낳는 게 흔히 말하는 비혼 출산이다.

앞서 언급한 배우의 사례는 그런 새로운 시도와는 거리가 있어 보인다. 그러나 그저 비혼 상태의 출산이라는 것만으로 화제가 되었고, 많은 언론이 전에 없던 일처럼 보도한 끝에 배우가 개인사와 아무 상관 없는 영화제 단상에 올라 국민 앞에 고개를 숙이는 촌극으로 마무리됐다. 이 일련의 사건은 역설적으로 우리 사회 가족이 얼마나 보수적인지, 새로운 가족에 얼마나 익숙지 않은지 보여주었다.

저출산도, 고령화도, 가구 소형화도 세계 초고속인 한국에서 유독 더딘 것이 있으니 바로 가족 형태의 다변화다. 미국과 유럽 등 서구 국가에서는 이혼, 한부모, 입양, 다문화, 다자녀, 연상연하 커플, 동성 가족 등 다양한 가족을 주변에서 쉽게 만날 수 있다. 할리우드에선 비혼 출산한 배우가 화제가 된다거나 아카데미 시상식에 올라 대국민 사과를 하는 일은 상상하기 어려울 것이다.

물론 한국에서도 결혼과 가족에 대한 인식은 빠르게 바뀌고 있다. 2022년 통계청이 1만 8,600가구 가구원 3만 6,000여 명을 조사한 '사회조사'에서 19~34세 청년의 80.9%가 비혼 동거에 찬성한다고 답했다. 불과 10년 전 61.8%보다 20%p 가까이 오른 수치다.

젊은 세대와 이야기를 나눠보면 비혼 동거, 비혼 출산, 다문화, 한부모, 동성 결혼까지, 가족이 다양해지는 것에 대해 대체로 우호적인 입장이라는 걸 알 수 있다. 교육의 영향으로 그런 것이 '틀린 것'이 아니라 '다른 것'이란 걸 알기 때문이다. 가족과 일곱 살 아들 한 명을 키우는 40대 이우진 씨도 다양한 가족 형태에 대해 어떻게 생각하느냐는 질문에 누가 어떤 가족 형태를 갖든 자신이 행복하면 되는 게 아니냐고 반문했다.

○ 이우진(42, 남, 군무원, 자녀는 7세 아들)

"사실 요새는 그래요. 누가 결혼을 했든 안 했든 별로 상관도 없고, 예전처럼 결혼 안 했다고 해서 막 잘못한 것처럼 그러지도 않고, 걔들은 또 걔들 나름대로 되게 재밌게 사는 거 같거든요. 결혼 유무도 잘 묻지도 않고 누구랑 만나느냐, 어떤 사람을 만나느냐, 애가 있냐, 이런 거 상관없이 각자의 삶이잖아요. 뭐든 취미 생활 즐기면서 자기가 재밌게 살면 되는 거 아닌가. (가족이) 어떤 형태냐가 뭐가 중요하겠어요?"

2023년 여성가족부가 1만 2,044가구 만 12세 이상 가구원을 대상으로 벌인 '가족실태조사'에서도 결혼하지 않고 독신으로 사는 것, 이혼(재혼)하는 것, 결혼하지 않고 남녀가 함께 사는 것, 결혼하고 아이를 낳지 않는 것에 각각 47.4%, 47.2%, 39.1%, 34.6%가 동의한다고 응답했다. 청년은 물론 60대 이상 고령자까지 다 포함한 설문에서 3명 중 1명 혹은 2명 중 1명이 다양한 가족의 모습에 공감한 것이다.

그러나 머리로 알더라도 실행하는 것은 다른 문제였다. 막상 본인이 그런 가족을 이룰 의향이 있는지 물으면 기성세대는 물론 청년들의 반응도 조심스러워졌다. 다양성을 인정한다면서 본인은 가능하면 전통적인 형태의 가족을 이루고 싶어 하는 경우가 많았다. 항공사 승무원에 취업하기 위해 준비 중인 조은주 씨는 취업 후 연애도 하고 결혼도 할 생각이다. 아이들을 좋아해서 자녀를 낳고 '복작복작' 살고 싶다. 다양한 가족이 있을 수 있다고 생각하지만, 본인과는 거리가 먼 얘기다.

○ **조은주(24, 여, 항공 승무원 취업 준비, 결혼 X)**

"남이 하는 걸 뭐라진 않는데요. 동거 출산 이런 거 저는 좀…. 우리 사회가 별로 용인하는 분위기가 아니잖아요. 애기 있다고 하면 당연히 결혼했냐고 묻겠죠. 애 낳고 가족, 이런 거의 기본은 결혼이니까. 그래서 동거는 많은데 어디 가서 섣불리 동거하는 거 말 안 하잖아요. 동거한다고 하면 상대방도 이상하게 볼 테고 설명해야 할 게 너무 많고 내가 뭐라고 설명하든 간에 사람들이 색안경을 끼고 나를 볼 텐데…. 그런 게 좀 무섭기도 하고요."

한국에서는 시기상조라는 것이다. 마찬가지로 청년들이 바라는 결혼상, 가족상도 생각만큼 자유분방하지 않았다. 저출산이 심화하고 전통 가족의 의미도 사라지고 있다는데, 이상적인 가족상에 대해 물으면 여전히 혼인을 통해 결합한 이성異性 부부, 친생자녀 두 명으로 이뤄진 전통적인 4인 가족을 떠올리는 사람이 대부분이었다. 결혼·출산을 바라는 이들은 물론, 결혼이나 출산을 원치 않는 사람, 고민 중이라는 사람도 마찬가지였다.

○ **신은재(24, 여, 병원 행정직 취업 준비, 결혼 X)**

"만약에 결혼을 한다면 아무래도 그냥 평범하고 남들 같은 가정을 생각하죠. 남자 친구랑 결혼해서, 능력만 된다면 아이는 한 명은 좀 그렇고 두 명이 되면 더 좋지 않을까요? 저는 (형제가) 세 명이다 보니 뭐 시켜 먹고 이럴 때는 좋았는데요. 두 명이 더 좋은 거 같아요. 직장이 안정적이면 아기는 한 명보다는 두 명 정도까지(낳을 생각이에요). 한 명보다는 두 명이 이상적인 느낌이 있잖아요."

○ **김훈(31, 남, 전남 지역 중소기업 재직, 학업·시민사회 활동 병행, 결혼 X)**

"다양한 형태의 결혼을 응원하지만, 저는 이성애자예요. 평범하게 여자 친구랑 결혼해서 살고 싶어요. (중략) 자녀 계획 같은 경우에 저는 한 명이 좋겠긴 한데 능력이 된다고 하면 두 명까지는 낳아야 하지 않나 그렇게 생각하거든요. 많이 그렇게들 얘기해요. 그러려면 빨리 결혼해야…. 아무래도 형제가 있는 게 아이 정서에도 좋을 거 같아서요."

신은재 씨와 김훈 씨뿐만이 아니다. 출산율은 1.0명에도 못 미치는데, 청년층을 대상으로 희망하는 자녀 수를 설문하면 답변은 늘 2명에 가깝게 나온다. 최악의 출산율을 기록한 2023년 여성가족부 가족실태조사에서도 응답자의 희망 자녀 수는 평균 1.5명으로 집계됐다. 그리고 여전히 부모 둘과 자녀 둘로 이뤄진 4인 가족이 가장 일반적이고 이상적인 가족 형태로 꼽혔다.

내가 만난 사람들 중에는 완벽한 가족을 이루고 싶어 조금 무리해서 둘째를 가졌다는 이도 있었다. 서울에서 직장을 다니는 40대 정순태 씨는 맞벌이지만, 부인이 프리랜서 음악 강사라 소득이 일정치 않아서 사실상 외벌이 가장이다. 결혼이 늦어 순태 씨가 42살, 아내가 39살일 때 첫 아이를 낳았다. 여러모로 둘째를 갖기에 좋은 조건은 아니었지만, 4인 가족을 이루고 싶다는 생각에 빠르게 둘째를 가졌다고 한다.

○ **정순태(45, 남, 서울 소재 회사 재직, 외벌이, 자녀는 3세, 1세)**

"2019년에 결혼했으니 제가 41살에 결혼한 건데 43살에 첫째를 낳고 45살에 둘째를 바로 낳았어요. 늦게 결혼해서 아내도 마흔이 넘었다 보니까 마냥 좀 여유 있을 수 없어서요. 저희가 결혼하고 한 1년 정도는 저희 시간을 보내고 그 뒤로는 바로 애기 낳은 거거든요. 첫째 낳고 둘째도 낳았으면 좋겠어서 바쁘게 아이를 가졌죠. (중략) 아무래도 4인 가족이 좋겠다는 생각이 있어서요. 로망 같은 게 있잖아요."

많은 사람이 엄마, 아빠, 아이 둘로 이루어진 가정을 가장 표준적이고 보편적이고 이상적인 가족이라 여겼다. 일명 '정상 가족'의 인식은 여전히 공고했다. 보통 혼인한 이성 부모와 친생자녀 두 명에 더해 한국에서는 동일 인종, 동일 국적의 4인 핵가족을 뜻한다.

문제는 이런 가족이 더 이상 보편적이지 않다는 점이다. 통계청에 따르면 2023년 국내의 한부모 가구 수는 149만 3,000가구였다. 이혼, 사별, 미혼 부모 등을 포함한 수치로, 전체 가구의 약 6.6%, 즉 15가구 중 1가구꼴이다. 학교 한 반에 한두 명은 한부모 가정 자녀라는 이야기다.

비非한국인 혹은 다국적으로 이뤄진 다문화 가구도 많다. 2021년 기준, 국내 다문화 가구 수는 38만 5,000가구로 전체 가구의 1.7%를 차지했으며, 구성원 비율은 2.2%에 달했다. 특히 출생아 중 다문화 가정의 비율은 100명 중 6명꼴이었다. 전국 한 해 출생아 중 광주, 대전에서 태어난 아이들 전체에 맞먹는 비율이었다. 자녀 셋 이상인 다자녀 가구 역시 많이 줄어들긴 했지만 여전히 전체 가구의 10%를 차지한다.

성소수자도 적지 않을 걸로 추정된다. 한국에선 비교적 잘 드러나지 않기에 극소수일 걸로 생각하는 사람이 많은데, 해외 연구에 따르면 일반적으로 인구 약 4.5% 비율로 성소수자가 있다고 한다. 20명 중 1명꼴이다. 한국 인구에 적용하면 200만 명이 넘는다. 물론 실제로 그렇게 많은 성소수자가 존재하는지, 그들이 모두 자신의 성 정체성을 인정하고 커밍아웃하며 살아가고 있는지는 알 수 없다. 그러나 그중 단 10분의 1, 아니 20분의 1만이 커밍아웃해서 커플을 이루고 가족을 형성한다고 가정해도 가구로 치면 5만 가구가 넘게 된다. 이렇게 한부모, 다문화, 다자녀(셋 이상), 성소수자 가족(가족을 이룰 수 있다는 가정하에)까지 모두 합치면 일부 중복을 감안하더라도 수백만 가구에 이를 것이다.

반면, 부모와 자녀로 구성된 3~4인 가구는 저출산과 가구 소형화 흐름 속에서 꾸준히 감소하고 있다. 통계청 인구주택총조사에 따르면 2023년 기준 4인 가구는 약 290만 가구로, 전체의 13.3%에 불과하다. 3인 가구를 포함해도 32.3%에 머문다. 이 가운데 한국인 부부와 자녀로 이루어진 2세대 가구만 따지면 비중은 더 낮아질 것이다. 가족과 가구가 동일한 개념은 아니지만, 한때 가장 보편적인 가족 형태로 여겨졌던 4인 핵가족이 이제는 통계적으로도 '주류'라 보기 어려워졌음은 분명하다.

그럼에도 사람들을 인터뷰해 보면 여전히 전통적인 핵가족 모델을 가장 정상적이고 일반적인 가족이고 보편적이라 인식했다.

그렇다 보니 사회 여러 시스템도 그런 4인 가족 프레임에 맞춰졌다. 그 틀에서 벗어난 수많은 가족은 알게 모르게 불편을 느낄 수밖에 없다.

예를 들면 이런 거다. 우리 가족만 해도 정상 가족의 자녀 수를 벗어난 6인 가족이다. 아이들과 식당에 가면 대체로 4인석밖에 없어서 3:3 이산가족이 되어야 하고, 가족 관련 서류를 작성할 때는 가족 이름을 다 적을 칸이 없어 별도 서류를 요청해야 한다. 이런 많은 것들을 포함해 각종 제도와 시스템이 4인 가족 기준에 맞춰져 있기 때문이다. 여행 갈 때는 숙소 대부분 3, 4인 정원이라 더 비싼 숙소를 잡거나 두 채를 잡아야 하기 일쑤다. 얼마 전엔 이런 일도 있었다. 한 전시 시설에 놀러 가려고 표를 예매하는데 가족을 묶어서 할인하는 '가족 할인 티켓' 공지가 있어서 반가운 마음으로 확인해 보았다. 티켓 페이지에는 어른 둘, 아이 둘이 그려져 있었는데, 아니나 다를까 부모 2명에 자녀 2명까지만 묶음 할인이 되는 가족 티켓이었다. 결국 4명까지만 할인받고 나머지 자녀 2명은 별도로 할인 없는 티켓을 사야 했다. 그나마 살 수 있는 것도 다행이었다. 종종 가족 할인을 4인까지 묶어놓고 미성년자 별도 구매까지 못 하게 막아놓은 곳도 있기 때문이다. 자녀가 셋 이상인 가족은 아예 고려조차 하지 않은 것이다(심지어 국공립 시설 중에도 이런 곳들이 있다!).

이런 일을 반복적으로 경험하다 보면 누군가 "너흰 정상 가족이 아니야!"라고 하지 않아도 자연스레 '우린 이 사회에서 규정하는 가족과 다른 모습이구나' 하고 내면화하게 된다. 은연중에 정상 가족에 대한 인식이 강화되는 것이다.

물론 우리 가족의 불편은 다른 가족들에 비하면 '귀여운' 수준이다. 다문화, 입양, 한부모 가족 등이 겪는 불편은 훨씬 더 클 것이다. 서울에 사는 파키스탄 출신 귀화인 자얀라힘 씨는 아이를 학교에 보내기 시작하면서 한국 사회가 얼마나 '한국인만을 위한 사회'인지 새삼 깨닫게 됐다고 한다. 아직 한국어나 한국 문화에 익숙지 않은 다문화 가구 자녀, 부모들이 많은데 그들을 위한 프로그램, 인력이 있는 곳은 찾아보기 어려웠기 때문이다.

○ **자얀라힘(36, 남, 파키스탄 출신, 다문화 강사 등, 자녀는 7세, 5세)**

"지방 가면 다문화 학생들 정말 많아요. 전남이나 경북 가면 3분의 1이 다문화 학생인 곳도 있어요. 그런데 학교 수업이랑 교육은 그냥 한국인 대상이거든요. 저희 아이가 학교 다니고 있는데 과제나 부모가 해야 할 게 많아요. 그런데 제 와이프는 한국말을 잘 못하니까 제가 다 봐줘야 해요. 저는 그나마 한국어가 가능하니까 되는데 이게 다른 다문화 가정이 들어오면 그 친구들은 한국말이 다 안 될 텐데. 거기 자녀들은 숙제도 못 하고, 잘못하면 바보라고 왕따를 당하는 거예요."

자얀라힘 씨 말처럼 일부 학교의 경우 다문화 학생 비율이 절반을 넘는 곳도 있다. 2025년 광주의 한 초등학교는 러시아어 동시통역 입학식을 진행해 화제가 되기도 했다. 전체 다문화 학령기 아동·청소년도 곧 20만 명에 달해 전체 학생의 5%를 눈앞에 두고 있다. 일반적으로 한 사회에서 다문화 인구가 전체의 5%를 넘어서면 다문화 사회라 한다. 학교는 곧 다문화 사회 진입을 앞둔 셈이다. 저출산으로 국내 출산 인구가 줄면 줄수록 다문화 학생들의 비율은 더 빠르게 늘어날 것이다. 그러나 이들을 위한 제도나 배려는 태부족하다.

학교생활에 잘 적응하지 못한 다문화 가족 자녀들은 자얀라힘 씨 지적처럼 놀림이나 따돌림의 대상이 될 수 있다. 정상을 강조하는 사회에서 정상이 아닌 것들은 비정상이 되어 주변화한다. 주변화란 사회가 특정 기준을 중심으로 삼을 때 그 기준에 부합하지 않는 사람이나 집단이 중심에서 주변으로 밀려나면서 보호나 관심에서 소외되고 차별을 겪는 현상을 말한다. 5년 전 이혼하고 현재 한부모로 아이를 키우는 워킹맘 채성혜 씨도 두 부모가 있는 것이 당연한 사회에서, 아이가 한부모 가족 자녀란 이유로 편견을 겪거나 차별을 받지 않을까 늘 신경이 쓰인다.

○ **채성혜(38, 여, 회사 재직, 이혼, 자녀는 7세)**

"저는 아예 선생님께 매번 먼저 편지를 쓰는데요. 저희 애가 어떤 상황에 있고 이런 거요. 근데 우리 애 예쁜 애인데 만약에 나의 이런 상황(이혼) 때문에 얘를 오히려 이상하게 보면 어쩌지, 쓰면서도 엄청 고민이 많이 들어요. 혹시라도 우리 애가 잘못을 했는데 얘네 엄마 지금 일하고 아빠 없어서 이런 거다, 이렇게 생각하실까 봐."

성혜 씨 말처럼 우리 사회엔 한부모 가족에 대한 부정적인 시선이 존재하는 게 사실이다. 결손가정, 편모가정 같은 표현에서도 무언가 결여되고 부족한 가족이라는 시선을 읽을 수 있다. 해마다 이혼 건수가 9만 건을 넘고, 교통사고로만 2,000명 이상이 사망하는 나라에서 사실 한부모 가족은 누구에게나 언제든 닥칠 수 있는 가족 형태다. 그 수도 이미 전체 15가구 중 한 가구에 이른다. 그러나 여전히 가족 하면 당연히 아빠와 엄마가 있는 것을 가정하고 한부모 가족은 생각지 않는 사람이 대부분이다.

○ 채성혜(38, 여, 회사 재직, 이혼, 자녀는 7세)

"요즘은 아빠 육아 독려한다고 아빠들 행사가 많아요. 학교에서도 무슨 '아버지회' 이런 게 있고, 유치원에서도 작년에 저희 애만 못 갔는데 아빠랑 함께하는 행사 뭐 이런 거 있거든요. 주말에 하고 이런 것도 다 아빠들 참석할 수 있게 배려해 준다고 그러는데, 그러면서 저희 같은 가정은 애초 고려가 안 된 거죠. (중략) 종종 셔틀 선생님이 물어보신대요. '근데 아빠는 뭐 하셔서 만날 할머니가 나오시니?' 하고요. 아빠를 당연히 전제한 그런 질문에는 정말 어떻게 대답하라고 해야 할지 모르겠어요."

앞서 언급한 유명 배우 사례에서 상대 여성은 아이를 혼자 낳아 기르겠다고 적극적으로 나섰다고 한다. 그러나 많은 경우 비혼 상태에서 의도치 않은 임신은 불법 낙태나 아기 유기 같은 극단적 선택으로 이어진다. 아이를 홀로 키우는 데 대한 두려움과 사회적 거부감이 그만큼 큰 탓이다.

정부가 2024년부터 '출생통보제'를 도입하면서 동시에 '보호출산제'를 함께 시행한 것도 이 때문이다. 출생통보제는 출산한 병원이 곧장 행정 기관에 출생 사실을 통보해 출생신고가 자동으로 이뤄지도록 한 제도다. 과거처럼 부모가 직접 출생신고를 하지 않아도 되게 한 것이다. 하지만 이 제도 시행 이후, 출생신고를 꺼리는 이들이 병원이 아닌 장소에서 몰래 출산하고 아이를 유기할 수 있다는 우려가 제기됐다.

보호출산제는 이런 우려를 줄이기 위한 장치다. 산모가 지정 기관에 보호출산을 신청하면 상담을 거쳐 의료 기관에서 익명으로 안전하게 출산하고, 아이는 입양을 보내거나 보육 시설에서 보호받을 수 있도록 했다. 이런 제도의 필요성은 그만큼 한부모와 그 자녀로 살아가는 일이 두렵고 엄두가 안 나는 일임을 반증한다.

정상 가족이라는 개념과, 그와 다른 가족 형태를 배척하는 것은 한국만의 일은 아니다. 산업화, 도시화를 거치며 핵가족화가 이뤄진 많은 선진국에서 비슷한 일이 진행됐다. 그러나 시간이 흐르며 획일적이고 폐쇄적인 가족 관념에 대한 반발이 일었고, 유럽 등 서구 국가에선 그걸 동력으로 다양한 가족 형태가 들어서며 관련 제도들이 입법됐다. 각종 비혼 동거·출산 인정 제도가 그 예다. 애초엔 성소수자 커플을 수용하기 위해 도입됐지만, 현재 이용자 대부분이 이성애자 커플일 정도로 전통적인 결혼을 원치 않거나 할 수 없는 다양한 형태의 커플들이 이 제도를 통해 가족을 이루고 있다.

반면 한국에서는 자생적인 변화가 더뎠고, 정책은 되레 전통적인 가족 프레임을 더욱 공고히 하는 역할을 했다. 앞서 이야기한 것처럼 1960년대 이후 국가 주도의 강력한 가족계획 사업이 추진됐다. 인구를 억제하기 위해 출생아 수를 제한하면서, 정부는 전통적인 대가족을 과거 유물이자 개인주의를 저해하는 잘못된 가족 형태로 정의하고 오랜 기간 소가족, 핵가족을 올바른 가족 형태로 장려했다. 1970년대부터는 "딸·아들 구별 말고 둘만 낳아 잘 기르자"라며 아예 자녀 수도 둘로 못 박았다.

가족계획 사업은 1990년대로 끝났지만, 정상적인 가족에 대한 국가의 개입은 계속됐다. 인구 정책이 인구 억제에서 저출산 대응으로 전환되면서 새로운 가정법제 필요성이 제기됐을 때, 각 계 논의를 거쳐 만들어진 법이 2004년 제정돼 지금까지 이어지고 있는 '건강가정기본법'이다. 이름에서부터 정상 가족 냄새(!)를 강하게 풍기는 이 법은 첫머리에서 건강한 가정을 "혼인·혈연·입양으로 이루어진 사회의 기본단위"라고 못 박았다. 유럽 등에선 1990년대에 비혼 동거를 인정했는데, 우린 그보다 10년 뒤 되레 전통적인 결혼 가정 형태만이 건강하다고 나라 법에 명시한 것이다. 혼인으로 이뤄진 4인 가족이라는 정상 가족 프레임은 '정부의 인증' 덕에 더욱 공고해졌다.

결국 전통 가족에 대한 반발과 거부감은 다양한 가족으로 이어지지 못했다. 그 대신 결혼과 출산에 대한 거부, 즉 비혼과 저출산만 심해졌다. 김은미 씨도 전통 가족에 대한 거부감 탓에 딩크족을 선택한 청년 중 한 명이다. 지방이 고향인 은미 씨는 서울 소재 대학을 나와 회사에 다니다가 지금의 남편을 만났다. 남편은 세 남매, 본인은 세 자매로 둘 다 다자녀 가족 출신이다. 하지만 은미 씨는 아이를 낳을 생각이 없다. 큰 언니도 결혼했으나 아이가 없고, 둘째 언니는 결혼도 하지 않았다고 한다.

○ **김은미**(38, 여, 회사원, 결혼 5년 차, 자녀 X)

"자매들끼리 얘기해요. 결혼하고 아이 낳고, 그러면 예쁜 4인 가족 틀 안에서 저는 또 옛날 엄마나 며느리가 되는 거거든요. 저출산 정책이 계속 안 된 이유가 과거 패러다임을 그대로 가지고 했기 때문이라고 저는 생각해요. 그 패러다임을 바꿔야 한다고요. 동거, 동성 등 다양한 부부 형태 인정하고요. 지금 (정상) 가족 형태 안에서 애만 많이 낳으라는 건 청년들이 끔찍하게 싫어하는 가부장제를 계속 유지하면서 아이 수만 늘리겠다는 건데, 그건 이제 안 먹혀요. 이 패러다임 안에서는 우리 같은 여자들은 정말 특히 살기 힘들거든요."

앞서 우리는 많은 여성들이 과거와 같은 가족 체제에서 아내이자 며느리로서 종속적인 위치에 놓일 수밖에 없는 '시집살이'를 두려워하는 걸 살펴본 바 있다. 은미 씨는 정상 가족이라는 정답지가 강요되는 사회에서 많은 청년이 자신처럼 아이를 낳지 않거나 아예 결혼하지 않는 길을 선택할 것이라고 했다. 앞서 '자녀에게 완벽한 부모가 되지 못할 바에야 아이를 낳지 않는 게 낫다'고 했던 이른바 완벽한 부모 신드롬처럼, '정상 가족을 만들 바에야 그냥 결혼과 출산을 하지 않는 편이 낫다'고 생각해 버린다는 것이다.

○ 성대진(40, 남, 온라인 판매 중개업, 이혼, 자녀 X)

"결혼은 안 했는데 애는 있다, 그걸 아무렇지 않게 여기진 않죠. 게이 부부가 애를 입양했다고 하면 기사가 되고 다 이상한 눈으로 보는 게 이 나라 현실이잖아요. 아빠 둘이 애를 어떻게 키우냐고요. 단순하게 인식이 변했다고 자연스럽게 다양성이 늘고 막 비혼 출산이 늘고 그렇게 연결될지는 솔직히 좀 의문이 있다 보니까 말은 그렇게 해도 쉽지 않을 거 같아요."

대진 씨 말처럼 개개인의 인식이 바뀐다고 사회 변화가 곧장 뒤따르는 건 아니다. 특히 한국 사회는 남과 다른 것을 경계하고, 혼자 튀는 것을 달가워하지 않는 분위기가 강하다. 미국의 문화심리학자인 미셸 겔팬드Michele Gelfand 스탠퍼드대학교 교수는 법과 제도는 아니지만 사람들이 '~는 마땅히 이래야 한다'고 생각하는 사회적 규범을 무형의 규범이라고 정의했다. 그리고 그것이 사회문화에 미치는 영향을 조사해 국가별로 순위를 매겼다. 이른바 "빡빡한 문화tight culture" 순위다. 분석 결과 한국은 33개 주요국 가운데 이슬람 국가인 파키스탄, 규율이 엄격하기로 유명한 싱가포르 등에 이어 5위를 기록했다. 한국이 종교 국가 등과 어깨를 나란히 할 정도로 무형의 규범이 빡빡한 나라로 꼽힌 것이다.

겔팬드 이론에 따르면 이렇게 무형의 규범이 강하고 빡빡한 사회에서 사람들은 사회적 관습이나 통념을 벗어난 행동을 하기 힘들다. 웬만해서는 자신의 생각이나 가치를 내세우기보다 사회가 '당연하다'고 여기는 기준에 자신을 맞추려 하기 때문이다. 쉽게 말해 '눈치를 보는' 것이다. 정상 가족은 겔팬드 이론을 빌리면 '가족은 이래야 한다'는 무형의 가족 규범이라 할 수 있을 것이다.

다양성이 늘어난다고 출산율이 얼마나 늘겠냐며 회의적인 사람들도 있다. 그러나 전통 가족 내 출산이 아니더라도 지원받을 수 있는 제도, 즉 비혼 출산 제도가 잘 마련된 나라와 아닌 나라의 출산율만 비교해 봐도 전자의 출산율이 높은 걸 확인할 수 있다. 벨기에, 덴마크, 프랑스 등에서는 이미 혼외출산율, 즉 전통적인 결혼 제도 밖에서 태어나는 아이가 전체 출생아의 절반 이상이다. 서구 국가에서도 결혼 제도 내 출산을 선호하지 않는 젊은이들이 많다는 이야기다. OECD가 2020년 발표한 '혼인 외의 관계에서 출산한 비율' 자료에 따르면 혼외출산율이 50%를 넘는 국가는 전체 38개국 중 13개국에 달했다. OECD 평균도 42%였다. 전통적인 결혼이라는 틀 안에서 가족을 꾸리고 아이 낳는 것이 부담스럽게 느껴지는 건, 한국 청년들만의 이야기가 아님을 짐작할 수 있다.

한국의 혼외출산율은 2%대, 2024년에 반짝 상승했지만 여전히 5%에 불과하다. 그리고 전체 출산의 95%에 달하는 '혼인 내' 출산은 급격히 줄어들고 있다.

정상적인 결혼 시기, 적령기의 압박

한국 사회처럼 나이가 중요한 사회가 또 있을까. 사회부 사건팀 기자로 일할 때, 취재 내용을 데스크에 보고하면서 절대 빠뜨리면 안 되는 정보 중 하나가 바로 '취재 대상자의 나이'였다. 잘 모르는 사람에게 나이를 묻는 것도 민망한 일이지만, 거리에서 무작위로 만난 행인, 사고 목격자, 피해자, 특히 빈소에서 상심한 유족에게 나이를 물어야 할 때 그 곤혹스러움이란…. "고인의 어머님 되시죠? 얼마나 상심이 크시겠습니까. 그런데 실례지만 연세가…?"

한때는 기사에 등장하는 모든 인물 옆에 반드시 나이를 붙였다. 한국과 일본만의 독특한 문화였다. 잘 알려졌듯 외국에서는 나이를 묻는 일이 드물고, 아예 실례로 여겨지는 경우도 많다. 언젠가 관성대로 외국인 취재원의 나이를 기사에 실었다가 항의를 받고 정정한 적도 있었다.

요즘은 한국에서도 나이를 묻는 게 실례라거나 나이는 단지 숫자에 불과하다는 인식이 널리 퍼지고 있지만, 여전히 나이를 무시할 순 없다. 하다못해 처음 만난 사람과 통성명할 때도 상대가 오빠인지, 누나인지, 선배인지, 후배인지 구분하려면 나이부터 물어야 한다.

결혼과 출산에서도 나이는 매우 중요하다. 가장 일반적이고 보편적이라 일컬어지는 가족 형태를 정상 가족이라 한다면, 가장 일반적이고 보편적이라 여겨지는 결혼 나이는 '적령기'라 할 것이다. 원래 적령기는 무엇을 하기에 알맞은 시기를 뜻하는 보통명사지만, 요즘은 적령기라고만 해도 대부분 '결혼 적령기'를 떠올린다. 적령기라는 말은 지금도 널리 쓰인다. '결혼 적령기 남녀 500명에게 물어보니', '적령기 남녀가 출연하는 예능 프로그램', '적령기 청춘의 사랑과 꿈을 다룬 드라마' 등, 각종 기사에도 수없이 등장한다. 언어가 자주 쓰인다는 것은 그만큼 그 인식이 보편적이라는 방증이다.

결혼과 출산에 적합한 나이에 대한 인식은 세계 어디에나 있다. 그러나 한국에선 더욱 뚜렷한 느낌이다. 예를 들어 갓 20살 된 딸이 "이제 성인이 됐고, 직장도 구했으니 결혼하겠다"라고 선언하는 상황을 가정해 보자. 한국 부모라면 대부분 말릴 것이다. 그런데 혼전 임신으로 인해 돌이킬 수 없는 상황이라면? 한국에선 딸은 물론 상대 남성까지 양가 부모로부터 '분노의 등짝 스매싱'을 당할 가능성이 높다.

이명재 씨(37)도 한국이었다면 그런 험한(?) 일을 겪었을지 모른다. 명재 씨는 국내에서 대학을 졸업한 뒤 독일로 건너가 직장 생활하던 중, 2017년 본인보다 열 살 어린 당시 20살 독일인 여자 친구 레오니 씨를 만나 아이를 가졌다. 혼전 임신이었다. 아내 나이에 둘 사이 열 살 나이 차까지, 한국에서라면 등짝 스매싱이 날아왔겠지만 레오니 씨의 가족을 처음 만난 날 명재 씨에게 날아온 건 등짝 스매싱이 아닌 따뜻한 환대와 축하였다.

○ **이명재(37, 남, 독일 이주, 현지 여성과 결혼, 자녀는 7세, 4세 딸)**

"한국에서는 큰일 날 일이잖아요. 나이 차도 많이 나고. 무엇보다 아내가 워낙 어렸으니까. 그래서 막 죄인 끌려가듯이 장인, 장모 뵈러 가고 그러잖아요. 여긴 처음에 딱 장인 만났을 때 아직도 기억나는 게 막 안아주면서 환영해 주시고 '정말 축복이구나' 이렇게 말씀하셨거든요. 우리 장인께서 좀 더 열린 분인 거 같긴 한데, 전반적으로 분위기가 다 이래요. (중략) 여기는 결혼 적령기 이런 게 따로 없는 거 같거든요. 제 주변에도 꽤 있어요. 20살에도 하고 누구는 서른, 40대에도 하고. 그런 영향이 좀 있지 않나."

명재 씨 말처럼 독일의 결혼 연령은 한국보다 더 분산돼 있다.

물론 독일에서도 20대 초반에 결혼하는 일이 흔한 일이라 말하긴 어렵지만, 한국만큼 드문 일은 아니다. 아주 일찍 결혼하는 사람도 있고 40대, 50대에 결혼하는 사람도 있다. 독일 연방통계청 자료에 따르면 2022년 초혼 남녀 60만 9,800명 중 20대에 결혼한 사람이 36%, 30대 47%, 40대 10%, 50대 7%였다.

반면 같은 해 한국에선 전체 혼인한 사람 중 20대 남성 21.7%, 여성 36.1%, 30대 남 54.6%, 여 46.4%, 40대 남 13.2%, 여 9.2%, 50대 남 6.5%, 여 5.3%로 독일보다 특정 연령대에 더 쏠린 경향을 보였다. 레오니 씨처럼 20대 초반 결혼하는 남녀는 합쳐 5%도 채 안 됐다. 남녀 각각 30대와 30대 초반에 30% 이상 몰려 있었다.

그러나 각종 인터뷰나 설문 조사를 보면 "이제 적령기는 없다"라고 답하는 청년이 많다. 결혼은 나이에 구애받지 말고 하고 싶을 때 하면 된다는 것이다.

그럴까? 막상 심층 인터뷰를 해보면 사정이 달랐다. 청년들은 은연중에 적정한 결혼 시기가 있다고 믿었고, 대부분 30대 초중반을 그 시기로 인식하고 있었다. 한국리서치가 2024년 3월, 성인 1,000명을 대상으로 실시한 설문 조사에서 40대 이하 응답자들은 가장 이상적인 결혼 연령으로 남성은 30대 중반, 여성은 30대 초반을 집중적으로 많이 꼽았다. 심층 인터뷰에 응한 청년들도 비슷한 생각을 털어놓았다. 건축학과를 졸업한 이효동 씨는 현재 한 정부 부처 기관에서 인턴으로 일하고 있다. 취업해 자리 잡을 때쯤 결혼할 생각인데, 그렇다 보니 자연스럽게 적령기가 만들어지는 것 같다고 했다.

○ **이효동(26, 남, 취업 준비하며 공공기관 인턴 근무, 결혼 X)**

"저는 리미트 결혼 연령을 33살로 잡았어요. 여기(지방)라고 서울과 초혼 연령이 크게 다른 거 같진 않은데 저는 조금 더 빨리 결혼하려고요. 친구들은 대부분 30대 중반 정도를 생각하는 거 같아요. 일만 잡으면 바로 결혼하는 게 맞지 않나. 그때쯤이면은 어느 회사에서 입지를 잡을 시기이기도 하고요. 그때가 자연스럽게 적령기가 되는 거 아닌가. 이직하고 또 다른 거를 조금 해보자 이러면 막 지체돼서 그 시기를 놓칠 것 같다는 생각이 들어서. (중략) 더 빨리, 더 늦게 할 생각은 없어요. 딱 그때가 좋은 거 같아요. 입지를 잡으면 바로 하는 게 좋지 않은가 하고. 그래야 애도 낳고요."

앞서 어머니가 "최대한 늦게 장가갔으면 좋겠다"라고 했던 윤충재 씨도 만약 결혼한다면 30대 초반에서 중반 사이에 결혼해야 한다고 생각하고 있었다.

○ **윤충재(31, 남, 백화점 IT시스템 관리업체 재직, 결혼 X)**

"저는 적어도 34, 35살에는 결혼하고 싶은 생각을 하고 있거든요. 친구들끼리도 그런 얘기 많이 해요. 너는 언제 할 거냐. 자녀 계획은 어떻게 세우고 있고, 어떻게 준비 중이고. 이런 게 어렵더라 등등…. 지금 제 주변에 결혼한 사람이 많지는 않은데 30대 초중반 이렇게 보면 그래도 다 결혼해야 하고 자녀 생각을 하고 있긴 하더라고요. 이때는 해야지 않나 하고."

2024년 저출산고령사회위원회 상임위원을 맡은 최슬기 KDI 국제정책대학원대학교 교수가 2022년 낸 연구에서도 적령기에 대한 이중적인 인식이 확인된다. 「청년들이 인식하는 결혼 연령 규범과 결혼 의향」 연구에서 25~49세 청장년 2,000명에게 결혼 적령기에 대한 개인의 생각과 사회적 통념에 대해 설문했다. 그 결과 적령기가 있다고 생각한다는 사람은 남녀 연령대별로 40~60% 사이였지만 본인 생각과 관계없이 '일반적으로 (다른 사람들이) 적령기라 여기는 시기'가 존재한다고 답한 사람은 80%가 넘었다. 내가 적령기를 믿든 안 믿든, 10명 중 8명은 사회에 적령기란 통념이 존재한다고 생각했다는 것이다.

본인이 적령기를 괘념치 않는다고 해도 적령기란 통념이 있다고 믿으면 후자에 따라 행동할 가능성이 높다. 그게 사회와 다른 사람들이 기대하는 행동이기 때문이다. 앞서 겔팬드의 말을 빌리면 '적령기에 결혼해야 한다'는 무형의 규범을 따르는 셈이었다.

○ **김훈**(31, 남, 전남 지역 중소기업 재직, 학업·시민사회 활동 병행, 결혼 X)
"요즘 적령기라는 건 따로 없다고 생각하는데요, 이제 막 (시집, 장가) 가는 친구들도 많아지고. 근래에 이제 결혼식도 많이 다녀오고 그랬거든요. 주변에 결혼 생각이 없던 친구들도 이제 암묵적으로 결혼을 해야 될 나이라고 해야 되나, 그런 느낌들을 받아서. 좀 조바심을 느끼고 있어요. 빨리 (결혼)해야 하는데, 하고요. 저도 35살까지는 결혼하고 싶거든요."

○ **박세경(40, 여, 한의사 겸 작가, 결혼 X)**

"적령기라기보단 다들 30대 후반 넘어가기 전엔 결혼해야지, 그런 생각들을 가지고 있었던 것 같아요. 같은 고등학교 나온 친구 중에 대학원 가서 공부한 친구들은 다 유학 가기 전에 결혼하든가 아니면 중간에 들어와서 부모님이 소개시켜 주는 친구들이랑 결혼해서 외국으로 다시 떠났어요. 안 그러면 결혼이 너무 늦어진다고. 그래도 결혼은 한국 사람이랑 하려고 외국서 연구하다가 한국 들어와서 급하게 결혼하고. (중략) 미리 결혼해서 나간 거 아니면 제 기억에 한 30대 중반까지는 친구들이 여름마다 한국 들어와서 선봤던 거 같아요. 30대 초중반에는 결혼하려고요. 친구들이 다 그러니까 저도 은연중에 그때 해야지 이런 조급한 생각을 하게 됐던 거 같아요."

김훈 씨와 박세경 씨 모두 적령기란 없다고 믿었지만, 주변 지인들을 보면서 30대 초중반에는 결혼해야 한다는 조바심, 부담감을 가졌다고 했다. 그들의 지인들 역시 마찬가지였다. 앞서 '다양한 가족에 공감하지만 나는 가급적 정상 가족을 원한다'던 청년들과 비슷했다. 적령기는 '신경 쓰지 않는다', '없다'고 하면서 가급적 본인은 '적령기로 여겨지는 시기에 결혼'하고자 했다.

문제는 이런 무형의 규범, 적령기를 지키는 일이 점점 더 어려워지고 있다는 점이다.

입시와 졸업, 취업 등 인생의 여러 이정표가 늦춰지고 있기 때문이다. 이미 우리 사회 적령기는 인생의 과업이 지연되는 흐름에 맞춰 자연스럽게 뒤로 밀려났다. 불과 10~20년 전만 해도 서른이 넘은 남녀는 '노총각', '노처녀'로 불렸다. 노처녀의 일과 사랑을 그린 한국판 〈브리짓 존스의 일기〉, 드라마 〈내 이름은 김삼순〉(2005)의 주인공 김삼순의 나이도 서른이다.

당시만 해도 20대 후반이면 결혼에 필요한 요건을 갖추는 경우가 많아, 20대에 결혼하고 아이를 갖는 것이 보편적이었다. 실제 2013년 발매된 4인조 걸그룹 씨스타의 히트곡 〈Give it to me〉에도 이런 가사가 나온다. "서른이 넘기 전에 결혼은 할는지~." 아이돌 노래에 '서른 전 결혼' 운운이라니, 요즘 같으면 가사가 아니라 '기'사에 나올 일이지만 당시엔 가사를 두고 기사는커녕 논란을 제기하는 사람도 없었다. 그리 오래전 일도 아닌데, 그때만 해도 서른 되기 전 결혼해야 한다는 인식이 이상하지 않았다는 뜻이다.

그러나 씨스타 노래가 나온 지 단 2년 만인 2015년 여성의 평균 초혼 연령이 30세를 넘어섰고, 2021년에는 31세를 넘었다. 남성 초혼 연령은 2023년 34세에 이르렀다. 입시, 취업 등 많은 것들이 뒤로 미뤄졌기 때문이다. 2024학년도 수능에서 재수생 비율은 35.3%로 28년 만에 최고 비율을 기록했다. 요새 주요 대학 입학 인원의 절반은 휴학한다고 할 정도로 학교를 쉬는 청년도 늘었다.

취업 준비 기간마저 갈수록 길어져서, 앞서 본 것처럼 최종 학력 졸업부터 취업까지 기간이 1년은 걸리는 게 요즘 평균이다. 여기에 이직률까지 높으니 안정적인 직업을 갖는 나이가 30대를 훌쩍 넘어가 버린다. 번듯한 일자리와 보금자리를 갖춰야 결혼할 수 있다는 생각이 강한 한국에서 결혼 역시 뒤로 미뤄질 수밖에 없다. 요즘 서른 넘었다고 노처녀, 노총각이라 부르는 사람은 없을 것이다. 참고로 서른 전 결혼을 노래하던 씨스타 멤버들도 30대에 이른 2025년 현재 모두 결혼하지 않은 상태다.

그러나 인생의 이정표는 미뤄질 수 있어도 적령기가 한없이 미뤄질 순 없다. 임신과 출산의 생물학적 한계 때문이다. 사실 적령기라는 개념의 많은 부분은 출산에 기인한다. 결혼에 적정한 시기라는 말 속에는 출산에 가장 적합한 나이라는 의미가 상당 부분 담겨 있다. 자연히 안전하게 임신·출산할 수 있는 나이가 적령기의 상한선이 된다. 특히 아이를 직접 낳는 여성들의 경우 그 상한선에 대한 인식이 더욱 분명했다.

> ○ **제서희(24, 여, 취업 보류, 개인 사업, 결혼 X)**
>
> "나이가 딱히 상관이 없어지고 그런 회사랑 직업들도 많아지고 있거든요. 근데 결혼과 출산은 좀 다른 문제 같아요. 노산이 되면 건강적인 측면에서도 불임이 많아진다고 하잖아요. 그거는 뭔가 의학적으로 넘어설 수 없는 부분이 있어서 좀 무섭긴 하거든요. 출산하려면 좀 시기에 맞춰서 서른다섯까진 (결혼)해야 하지 않을까."

○ **신미근**(41, 여, 교육 콘텐츠 제작 회사 재직, 자녀는 5세 딸)

"제가 이미 30대 후반에 결혼해서 첫째를 낳았잖아요. 첫째 낳을 때도 결코 빠르다고 할 수 없는 나이였는데. 첫째 낳고 보니 이제는 노산 나이를 넘겨도 너무 훌쩍 넘겼고. 누가 (둘째 낳으면) 안 된다고 하는 건 아니지만 좀 그렇잖아요. (중략) 돈 문제가 아니에요. 돈이야 제가 의지만 있으면 뭐 문제는 아니거든요. 솔직히 어린이집 다닐 때까지는 돈도 거의 안 들잖아요. 만날 수입 브랜드 사주고 이런 것만 좀 자제하고 첫째 거 물려주면 되니까. 저 장난감도 다 장난감 도서관 같은 데서 빌려 썼거든요. 어릴 때는 병원비도 막 1,000원 내고 이러잖아요. 다 지원되고. 물론 이제 애가 크면 대학 가고 그러면 좀 다를 수 있지만. 그래도 가장 큰 건 나이예요."

국내 노산의 기준은 임신 여성 기준 35세로 1958년 국제산부인과연맹International Federation of Gynecology and Obstetrics, FIGO이 정한 기준을 따른다. 산모가 나이 들수록 기형아 출산 확률이 급증하고 출산 자체가 여성의 몸에 주는 부담도 커지는데 그런 위험이 35세 이후 확연히 늘어난다는 게 기준의 근거다. 그러나 서울 등 대도심의 평균 초혼 연령은 이미 2023년에 33세를 훌쩍 넘어섰다. 아무리 빨라야 결혼 1, 2년 뒤 아이를 낳는 걸 감안하면 적령기 기간이 상당히 짧아진 셈이다.

적령기라 여겨지는 시기를 지나면 대부분 결혼과 출산의 의지가 크게 떨어졌다. 본인이 나이 들었다고 느끼지 않더라도 결혼하기엔 나이 들었다는 생각, 상대방이 출산, 육아 등을 감안하면 부담을 느낄 거라는 우려 때문이었다.

○ **윤오정(40, 남, 배우, 결혼 X)**

"학교 마치고 연기하면서 하루하루 살다 보니까 지금에 왔죠. 뭐라고 해야 하나. 30대에서 (한국 나이 마흔으로) 앞자리가 달라지면서 뭔가 연애에 있어 부담이 큰 것 같아요. 아무래도 기회도 좀 적겠죠. 달라지는 거는 숫자 하나기는 한데 그래도 마음가짐이라고 해야 하나, 상대 여성의 입장이면 좀 부담스럽겠다는 생각도 드는 거죠. 원래도 결혼 생각 크게 없었는데 이제 더 없어지는 느낌이랄까. 나이가 너무 많으니까요. 그냥 스스로 위축되는 그런 게 좀 있는 것 같아요. 반대로 제 입장에서는 30대 초중반부터인가 연상은 만나기가 힘들겠다고 생각했어요. 연상 한 번밖에 안 만나보긴 했는데 여성분 나이가 좀…. 여러 가지 생각이 드는데 결혼 이런 걸 생각하면 이제 연상은 안 만나야겠다, 그런 게 좀 있지 않았나."

○ **박세경(40, 여, 한의사 겸 작가, 결혼 X)**

"30대 한 중반까지는 주변에서 그랬어요. '원장님, 되게 눈이 높아서 연애 안 하고 있는 거 아니냐'고. 이렇게 많이 물어보잖아요. 근데 그런 건 아니고. 생각해 보면 중간중간 기회가 많았던 것 같거든요. 중학교 동창들이나 남사친(남자 사람 친구)들과 계속 만나고 하니까. 그때 만났어야 했나. (중략) 이제 나를 알고 나의 알고리즘을 알고, 지금 사람을 만나면 잘 만날 수도 있을 거 같거든요. 그런데 이제는 나이가 들어서. 어느 순간 딱 넘어가니까 사람 만나는 게 쉽지 않더라고요. 소개도 잘 안 들어오고. 이젠 마음이 그래요. 좀 식었달까. 혼기가 넘었다는 생각이 들고."

앞서 최 교수의 연구에서도 '적령기' 이후 출산 의지가 급격히 꺾이는 현상이 확인된다. 적령기가 있다고 생각하는 사람의 경우, 적령기 이전에는 결혼 의향이 85.5%에 달했지만, 이를 지난 뒤에는 70%로 크게 낮아졌다. 흥미로운 점은 적령기가 '없다'라고 생각하는 사람들 역시 비슷한 흐름을 보였다는 것이다. 이들은 적령기 이전에는 78.8%가 결혼 의향을 보였지만, 이후에는 59.6%로 떨어졌다. 적령기의 존재를 부정한다고 말하면서도, 실상은 사회가 요구하는 무형의 결혼 규범에 영향을 받고 있는 셈이다. 정상 가족 이데올로기나 완벽한 부모 강박과 비슷했다.

여성들이 노산을 걱정하는 것처럼 남성들도 나이가 들수록 육아가 체력적, 경제적으로 더 부담스럽다는 이유로 적령기를 놓치는 데 대한 압박을 느끼고 있었다.

○ **성대진(40, 남, 온라인 판매 중개업, 이혼, 자녀 X)**

"저도 결혼하고 싶죠. 하고 싶은데, 제가 30대 초중반이고 이러면 상대방에게 사랑으로 극복하자고 할 수 있을 거예요. 근데 이제 그렇게 사랑으로 막 운운하기에는 결혼 나이를 너무 지나버렸잖아요.

상대방도 제 나이가 부담스러울 거고, 나중에 아이도 낳는다고 하면 이젠 너무 나이 많은 아빠가 돼버리는데. 제가 이제 결혼하고 애 낳아도 애 대학 가기 전에 환갑이거든요. 돈을 벌고 아이를 서포트할 시간이 얼마 남지 않은 거죠. 거의 할아버지 나이가 돼서 애를 키우는 건 좀 아닌 거 같은 거죠. 엄두도 안 나고요. 그럴 바엔 그냥 안 만나는 거죠. 결혼도 안 하고."

지금처럼 '적령기'라는 개념은 여전히 유효한데, 늦은 졸업과 취업, 만혼晩婚 추세만 심해질 경우 결혼과 출산이 가능한 시기는 점점 더 짧아질 수밖에 없다. 그 결과 결혼과 출산 자체를 포기하는 사람들도 늘어날 것이다.

'잘 키우지 못할 바엔 아예 낳지 않는다', '정상적인 가족을 만들 수 없다면 결혼하지 않겠다'는 인식처럼, 최적의 시기를 놓친 결혼과 출산도 '하지 않는 선택'으로 귀결되기 쉬운 것이다. 통계청에 따르면 30대 초반 미혼율은 2000년 18.7%에서 2020년 56.3%로 크게 올랐다.

맘충과 노키즈존, 아이를 환영하지 않는 사회

주말엔 무조건 밖으로 나가는 편이다. 원래 외향적인 성격이기도 하지만, 집에서 혈기 왕성한 네 아이들을 놀리면 높은 확률로 층간소음 가해자(!)가 될 수 있기 때문이다.

아무리 새로운 걸 발굴하는 게 직업이라지만 이런 기자에게도 매 주말 '어디 갈까' 찾는 건 생각보다 골치 아픈 일이다. 어느 날 취재원들과 가진 자리에서 이런 고민을 토로했더니 한 분이 좋은 장소를 소개해 주셨다. 본인이 자주 가는 교외 카페인데 카페 부지 안에 계곡이 있어 어른과 아이 모두 시간을 보내기 좋은 곳이라는 것이다. 반가운 마음으로 검색했다가 금세 김이 빠지고 말았다. 카페 실내 일부가 '노키즈존No Kids Zone(어린이 출입 금지 구역)'이라 나왔기 때문이다. 노키즈존이 아닌 곳에서 놀면 되긴 했지만, 있는 내내 신경이 쓰일 것 같고 기분도 썩 좋지 않아 방문을 포기했다.

2023년 제주연구원 발표에 따르면 전국 점포들 가운데 노키즈존을 표방한 곳은 542곳이었다. 술집, 유흥업소 등 애초 아이들이 들어갈 수 없는 업장을 제외한 숫자다. 같은 해 보건복지부 실태조사에서는 558곳이 확인됐다. 실제는 더 많을 거라 생각한다. 노키즈존임을 온라인상에 공개하지 않은 곳도 있을 테고, 앞서 본 카페처럼 전체 공간은 아니지만 일부 공간만 노키즈존으로 만들어놓은 점포들도 있기 때문이다.

> ○ 신미근(41, 여, 교육 콘텐츠 제작 회사 재직, 자녀는 5세 딸)
> "애를 갖기 전에야 노키즈존이 있든 말든 그런 거 상관 안 하고 신경도 안 썼는데요. 아이 낳고 나서 주변을 보니까 아이들 출입을 제한한 공간이 생각보다 많더라고요. 씁쓸하죠."

노키즈존을 볼 때마다 씁쓸한 기분을 느끼는 부모가 미근 씨만은 아닐 것이다. 2025년 한 지상파 아나운서가 예전에 갔던 카페를 아이와 함께 방문하려 했는데 노키즈존이라 제지를 받았다며 "새삼 노키즈존이 왜 이리 많은지. (중략) (아이가) 어떤 민폐가 되는 걸까?"라고 본인 SNS에 쓴 이른바 '노키즈존 저격글'이 화제가 되기도 했다.

하지만 부모들 대부분은 그런 마음을 겉으로 드러내지 않는다. 아이들에게 비우호적인 것이 비단 노키즈존 매장뿐만이 아니기 때문이다. 요즘 대부분 다중 이용 시설에서 아이들에 대한 시선은 대체로 썩 곱지 않다. 아이를 갖기 전엔 몰랐다. 아이를 환영하지 않는 공간이 그렇게 많은 줄. 박물관이나 미술관에 가면 입구에서 '아동 관람에 신경 써달라' 쓰인 주의 문구를 쉽게 볼 수 있다. 식당, 카페에 아이들을 우르르 데리고 들어가면 일단 계산대에서부터 시선이 곱지 않다. 업주도 업주지만 아이를 달가워하지 않는 손님들도 많다. 애초 노키즈존의 시초도 1990~2000년대 미국과 유럽의 일부 레스토랑, 호텔이 조용한 환경을 원하는 고객들을 위해 도입한 '어린이 출입 제한' 정책이었다고 한다.

과거 배려의 대상이었던 아이들은 언제부터인가 '배제'의 대상이 됐다. 매장뿐만 아니다. 요샌 대중교통에서도 어린아이들을 배려하는 모습은 찾아보기 힘들다. 나 어릴 때만 해도 어린아이들이 타면 누구든 일어나서 자리를 양보하려 했던 것 같은데, 요즘은 양보는 고사하고 "거 애 좀 조용히 시켜요!" 하고 핀잔이나 안 들으면 다행이다. 내 지인은 한번 아이들과 기차를 탔다가 한 승객으로부터 "왜 애들을 데리고 대중교통을 타고 난리야, 정신 사납게" 하는 비아냥을 들은 뒤 웬만해선 자동차를 타고 다닌다고 했다.

배제와 비난은 이렇게 떠드는 아이에게서 그치지 않고, '떠드는 아이를 데리고 대중교통을 탄' 부모를 향한다. 일명 '맘충'에 대한 비난이 대표적이다. 엄마mom와 벌레蟲를 합성한 말인 맘충은 공공장소에서 아이를 제대로 통제하지 않거나 타인을 배려하지 않고 행동하는 유자녀 여성을 일컫는다. 기존에도 기혼 여성을 억척스럽고 이기적인 존재로 그리는 '아줌마' 프레임이 있었다. 맘충은 여기에 '엄마'라는 역할을 더한 버전이라 할 수 있다. 전통적인 '아줌마' 이미지가 거리낌 없이 큰소리를 내고, 악착같이 흥정하며, 버스 빈 좌석을 향해 몸을 던지는 여성이라면, 맘충은 그 모든 무례함을 자녀를 위한다는 이유로 정당화한 엄마다.

실제 눈살을 찌푸리게 하는 부모와 아이들이 있는 건 사실이다. 아이 넷을 키우느라 웬만한 말썽엔 익숙한 나도 종종 참기 힘든 아이와 부모들을 본다. 자영업자들이 모인 온라인 카페에 들어가 보면, 그야말로 별별 사례가 다 있다. 식음료 매장에서 애 마실 우유를 공짜로 요구하며 안 준다고 소리를 친 엄마, 뛰어다니며 가게 물건을 떨어뜨리는 아이와, 제지는커녕 '애가 그럴 수도 있다'며 당당한 아빠, 아이 용변 기저귀를 그대로 펼쳐놓고 간 부모 등.

애초에 노키즈존이 확산한 배경도 이런 소위 '진상 고객'들로 인해 자칫 억울하게 피해를 당할 수 있다는 자영업자들의 불안감이 널리 퍼진 탓이었다. 실제 법정까지 간 자영업자들이 큰 배상액을 문 사례들이 있다. 2008년 충북의 한 숯불갈비집에서는 뛰어다니던 24개월 아이가 화로를 옮기던 종업원과 부딪혀 화상을 입었는데, 법원은 식당 주인과 부모에게 절반씩 책임이 있다고 판단했다. 식당 주인은 아이 가족에게 약 1,100만 원을 배상해야 했다. 2015년 경기의 한 식당에서는 통로에 세워둔 유모차에 종업원이 된장찌개를 쏟아 4세 아이가 화상을 입었다. 식당 측은 '유모차 반입금지' 안내문이 있었다고 항변했지만, 법원은 오히려 식당 측 책임이 더 크다고 보고 주인에게 책임 비율 70%, 배상금 약 1,170만 원을 선고했다.

그러나 이런 일은 자주 일어나는 일이 아니다. 사고 치는 횟수를 따져본다면 취객 등 어른이 치는 경우가 훨씬 많을 것이다. 그런데 유독 비난과 배제는 아이와 육아 가정에 집중된다.

2023년 한국리서치가 실시한 '노키즈존에 대한 여론조사'에서 18세 이상 성인 응답자 1,000명 중 70%가 노키즈존이 만들어진 이유에 '공감한다'라고 답했다. 다른 손님에 대한 배려고, 영업 자유에 속하며, 아이의 안전사고를 예방하는 실리적 측면도 있다는 이유였다. 어린이에 대한 차별이고 아이, 육아에 대한 혐오 정서를 증폭시킬 수도 있다는 우려엔 30% 정도만 공감을 나타냈다. 앞서 2021년에도 국가인권위원회가 '노키즈존은 차별 소지가 있다'고 발표했는데, 관련 기사나 글엔 '민폐인 아이가 잘못'이라며 반대 댓글이 압도적으로 많이 달렸다. 그만큼 육아 가정에 대한 대중의 시선이 부정적이라는 이야기였다.

심층 인터뷰한 청년 중에도 노키즈존과 맘충에 대해 비슷한 의견을 내는 사람이 많았다. 어떤 실수임을 떠나 실수를 유발했다면 아이와 부모에게 책임이 크다고 봤다. '부모가 애를 잘 교육했어야 한다'는 식으로 부모를 적극적으로 비난하기도 했다.

○ **조은주(24, 여, 항공 승무원 취업 준비, 결혼 X)**

"아이들 말썽 그런 건 사실 가정 교육 문제라고 생각하거든요. 그래서 부모님의 역량에 달려 있다고 생각해요. 공공장소 예절을 잘 가르치는 게 중요한데 그런 걸 잘 안 가르치니까. 진상 아이 위에 진상 부모 있다고 결국 부모의 역할인 거 같아요."

○ **신은재(24, 여, 병원 행정직 취업 준비, 결혼 X)**

"오은영 박사님 나오는 프로그램 보면 결국 부모가 그런 거 '오냐오냐' 키워서 나오는 거던데요. 확실히 아이를 딱 잡아주는 게 부모가 할 중요한 역할인데 그런 거 못 할 거면 차라리 안 낳고 안 키우는 게 낫죠."

사실 아이가 유발하는 안전사고 다수는 부모가 개입할 틈도 없이 순식간에 벌어진다. 부모와 아이가 진상인 경우도 있지만, 그렇지 않은 불가피한 경우도 많다는 이야기다. 아이들 역시 대부분 고의로 사고를 일으키는 것이 아닌 만큼, 사고 예방과 관리를 위해서는 시설 측의 역할도 분명 중요하다.

그런데 인터뷰를 해보면, 이런 점을 고려하는 사람은 거의 없었다. 대부분 아이와 부모에게 책임을 물었다.

과거에도 몰지각한 아이와 부모는 비난받았을 것이다. 그렇지만 아이가 으레 벌일 수 있는 실수, 행동에는 관용을 베푸는 분위기가 있었다. 장애인이나 어르신 등 사회적 약자를 위해 모두가 일부 불편을 감수하고 배려하듯이 말이다. 아이들에 대해서도 어느 정도 잘못이나 실수는 '그럴 수 있다'고 넘어가곤 했다.

그러나 근래 들어선 그 잣대가 한층 엄격해졌다. 단순히 잘못한 것에 대해 지적하는 걸 넘어 아이와 부모, 육아 가정에 대해 전반적으로 부정적인 시선도 느껴진다. 실제 각종 온라인 카페 게시판에서는 육아 가정을 별 근거 없이 비판하거나 조롱하는 글을 쉽게 찾아볼 수 있다. 아이와 육아 가정을 바라보는 시선이 분명 과거와 달라졌다.

전문가들은 이런 비판적인 시선이 늘어난 이유에 대해 집단, 공동체보다 개인의 권리가 중시되는 사회 분위기를 꼽는다. '조용하고 쾌적한 공간을 이용할 권리', '내 업장의 이익을 침해받지 않을 권리'가 아이와 육아 가정에 대한 배려보다 더 중요해진 것이다. 이런 흐름 속에서 아이의 동반을 제한하는 노키즈존은 물론 소란스러운 아이를 데리고 온 부모에 대한 도를 넘는 비난도 정당화되고 있다는 설명이다.

더불어 아동과 육아에 대한 몰이해가 커지고 있는 것도 원인이라고 전문가들은 지적한다. 아이들은 원래 미성숙한 존재로 잘 몰라서 떠들고 실수도 하는데, 저출산으로 인해 이런 아이들과 육아의 모습을 가까이서 볼 수 없는 사람들이 점점 늘면서 아이의 특성을 잘 모르고 아이에게 성인 수준의 인지와 공중도덕을 기대하는 이들이 많아졌다는 것이다. 돌 넘긴 남자아이를 키우는 곽지은 씨도 아기를 낳고 나서 사람들의 이런 모습이 새삼 눈에 띄기 시작했다고 한다.

○ **곽지은(41, 여, 출판사 육아휴직, 결혼 2년 차, 자녀는 1세 아들)**

"전에 음식점에서 애가 뭘 쏟아서 부모가 그걸 닦고 있는데요. 누구 하나 도와주는 사람도 없고 주변 사람들이 막 애랑 가족을 진상처럼 쳐다보고 가더라고요. 근데 애가 일부러 쏟은 것도 아닐 거잖아요. 애는 손 힘도 약하고 균형을 잘 못 잡으니까. 우리 아기도 만날 떨어뜨리거든요. 엄마들은 그걸 알잖아요. 그런데 사람들이 '끈적거려', '짜증 나' 막 이러면서 그 가족한테 눈을 흘기고 가더라고요. 근데 아이 키워보면 알잖아요. 애가 그럴 수 있다는 거."

지은 씨 말처럼 아이면 으레 저지를 수 있는 실수에 관대하지 않은 어른들을 나 역시 자주 본다. 아빠나, 이모, 삼촌이라면 내 아이, 내 조카도 저맘때 저랬다며 알 텐데, 겪어보지 못했다면 쏟고 부수고 달리는 아이들을 이해하기 어려울 수밖에 없다. 노년을 겪어보지 못한 젊은이, 임신을 겪어보지 못한 사람이 어르신과 임신부의 어려움을 이해하지 못하듯이 말이다.

○ **김배령(29, 여, 서울 소재 회사 재직, 결혼 X)**

"MZ들이 뭐 예의가 없네, 개념이 없네, 그러는데요. 사실 그게 모르는 거지 저희라고 인정머리 없거나 버릇없는 게 아니거든요. 그게 예의가 뭔지 몰라서 못 할 때도 많아요. 저희는 뭐든 초년생이잖아요. 저희가 사실 눈치는 엄청 보거든요. 마찬가지라고 생각해요. 애들도 겪어보지 않았으니 모르는 거 아닐까요. 저도 언니, 오빠, 가까운 친구 중에 결혼한 사람 하나도 없거든요."

배령 씨 말마따나 요즘 그 또래의 젊은 여성이 아이를 접하거나 육아를 경험할 기회가 전보다 많이 줄어든 게 사실이다. 배령 씨가 살고 있는 서울 지역 여성들의 평균 초혼 연령만 해도 배령 씨 나이보다 많다. 배령 씨 또래 지인들 대부분 결혼하지 않았을 거란 뜻이다. 배령 씨 형제들도 결혼하지 않았고, 설령 조카가 있다고 해도 현재 다른 가족들과 떨어져 있어서 조카들을 볼 수 있는 기회가 거의 없었을 것이다. 옛날엔 하다못해 동네 아이들이라도 자주 보였다. 요즘엔 그마저도 보기 어렵다. 서울에서 중학생, 초등학생 아이 둘을 키우는 안희주 씨는 대규모 아파트 단지에 살면서도 매일 아기들을 얼마나 자주 못 보고 사는지 얼마 전 새삼 깨달았다고 한다.

○ **안희주(45, 여, 대학강사, 자녀는 14세, 12세 아들)**

"갑자기 우리 부모님이 서울 오실 일이 생겨가지고 작은아빠 식구들을 만났어요. 어떻게 어떻게 해서 사촌 동생의 딸까지 잠깐 보게 됐는데요. 24개월 정도 아기인데, 기저귀 차가지고 이렇게 걸어오면 엉덩이 빵빵해서 너무 귀여운 거예요. 한참 걔한테만 눈이 가서 대체 내가 왜 이렇게 얘가 귀여운가 생각해 보니까 아기를 너무 오랜

> 만에 봤더라고요. 한 몇 달 아기다운 아기를 못 본 거 같은 거예요. 새삼 동네에 진짜 아이가 없구나 싶었어요. 인도에선 상상도 못 할 일이에요. 아기를 너무 많이 보거든요."

희주 씨는 주재원인 남편을 따라 인도에서 몇 년간 생활한 경험이 있다. 인도에선 집 문밖만 나가도 이웃, 아이의 유치원 친구, 주재원 동료의 자녀 등 수많은 아이와 수시로 마주칠 수 있었다고 한다. 덕분에 자연스레 아이들이 많은 문화에 친숙해졌다. 인구 14억 명을 넘어서 전 세계 인구 규모 1위인 인도의 합계출산율은 2022년 기준 2.01명이다. 같은 해 한국 출산율의 3배에 가깝다.

물론 아이와 부모에 대한 부정적 인식을 단순히 '몰이해'의 탓으로만 치부할 수는 없다. 이해되지 않는 행동이 모두 조롱이나 비난의 대상이 되는 것은 아니다. 유독 엄마와 아이에 대한 반감이 쉽게 혐오로 확장되는 데에는, 이들이 구조적으로 사회적 약자라는 현실도 자리하고 있다.

홍성수 숙명여자대학교 법학과 교수는 저서 『말이 칼이 될 때』(2018)를 통해, 한국 사회에서 아이 엄마가 혐오의 대상이 된 '독특한' 현상을 분석하며 이들이 인격체로서 제대로 존중받지 못해왔기 때문이라고 지적했다. 부모에 대한 비판이 유독 어머니를 타깃으로 삼은 것도 역시 엄마가 아빠보다 상대적으로 사회적 권한이 적고, 영향력이 약한 존재이기 때문이라는 것이다.

아이들이 쉽게 공공공간에서 배제되는 현상도 같은 맥락으로 볼 수 있다. 만약 노인층을 향해 '노시니어존' 혹은 '노실버존'이 생겼다면 전국 500곳 넘게 퍼져나가는 일이 과연 가능했을까. 아마도 대한노인회를 비롯한 다양한 노인 단체들이 즉각 인권과 차별을 들고 강력 반발했을 것이다. 사회 각계 원로들과 고령 유권자층을 고려한 정치권도 가만있지 않았을 것이다. 국회의원만 해도 60대 이상이 100명을 넘는다. 유권자도 3분의 1이 60대 이상이다. 20대와 30대를 합친 것보다도 많다.

반면 아이들은 어떤가. 아이들에겐 정치적 영향력을 끼칠 힘도, 방법도 없다. 안 그래도 적은데 인구 비중은 점차 줄어들고 있고, 투표권은커녕 사회적 목소리를 낼 창구조차 없다. 그만큼 이들을 향한 배제는 훨씬 손쉽다.

흥미로운 건 아이에 대해 잘 모를 청년들뿐 아니라, 부모들조차 노키즈존이나 맘충이라는 비하 표현에 일정 부분 순응하는 태도를 보였다는 점이다. 몇몇 엄마들에게 물었을 때, 사회의 부정적인 시선이 안타깝다고 하면서도 "그럼에도 일부 무책임한 부모와 아이들이 문제"라거나 "나와 우리 아이도 조심해야 한다"라고 답하는 경우가 많았다. 육아 가정에 대한 조롱이나 모욕에 가까운 비난을 봐도 "애가 말썽을 피웠으니 그런 대접을 받아도 어쩔 수 없다"라는 식으로 받아들이는 이도 있었다. 홍 교수는 앞서 저서에서 혐오적 표현과 비난이 대상 집단의 사회적 참여를 위축시킬 뿐 아니라 더 나아가 그들에게 가해지는 차별과 폭력마저 정당화한다고 설명했는데, 비난의 당사자인 부모들조차 '우린 이런 대접을 받아도 싸' 하고 사회의 비난을 내면화하고 있는 셈이었다.

부모와 아이에 대한 시선마저 부정적인 사회에서 출산율이 오르기를 기대하는 건 어불성설이다. 2024년 2월, 프랑스의 대표 일간지 《르몽드Le Monde》는 한국에서 노키즈존이 확산되는 현상을 조명하며, "아이를 가졌다는 것만으로도 피곤해지는 사회, 한국이 저출산으로 몸살을 앓고 있는 것은 결코 우연이 아니다", "(안 그래도) 인구가 감소하는 국가에서 이런 현상은 정말 우려스럽다"라고 했다.

특히 프랑스인들 눈에는 수백 곳에 이르는 한국 노키즈존과 맘충 논란이 더욱 신기해 보일 것이다. 프랑스는 아이 친화적인 사회로 잘 알려져 있다. 유니세프는 1996년 이탈리아를 시작으로 프랑스, 벨기에 등 30여 개국 1,000개가 넘는 도시에 아동 친화 도시 인증을 부여했는데, 프랑스에서만 200곳이 넘는 도시가 이 인증을 받았다. 물론 프랑스에도 일부 공공장소에 한해 아이들의 출입이 금지된 곳은 있을 것이다. 그러나 그에 대한 사회적 반응은 사뭇 다르다. 2022년 프랑스 알자스 지방의 리보빌레Ribeauvillé란 곳에 한 레스토랑이 내부가 협소하다는 등의 이유로 입구에 "어린이 출입 금지Pas d'enfants – merci"라는 문구를 게시했다가 언론과 SNS에 등에서 크게 화제가 되는 일이 있었다. 이 식당은 수많은 항의와 비난을 받은 끝에 결국 해당 문구를 철거해야 했다.

이탈리아 역시 아동 친화적인 나라로 꼽힌다. 최근 아이들과 함께 이탈리아 여행을 다녀왔다. 불편한 점이 없지 않았지만 '아이에 대한 배려'만큼은 한국보다 낫다고 느꼈다. 공항에서는 아이를 동반한 여행객에게 직원이 직접 나와 별도 줄로 안내해 줬고, 대부분의 박물관과 유적지에서 아이는 입장료가 무료였다. 시설 입장 시에도 아이가 있는 가족은 우선 입장 혜택을 받았고, 식당에서도 아이와 함께 들어가면 자리를 먼저 내주는 경우가 많았다. 하나하나 따지면 사소한 일처럼 보이지만, 그런 사소함이 쌓여 여행 내내 '이 사회는 아이들을 환영하고 있구나', '아이를 데리고 살아가기 좋은 환경이구나'라는 인상을 받게 했다. 한 지인은 "해외여행 가 보니 말 안 통하는 것만 빼면, 오히려 한국보다 아이 데리고 다니기 훨씬 편했다"라고 했다.

○ 홍지훈(38, 남, 대학교 교직원, 결혼 10년 차, 자녀 X)

"사실 저희가 고양이 두 마리를 키우는데요. 반려동물 데리고 다니는 것도 신경이 많이 쓰이거든요. 싫어하시는 분들도 많고. 근데 아이는 더하잖아요. 신경 쓸 것도 배는 더 많고. 주변에 애들 싫어하는 사람도 요새 많거든요. 보면 '와, 키우기가 정말 쉽지 않겠구나' 그런 생각 들거든요."

○ 안희주(45, 여, 대학강사, 자녀는 14세, 12세 아들)

"인도에선 아이들을 향한 분위기가 확실히 따뜻한 게 있었거든요. 인도 사람들을 MBTI로 보면 다 E(외향적)인가 하는 생각이 들 정도로 엘리베이터 타면 아이들한테 꼭 말 걸고, 인사하고. 애들을 참 사랑스럽게 보는 게 느껴져서 애들 데리고 나가면 기분이 참 좋더라고요. 근데 우리나라는 안 그렇잖아요. 식당 같은 데 애들 데리고 우르르 들어오면 일단 사람들 표정 안 좋아지고 애가 뭐 실수하면 대놓고 싫은 티 내고. 막 무안하게. 애한테 적용하는 기준들이 너무 빡빡해요. 이러면 나라도 아기 낳기 싫을 것 같아요."

지훈 씨나 희주 씨 말처럼 이런 부정적인 시선, 부모에게 많은 책임을 돌리는 분위기는 청년들의 육아에 대한 부담과 공포감을 더욱 키울 수밖에 없다. 앞서 사소한 게 쌓여 '아이 데리고 살기 좋다'는 생각이 들었듯, 사소한 불편감과 곤혹스러움이 쌓이면 '이 사회에서 아이 데리고 살긴 힘들겠구나' 하는 생각이 굳어지게 된다. 모두가 우호적으로 으샤으샤 응원해도 키울 엄두가 안 나는데, 눈을 흘기며 "왜 애는 데리고 나와서 말썽이야" 하고 편잔을 주는 사회라면 청년들의 육아포비아도 심해질 수밖에 없다.

뉴노멀이 된 저출산

조지 레이코프George Lakoff란 학자 이름을 들어본 적이 있을까. UC 버클리 교수이자 언어학 석학인 그는 몰라도 그가 쓴 책 『코끼리는 생각하지 마Don't Think of an Elephant!: Know Your Values and Frame the Debate』(2004)는 들어본 적이 있을 것이다. 검은 실루엣을 보여주면서 "코끼리는 생각하지 마!" 하면 아무리 생각하지 않으려고 기를 써봐도 누구나 검은 실루엣 안에서 코끼리를 떠올리게 된다. 코끼리를 떠올리지 않으려고 애쓸수록, 오히려 '코끼리'라는 단어가 사고를 지배해 버리기 때문이다.

레이코프는 이걸 '언어의 프레임(틀)'이라고 설명했다. 어떤 언어를 사용하느냐에 따라 사람들의 사고방식과 인식 틀이 영향을 받는다는 개념이다. 코끼리라는 말을 듣는 순간 머릿속에 코끼리라는 틀이 형성되고, 우리의 생각은 그 틀에 갇히게 된다. 예전엔 '지구 온난화'라는 표현이 흔했지만, 요즘은 '기후변화'란 말이 더 자주 쓰이는 것도 탄소 배출 기업들의 전략이라는 게 레이코프 설명이다. 온난화보다 중립적인 표현인 기후변화가 부정적 인식을 누그러뜨렸다는 것이다.

그럼 저출산이란 말은 어떨까? 요즘은 가히 저출산 혹은 저출생이라는 말의 홍수 시대라고 해도 과언이 아니다. 웬만한 문제의 원인은 다 저출산으로 귀결된다. 부동산, 취업, 교육, 경제, 복지, 환경 이슈 등등. "아묻따(아무것도 묻지도 따지지도 않고) 다 저출산 때문!"이라 해도 크게 틀리지 않을 것이다.

언젠가부터 단 하루라도 '저출산'이라는 말을 듣지 않는 날이 없어졌다. 포털사이트 뉴스만 봐도 저출산이 얼마나 일반적이고 보편적인 이슈인지 확인할 수 있다. 네이버 뉴스 기록에 따르면 저출산이라는 말이 처음 등장한 건 1992년이다. 1990년대까지는 '1년에 한두 번 검색될까 말까' 할 정도로 등장 빈도가 적었지만, 2000년대 이후 사용량이 폭발적으로 증가했다. 요즘은 하루에도 관련 뉴스만 수십 건이 넘는다. 관련 연구, 통계자료, 개인이 쓴 글까지 포함하면 저출산이라는 단어의 사용량은 어마어마할 것이다.

독일인과 결혼해 독일로 이주한 이명재 씨는 최근 오랜만에 한국에 와서, TV와 라디오, 인터넷 등 플랫폼마다 저출산 이야기가 넘쳐나는 걸 보고 깜짝 놀랐다고 한다. 독일에서도 저출산 문제는 심각하지만, 이 정도로 대중적인 관심사는 아니라고 했다.

> ○ **이명재**(37, 남, 독일 이주, 현지 여성과 결혼, 자녀는 7세, 4세 딸)
> "우리나라 와서 신기했던 게 저출산이라고 해서 모두가 알고 있고 모두 정말 많이 이야기한다는 거예요. 합계출산율 수치까지 다들 외우고 다니더라고요. 독일에선 안 그래요. 일단 신문이나 뉴스를 우리처럼 잘 안 보기도 하고 관심들이 별로 없어요. 독일도 저출산이 문제긴 하지만 이 정도로 이야기하는 분위기는 아니거든요. 물론 우리나라만큼 심하진 않지만. 그래도 우리나라는 정말 많이 이야기하는 건 맞는 것 같아요. 한국 사람들이 특히 트렌디하잖아요. 유행 좇고 이런 거 빠르고 시류에 민감하고. 그래서 그러려나요?"

외국인 취재원을 만날 때 물어보니 명재 씨처럼 한국의 저출산 뉴스량에 놀랐다는 사람이 많았다. "한국에 몇 달 살았을 뿐인데 여기저기 얼마나 많이 나오던지 나까지 한국 합계출산율과 출생아 수치를 외우게 됐다"라고 말하는 외국인도 있었다.

문제는 이렇게 경고음이 너무 오래 반복되다 보면 더 이상 경고음처럼 들리지 않게 된다는 데 있다. 저출산이라는 단어가 반복되면서 저출산이 '예외적 위기'가 아닌 '당연한 일상'처럼 받아들여지는 것이다. 레이코프가 말했듯 반복된 언어가 생각의 틀을 만든 것이다.

대학 졸업 후 취업 준비 중인 이서훈 씨는 학교 다닐 때부터 저출산이라는 말을 귀에 못이 박히게 들어서 이젠 저출산이 심각하다는 뉴스를 봐도 별 감흥이 없다고 했다.

○ **이서훈(23, 남, 미디어 관련 학과 재학 중인 대학생, 결혼 X)**

"저출산이 위기라는 거 벌써 제가 고등학교 수업 시간 때부터 계속 들어왔거든요. 그때 3년 그리고 대학 와서까지 합치면 도합 6~7년째 저출산이 최대 위기라는 말을 들어오고 있는데, 여전히 그대로란 말이에요. 그럼 좀 정부가 제대로 하고 있는 건가, 의지가 있나 이런 생각도 들고. 이게 무엇보다 과연 해결될 일인가 하는 생각이 들거든요. 무력감 같은 거. 이제 솔직히 다시 좋아지긴 어렵지 않나, 반등은 힘들겠다, 그냥 이대로 쭉 저출산이겠지 뭐 그런 생각이 들어요."

서훈 씨처럼 이제는 슬슬 무력감이 느껴진다는 청년들도 많았다. 여러 대책에도 불구하고 저출산 상황이 너무 오랫동안 지속되다 보니 과연 탈저출산이 가능할지 의문이라는 것이다.

생각해 보면 그런 생각이 드는 게 무리는 아니다. 서훈 씨 같은 40대 이하 청년들은 태어난 이후로 저출산 상태가 아닌 대한민국을 경험해 본 적이 없다. 합계출산율이 대체출산율인 2.1명 아래로 떨어진 게 1980년대 초반이기 때문이다. 이후 한국은 내내 저출산 상황이었고 합계출산율은 거의 줄곧 하락세였다. 정부가 인구 정책 기조를 출산 억제에서 장려로 전환한 것이 1990년대 중반이고, 2000년대 중반부터는 본격적으로 저출산 대응책을 펼치기 시작하면서 저출산이라는 말은 전 사회적으로 통용되기 시작했다. 서훈 씨는 이즈음부터 줄곧 저출산이란 말을 정말이지 귀에 못이 박히도록 들으며 자랐을 것이다.

자극이 반복되거나 강도가 일정 정도로 계속 유지되면 웬만한 자극에도 별로 반응하지 않게 된다. 심리학에서 자극에 반응하는 최소한의 강도를 일컫는 역치threshold가 높아지는 것이다. 저출산 소식도 마찬가지다. 매달 반복되는 '출산율 최저치 경신' 뉴스에 익숙해지다 보니 저출산 역치도 높아졌다. 많은 사람이 더 이상 저출산을 뉴스나 위기로 느끼지 않게 된 것이다.

○ **김도담(30, 남, 무직, 결혼 X)**

"약간 일본 지진처럼 말이죠. 거긴 큰 지진이 많이 나니까 사람들이 규모 4, 5 지진에도 덤덤하잖아요. 우리도 (합계출산율이) 0.6명으로 떨어진다고 해도 다들 덤덤하거든요. 다들 이게 괜찮나? 괜찮아? 했을 테지만 이걸 하도 오래 겪을 주니까 이젠 무뎌진 거죠. (중략) 다른 말로는 좀 익숙해졌달까요. 계속 변하는 게 별로 없으니까."

김도담 씨는 2018년 이후 별다른 직업을 구하지 않고 부모님과 함께 살며 가끔 단기 알바만 하는 이른바 니트**NEET, Not in Education, Employment, or Training**족이다. 니트란 공부하거나 일하지 않고 직업

훈련도 하지 않는 상태를 뜻하는 말이다. 집에 오래 있으면서 자주 뉴스를 접하다 보니 합계출산율이 떨어졌다는 소식이 더는 새롭거나 심하게 느껴지지 않는다고 했다. 마치 규모 6, 7 지진도 드물지 않은 일본 열도에서 경주나 포항 지진 수준의 규모 4, 5 지진 소식은 일도 아니듯이 말이다. 직장인인 최은우 씨도 마찬가지다.

○ **최은우(26, 여, 서울 소재 회사 재직, 결혼 X)**

"한국에선 너무 (출산율 감소 소식이) 반복이 돼와서요. 옛날부터 계속 떨어지는 건 일상이니까. 이젠 만날 심각했던 거 아닌가, 생각이 들고. 별로 놀랍지도 않고. 막 어떻게 해야 한다고 대책을 이야기하는 뉴스들도 그렇게 와닿진 않아요."

조앤 윌리엄스 명예교수가 한국의 합계출산율 수치를 보고 머리를 감싸며 "대한민국 완전히 망했네요!"라고 경악하는 장면이 화제가 됐던 건 그 말과 모습 자체가 인상적이었기 때문이기도 하지만, 그만큼 국내의 반응과 상반된 모습이었기 때문이기도 하다. 요즘 한국인 중 '합계출산율 0.7명대'나 '월 출생아 수 역대 최저' 소식에 머리를 감싸 쥘 정도로 깜짝 놀라는 사람이 몇이나 될까? 아마 거의 없을 것이다.

언제부터인가 떨어지고 줄어드는 것은 일상이 되었다. 2024년처럼 출산율이 반등해야 뉴new스다. 정신과 의사인 김준호 씨는 과거엔 소수여서 특별했던 외동 자녀가 요즘엔 더 일반적인 상황,

'디폴트값'이 된 상황이 새삼스럽다고 했다.

> ○ 김준호(41, 남, 의사, 자녀는 9세, 8세 아들)
>
> "저희 어릴 때 동네에서 많은 애들이 싫어하는 애가 있었어요. 흔히 말하는 싸가지가 없었어요. 근데 걔가 외동이었고 그래서 다들 너무나 당연하게 '외동이라서 그렇다'고 그랬거든요. 그땐 둘 이상이 기본이었으니까요. 근데 요새는 외동이 디폴트잖아요. 지금 생각해 보면 되게 웃긴 거죠. 언젠가 딩크족이 디폴트가 되겠죠? 많아지고 당연해지면 그게 기본이 되는 거니까. 지금 그렇게 흘러가고 있거든요."

준호 씨 말대로 예전에는 한 명 낳는 사람이 적었고, 그래서 외동 자녀에게 특별한 성격을 부여하기도 했다. 그런데 요새는 외동이 기본이 되어가고 있다. 2023년부터 두 자녀도 다자녀가 되었다. 준호 씨 표현을 빌리자면 이제는 저출산이 디폴트값인 셈이다. 다른 말로 하면 새로운 노멀, '뉴노멀'이 되어버린 것이다.

그럼 어떤 일이 일어날까. 저출산이 기본값이라는데 빨리 결혼하고 아이를 낳으려 애쓸 필요가 없다. 안 그래도 결혼과 출산이 무서운데 지금 뉴노멀이자 디폴트값이라는 저출산을 굳이 거스를 이유가 없다. 표준을 거스르는 게 더 무섭다. 앞서 봤듯이 한국인들은 일반적인 것, 정상으로 여겨지는 데서 벗어나는 걸 극히 꺼리는 경향이 있다.

젊은이들을 만나보니 실제 이런 생각이 자리 잡아가고 있다는 걸 읽을 수 있었다. 갓 입사한 젊은 기자 후배들과 만날 기회가 있었는데 1990년대생인 이들과 식사하던 중 한 명이 했던 말이 인상적이라 기억에 남는다. "다들 결혼 안 하고 아이 안 낳겠다는데요. '나는 꼭 결혼해서 아이 낳을 것'이라 말하는 친구가 딱 한 명 있어서 '쟤는 진짜 특이하다' 하고 생각했어요." 결혼하지 않고 아이 낳기 무섭다는 청년이 늘면서, 되레 결혼하고 아이 낳겠다는 사람이 '특이한' 축이 된 것이다. 물론 실제로는 결혼하고 아이를 낳는 사람이 더 많겠지만, 적어도 젊은 세대의 인식 속에서는 점차 '결혼하지 않고 출산하지 않는' 삶의 방식이 소수가 아닌 주류의 흐름이 되어가고 있었다.

더구나 요즘 미디어를 통해 쏟아지는 출산, 육아 관련 소식은 대체로 부정적인 이야기나 전망을 담고 있다. 결혼은 지옥이라거나, 출산율이 앞으로도 계속 떨어질 거라거나, 아이 키우기 갈수록 힘들어진다는 식이다. 이렇다 보니 많은 사람이 결혼과 출산이라는 말을 들으면 부정적인 인상을 먼저 떠올릴 수밖에 없다.

저출산고령사회위원회가 각종 콘텐츠와 SNS 등 미디어에 자주 등장하는 저출산이 실제 저출산에 미치는 효과를 알아봤다. 그 결과 부정적이고 자극적인 기사와 콘텐츠는 특히 SNS에서 부정적인 담론 확산에 영향을 미쳤고, 그로 인해 결혼과 출산 행동이 직접 변화하진 않았지만 비현실적인 기대나 부정적인 인식을 강화하는 경향을 확인했다.

○ 윤충재(31, 남, 백화점 IT시스템 관리업체 재직, 결혼 X)

"TV나 미디어 보면 계속 저출산 관련해서 우울한 소식들만 많잖아요. 육아 프로그램 보면 저런 부모가 될 수도 있겠다 싶어서 무섭기도 하고. 저 같은 경우에는 좋은 기사는 못 본 것 같거든요. 되게 혼란스러운 상황인데 인구 절벽, 역피라미드 그런 구조로 간다고 계속 접하다 보면 이런 힘든 세상을 아이에게 물려주는 게 맞나, 하는 생각이 일단 드는 거예요. 낳지 말아야 하는 거 아닌가."

○ 김배령(29, 여, 서울 소재 회사 재직, 결혼 X)

"뉴스나 기사들 보면 결혼 자체에 비용이 너무 많이 든다고 해서 걱정이에요. 그거 과장이다, 부모님 도움받고 이러면 생각보다 괜찮다, 이런 얘기도 있는데 뉴스들 말은 그게 아니잖아요. 아파트값도 계속 오른대고 그럼 동거한다고 해도 비용이 너무 많이 들 거 같고. (중략) 옛날에 제가 어렸을 때는 애 없이 살면 부정적인 느낌이었는데 요즘은 그런 거 없잖아요. 혼자 사는 연예인 프로그램도 많고. 우스개로 친구들이랑 나중에 우리 실버타운 가서 살자 이런 얘기 하는 애도 있고 그래요."

"이런 힘든 세상을 아이에게 물려주는 게 맞나 하는 생각이" 든다는 충재 씨 말처럼 디스토피아에서 아이를 낳고 키우고픈 부모는 없다. 청년들의 두려움은 반복된 저출산 경고로 인해 되레 강화되고 있었다. 시사 유튜브 채널을 자주 시청한다는 성대진 씨는 거듭된 경고에 피로감을 넘어 반발심까지 든다고 했다.

○ **성대진(40, 남, 온라인 판매 중개업, 이혼, 자녀 X)**
"너무 언론지상에서 많이 나오니까 오히려 요즘엔 좀 피곤해져요. 오히려 저출산이니까 더 애 낳지 말라고 알려주는 것 같아요. 제 주변에서 그런 얘기들 많이 해요. 이제 저출산 그만 좀 얘기했음 좋겠다고요. 낳을 애들 의지도 꺾을 판이에요. 유튜브에서도 만날 분기에 출산율 발표할 때마다 막 큰일났다 이러는데 요즘엔 누리꾼들끼리 '또산율'이라고 하거든요. '출산율 최저치 떴으니까 또 얘기하겠네' 하고 시니컬하게요. 자꾸 뭐라고 하니까 더 보기 싫어지고 그래요."

한국의 저출산이 심각한 게 사실이고, 나오는 뉴스를 억지로 막을 순 없다. 하지만 분명한 건 이런 지속된 경고가 청년들의 경각심을 일깨우고 문제를 해결하자는 생각을 갖게 하는 게 아니라 공포감과 거부감만 더욱 심화시키는 것처럼 보인다는 점이었다. 수십 년간 저출산이라는 말을 들어오면서 우리 마음엔 저출산이라는 거대한 코끼리가 들어앉았다. 매일 귀에 못이 박힐 정도로 저출산 적색경보를 울려온 한국에서 지난 10년간 연 출생아 수는 40만 명대에서 20만 명대로 폭락했다.

해와 바람을 다룬 이솝우화가 떠오른다. 바람은 세찬 비바람으로 나그네의 옷을 힘으로 벗기려 했다. 그러나 되레 나그네로 하여금 옷을 더욱 꽉 움켜쥐게 하는 데 그치고 말았다. 정부와 언론도 의도하진 않았지만 청년들에게 거센 비바람 같은 경고를 날리고 있었던 건 아닐까. 그건 청년들이 옷을 벗기 더욱 두렵게 만들었다.

특히 요즘 세대는 국가나 집단의 위기보다, 스스로의 생존을 더 절박하게 느낀다. 저출산으로 나라가 어려우니 희생하라는 말은, 오히려 '내가 살아남기도 버거운 세상'을 새삼 일깨울 뿐이다. 육아포비아를 강화하는 지금의 전략은 분명 수정이 필요해 보인다.

이제는 무섭지 않은 육아를 위하여

3

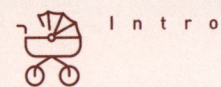
Intro

앞선 1부와 2부에서는 한국의 초저출산 현상이 얼마나 심각한지 알아보고, 한국의 출생아 수가 유독 가파르게 줄어들고 있는 이유를 살펴봤다. 이어 그동안 많이 논의됐던 사회·경제적 요인 외에 육아포비아라는 문화적, 인식적 요인이 있을 수 있고, 육아포비아란 무엇이며 왜 발생한 것인지 알아보았다.

누군가는 "아무리 그래도 집값이 제일 문제지"라거나 "취업 어려운 게 가장 큰 문제 아냐?"라고 반문할 수 있다. 물론 주거, 일자리, 그 밖에 여러 손에 잡히는 요인들이 지금의 대한민국 초저출산에 가장 큰 영향을 끼친 요인임을 부인할 수 없다. 그러나 이 책은 그동안 주목해 보지 않았던 요인을 살펴보자는 것이지, '무엇이 저출산 요인 1등인가'를 따지려는 건 아니다. 많은 사람들을 만나본 결과 육아포비아는 분명 실재했고 저출산에 영향을 미치고 있었다.

"육아포비아란 여러 문제에 따른 결과물이지, 그 자체를 원인이라 보긴 어렵지 않으냐"라고 되물을 수도 있는데, 육아포비아가 실재한다면 그건 분명 저출산에 영향을 미치는 원인이라 할 수 있다. 경기 장기 침체로 인해 소비 심리가 크게 위축되어 소비자들이 지갑을 닫게 되었다면 장기 침체도, 소비 심리 위축도 모두 소비 감소 원인이라 할 수 있는 것과 같다.

다른 나라에서도 출산율이 낮아지고 있지만, 한국의 하락 속도는 비교가 되지 않을 만큼 가파르다. 지난 몇 년간 수많은 사람을 만나고 인터뷰하며 느낀 점은, 특히 우리 사회에 출산과 육아에 대한 부정적 감정, 나아가 공포감이 깊게 자리 잡고 있다는 사실이었다. 앞서 육아포비아라 명명한 이 현상은 연령을 불문하고 만연해 있었고, 육아는 어느덧 '엄두 못 내는 일'이 되어 있었다. 2024년 출산율과 출생아 수가 9년 만에 반등하긴 했지만, 이런 육아포비아가 해소되지 않는다면 반등이 일시적 반짝 효과로 끝날 가능성이 크다. 앞서 계속 이야기했지만 결국 출산을 결정하는 것은 개인이다. 아무리 정부와 사회가 '아이를 낳으라'고 권해도, 개인이 두려워서 낳지 않겠다고 하면 그만이다.

원인을 살펴봤으니 이제 육아포비아를 없앨 수 있는 방법에 대해 이야기해보려 한다. 사실 육아포비아의 해법은 저출산 자체의 해법과 맞닿아 있다. 육아를 무서워하게 된 건 결국 출산과 육아를 어렵게 하는 각종 요인 탓이기 때문이다. 그 가운데서도 육아포비아의 주요 원인으로 지목된 것들을 중심으로 포비아를 조금이라도 불식할 방법을 살펴보고자 한다.

'압축하고, 유연하게' 아이 키울 시간 만들기

　육아포비아를 해소하기 위해선 무엇보다 일터와 근로 시간 문제를 짚어야 한다. 많은 청년이 육아에 대한 두려움의 가장 큰 배경으로 '일과 가정의 양립이 어렵다'는 점을 들었다. 요즘 청년들에게 '일'은 단순히 생계를 위한 수단이 아니다. 자기 계발의 수단이자, 사회적 정체성과 개인적 성취를 실현하는 공간이다. 따라서 일을 그만두거나 줄여야 한다는 건 단지 수입을 포기하는 것을 넘어, 자신의 정체성과 기회를 잃는 일로 받아들여진다. 실제로 많은 청년이 결혼이나 출산을 주저하는 이유도, 여전히 출산과 육아가 경력 단절로 이어질 수밖에 없는 구조 때문이라는 점에서 비롯된다.

나 역시 마찬가지였다. 입시와 취업 경쟁을 거쳐 열심히 달려온 시간이 있었기에, 네 아이를 낳았다는 이유만으로 그 노력이 평가 절하되거나 경력이 멈출까 봐 두려웠다. 다자녀를 갖는 것이 오랜 꿈이었지만, 내 장래 희망이 '다자녀 엄마'인 건 아니었다.

청년들 또한 결혼하고 아이를 낳으면 예전처럼 일할 수 없게 되고, 그로 인해 경력에서 손해를 보게 되지 않을까 걱정한다. 이런 불안을 해소하려면 일과 육아를 병행해도 손해 보지 않는 구조, 즉 일과 삶이 조화를 이루는 일터가 필수적이다.

핵심은 근로 시간을 줄여, 아이와 함께할 수 있는 여유를 확보하는 데 있다. 2018년 '주 52시간제'가 도입됐고, 2020년 코로나19 팬데믹을 거치며 많은 직장이 일하는 방식에 변화를 겪었다. 그럼에도 여전히 서구 선진국에 비하면 노동 시간은 길고, 삶의 균형은 부족하다. 앞으로도 절대적인 근로 시간은 점차 줄여나가야 한다.

보상받지 못하는 초과 근로, 일명 '공짜 노동'은 근로 시간을 정확하게 기록하고 관리하는 시스템을 통해 극복할 수 있다.

근무 시간은 오후 6시까지인데 그날따라 일이 많아 오후 10시까지 남아 일하는 경우가 있다. 원칙적으로는 이 초과 근로 시간도 정확히 기록되고 그에 따른 수당을 받아야 한다. 하지만 현실에서는 이런 시간이 기록되지도, 보고되지도 않는 경우가 많았다. '공짜 근로'가 오히려 성실함, 책임감 같은 미덕으로 포장되며 관행처럼 이어져 왔기 때문이다.

앞으로는 모든 근로 시간이 투명하게 기록될 수 있어야 한다. 포괄임금제 사업장에서도 마찬가지다. 포괄임금제란, 업무 성격상 초과 근로를 일일이 산정하기 어려운 경우, 그 수당을 기본급에 미리 포함시켜 지급하는 제도다. 문제는 이 제도가 악용돼, 정해진 급여만 주고 과도한 초과 근무를 시키는 일이 비일비재했다는 점이다. 근로 시간이 정확히 기록된다면, 초과 근무에 대한 감시가 가능해지고 정부 역시 포괄임금제를 악용한 장시간 노동 실태를 감독할 수 있게 된다.

2023년 독일에 출장 갔을 때 지역 기업들에 방문했다. 사무실은 물론 공장, 심지어 화물 기사 같은 운수 사업 종사자들도 근로 시간을 정확히 기록하는 걸 확인할 수 있었다. 근로자들은 출퇴근 시에는 물론 점심시간에 밥을 먹으러 나갈 때도 출입 시각을 적었다. 하루 근로한 시간을 정확히 산출하기 위해서다. 독일 바이에른주 하멜부르크의 고무 재생 공장 라이펜뮐러 Reifen-Müller도 예외는 아니었다. 공장 출입문 옆에 근로자들이 출입증을 찍어 출퇴근 시각을 기록할 수 있는 기기가 부착돼 있었다.

○ 우베 뮐러(라이펜뮐러 대표, 2023년 3월 인터뷰)

"근로자들이 출퇴근할 때 또는 잠시 외출할 때 이 기기에 출입증을 찍도록 하고 있어요. 근로 시간을 기록하는 건 모든 독일 고용주의 의무예요. 근로 감독관들이 수시로 확인하기 때문에 소규모 공장들도 모두 이런 시스템을 갖고 있어요."

해외에만 이런 사례가 있는 건 아니다. 국내에서도 이미 일부 IT 기업을 중심으로, 근무 시간을 정밀하게 기록하는 사례가 늘고 있다. 특정 프로그램이나 수기 방식으로 분초 단위까지 일한 시간을 남긴다. 덕분에 일한 만큼 정확히 보상을 받을 수 있고, 불필요한 초과 근무도 막을 수 있다.

물론 업종 특성상 특정 시기에 장시간 초과 근무가 불가피한 곳도 있다. 하지만 이런 경우에도 근로 시간을 정확히 기록하면 초과 근무에 따른 수당을 받거나, 일한 만큼 다른 시기에 휴식을 보장받을 수 있다. 연차 저축제 같은 것이 그런 식이다. 근로 시간이 철저히 기록되기 시작하면 고용주도 함부로 초과 근무를 요구하지 못한다. 일을 더 시키면 그만큼 임금을 더 줘야 하기 때문이다

정확한 시간 기록은 유연 근로를 가능하게 하는 기반도 된다. 얼마나 일하는지 정확히 알면 업무량을 조절하고 탄력적으로 배치하는 게 가능해지기 때문이다.

근로 시간을 단축하기 어렵다면, 유연하게만 운용해도 숨통이 트일 수 있다. 유연 근로는 근로 시간과 장소를 고정하지 않고, 법적 한도 안에서 자유롭게 선택해 일할 수 있도록 한 제도다. 시차출퇴근제, 선택적 근로시간제, 원격근무제, 재택근무제 등이 이에 속한다. 부모가 모두 이런 제도를 활용할 수 있는 직장에 다닌다면, 맞벌이 부부라도 아이를 돌볼 수 있는 시간을 만들 수 있다.

전정희 씨가 그런 사례다. 정희 씨는 나처럼 아이 넷, 그것도 무려 영유아부터 초등학생까지 어린 아들 넷(!)을 키우면서 일도 하

는 슈퍼 워킹맘이다. 파트 타임 일자리도 아니다. 부부 모두 풀 타임 회사원으로 근무한다. 그가 지금껏 일을 놓지 않을 수 있었던 비법은 단 하나, 부부 모두 출퇴근 시각을 정할 수 있는 시차출퇴근제 직장에 다닌 덕분이라고 정희 씨는 강조했다.

○ **전정희(41, 여, 서울 소재 대기업 근무, 자녀는 12세, 10세 등 4명)**

"그래도 저랑 남편은 둘 다 자율 출근이니까 이게 크로스로 커버가 되거든요. 저희도 예전에는 둘 다 아침 8시 반까지 출근해 저녁 6시 퇴근이었다면, 지금은 한 명이 10시까지만 가면 돼요. 그때부터 8시간 근무예요. 남편도 나도 그러니까 7시부터 출근한 사람은 8시간 해서 어쨌든 무슨 일이 있는 날은 4시에 퇴근할 수가 있고 그러면 한 명은 늦게 출근하고, 다른 한 명은 일찍 해서 저녁을 맡고. 우리는 그렇게 해서 하루가 잘 돌아가고 있거든요. 남편이 아침에 일찍 가서 일찍 퇴근해서 저녁을 챙기고 내가 아침을 챙기고."

사실 기자도 유연 근로 직종이다. 업무 강도가 세고, 근무 시간은 대중없으며, 갑자기 사건이 터지면 언제 어디서든 근무해야 하는 직업이지만, 아이러니하게도 이런 '대중없음', '언제 어디서든 근무' 가능한 유연함은 육아에 장점으로 작용했다. 언제 어디서든 일할 수 있기에 업무 시간과 장소를 육아 일정에 맞춰 조정할 수 있었기 때문이다. 예를 들어, 취재 일정을 다른 날로 미뤄 아이 운동회에 참석한다거나, 아이가 아파 병원에 입원하면 병실에 노트북을 들고 가 간이 사무실을 차리고 기사를 쓰는 식이었다.

하지만 나나 정희 씨처럼 유연 근로가 가능한 직장은 아직 흔치 않다. 특히 정희 씨는 부부 모두 유연근로제가 잘 갖춰진 대기업에 다닌다. 이런 경우는 더욱 손에 꼽을 것이다. 실제로 통계청에 따르면, 2023년 8월 기준 국내 전체 근로자 중 유연 근로를 하고 있는 사람은 15.6%에 불과해 6~7명 중 1명꼴이다. 부부 모두 유연 근로직인 경우는 더 드물 것이다.

유연하지 않은 일터에선 누군가 육아를 위해 일을 포기할 수밖에 없다. 여성 최초로 노벨 경제학상을 단독 수상한 클라우디아 골딘Claudia Goldin 하버드대학교 교수가 제시한 유명한 개념이 있는데 바로 "탐욕스러운 일자리greedy work"다. 금융, 법률 같은 고소득 전문직은 예측 불가한 장시간 노동과 시도 때도 없는 호출(온콜 on call)을 특징으로 한다. 대신 많은 보상이 주어지는 탐욕스러운 일자리다. 이런 일자리는 당연히 육아와 병행하기 어렵기에 아이를 키우는 부모라면 둘 중 하나가 일을 조정해야 한다. 사회가 오랫동안 만들어 온 성 역할과 성별 분업, 가정 내 권력 구조 탓에 조정하고 포기하는 쪽이 되는 건 대체로 여성이다. 남성의 소득과 사회적 지위는 계속 올라가고 여성은 상대적으로 떨어지며 간극이 벌어지는 이유다.

결혼이나 출산에 대해 여성들이 남성보다 더 큰 거부감을 느끼는 것도 이 때문이다. 앞서 여성들의 이런 거부감이 시집살이에 대한 여전한 두려움으로 표출되고 있고 그게 결혼과 출산을 꺼리는 큰 이유 중 하나임을 살펴본 바 있다. 골딘 교수는 "누군가 반드시 무언가를 포기해야 하는 구조 자체를 바꿔야 한다"라며 그러자면 "유연한 일자리가 확대돼야 하고, 거기서도 충분한 소득을 올릴 수 있어야 한다"라고 강조한다.

한국의 경우 중소기업이 대다수라 유연 근로 도입이 어렵다는 이야기도 있다. 중소기업벤처부에 따르면 2022년 기준 중소기업 수는 804만 3,000개로 전체 기업의 99.9%고, 종사자 수로 해도 1,895만 6,000명으로 전체의 81.0%를 차지한다. 이 중 1인 기업도 614만 9,597개에 이를 정도로 영세한 기업이 많은 게 사실이다. 이런 기업들은 늘 인력이나 여건이 마땅치 않다는 이유로 근로 조건 개선에서 뒤처진다.

그러나 중소기업이라고 유연 근로가 불가능한 것은 아니다. 각 기업 상황에 맞는 방식을 찾으면 된다. 2025년 4월 기준 전 직원이 80여 명인 국내 육아용품 중소기업 코니바이에린은 대표부터 직원 전원이 재택근무를 한다. 신규 입사자들은 원격으로 근무할 수 있도록 최신 사양 업무용 장비를 받는다. 그 덕분에 직원들은 국내 각 지역엔 물론 해외에도 있다. 자녀 등하원, 등하교 시에도 시간을 쓸 수 있다. 최대 1시간, 빠진 시간만큼 근무를 더 하면 된다. 함께 근무할 수 있는 사무실도 있어 필요할 땐 이용할 수 있다. 많은 청년이 중소기업 취업을 꺼리는 요즘, 이곳에는 오히려 젊은 지원자들이 꾸준히 몰리고 있다. 2017년 설립 이래 매출이 꾸준히 올라 지난해엔 매출 502억 원을 달성했다.

코니바이에린의 사례는 중소기업도 충분히 유연 근로를 실현할 수 있음을 보여준다. 모든 업종이 재택근무를 도입할 수 있는 건 아니다. 제조업이나 고객 서비스 업종은 업무 특성상 한계가 있다. 하지만 그런 업종에는 다른 유연근로제를 도입하면 된다. 예를 들어 제조업은 교대 근무로 시차출퇴근제를 도입할 수 있다. 고객 응대 중심의 서비스 업종은 고객 접점 시간과 장소를 고려해 일부 선택적으로 근로시간제나 원격근무를 적용하면 된다.

다만 새로운 근로 방식 도입을 영세한 기업들에만 맡겨놓을 수는 없다. 정부가 연구, 조사에 나서 롤 모델도 제시하고 컨설팅도 제공해야 한다. 유연 근로, 단축 근로, 근로 시간 기록 시스템을 도입하는 업체들에 많은 혜택과 지원금을 주는 식으로 독려도 해야 한다. 최근 들어 젊은 직원들의 인력 유출이 심해지면서 제도 도입의 의지를 가진 중소기업도 많다고 한다. 이런 기업들에 맞춤형 제도 도입을 돕다 보면 사례가 쌓이면서 업종별 선례와 가이드라인도 만들 수 있을 것이다.

다만 여기서 중요한 점 하나를 짚고 넘어갈 필요가 있다. "근로 시간을 줄이자"가 단순히 "일을 덜 하자"라는 말이 아니라는 점이다. 그런 식으로 근로 시간이 줄어들면 당연히 임금 감소 혹은 인력 감축이 발생할 수밖에 없다.

따라서 '일하는 시간은 줄이되, 성과는 유지하거나 오히려 높일 수 있도록' 업무의 효율성을 함께 이야기해야 한다. 시간의 문제를 넘어 일하는 방식 자체를 바꾸는 변화가 동반되어야 한다는 말이다.

최근 주 4일제(혹은 4.5일제) 도입 논의도 같은 맥락이다. 흔히 주 4일제라고 하면 닷새 일하다 나흘 일하니 단순하게 하던 일이 5분의 4로 줄어드는 것이라 생각하는데 그건 아니다. 이미 서구 국가뿐 아니라 일본의 히타치, 파나소닉 같은 아시아 기업들이 주 4일제를 도입했고, 국내에서도 SK와 카카오 등 일부 대기업이 격주 주 4일제를 시범 운영하고 있다. 이들이 주 4일제를 도입한 이유는 "5일 하던 일을 4일만 하자"라는 게 아니라 "5일 동안 하던 일을 4일 안에 끝내자"라는 것, 즉 일하는 시간을 줄이되 생산성을 높이는 구조로 전환한다는 취지다.

한국 사람들은 세계에서 손꼽힐 만큼 길게 일하지만 한국의 시간당 노동생산성은 낮다. OECD 자료에 따르면 2022년 기준 한국의 시간당 노동생산성은 46.5달러로, OECD 평균인 58.7달러에도 미치지 못한다. 미국(85.0달러), 독일(77.5달러) 등 주요 선진국과 비교하면 격차는 더 크다.

근로 시간이 긴데도 생산성이 낮다는 것은, 쓸데없이 낭비되거나 불필요하게 투입되는 시간이 많다는 뜻이다. 일의 효율이 떨어진다는 의미다. 실제 우리가 앉아 있는 시간 내내 일하는 건 아니다. 대기하거나 준비하는 시간, 정해진 퇴근 시각까지 형식적으로 자리를 지키는 시간도 많다. 실질적인 성과 없이 열리는 회의나, 인해전술에 가까운 비효율적 업무 방식에 매달리는 경우도 적지 않다. 한국의 일터에선 그런 시간이 더 많다는 거다.

근무 방식을 조정해 불필요한 대기 시간을 줄이고, 가능한 한 업무를 집중적으로 몰아서 처리하면서, 기계와 시스템을 적극 활용해 생산성을 높이는 구조로 전환해야 한다. 낭비되는 시간을 최소화하고 업무 효율을 극대화하는 근로 문화와 조직 구조의 변화가 함께 뒤따라야 한다. 생산 가능 인구가 점차 줄어들 것이기 때문에 이런 근로 문화의 변화는 더욱 필요하다.

사실 일의 효율을 높이는 것과 근로 시간 기록 의무화, 유연 근로 확대는 모두 한 세트다. 근로 시간을 줄이면서도 현재 성과와 처우를 유지하려면, 결국 일의 밀도를 높여야 한다. 시간을 줄이면서 집중도와 효율은 그만큼 끌어올리는 것이다. 그러자면 각자의 업무 특성에 맞춰 시간표를 다시 짜야 한다. 그런 유연함, 유연 근로가 전제돼야 '압축 근무'가 가능하다. 이때 유연 근로가 '유연한 초과 근로'가 되지 않으려면, 반드시 근로 시간을 정밀하게 기록하고 그에 따른 보상을 해야 한다. 근로 시간이 정확히 기록되고 보상이 제때 이뤄지면, 사업주 입장에서 굳이 일을 오래 시킬 이유가 사라진다. 근로 시간이 길게 기록되면 보상도 더 많이 해야 하기 때문이다. 사업주부터 일의 밀도는 높이고자 할 것이다. 자연스레 업무는 효율화되고, 일터의 시간은 더 압축적으로 정리될 수 있다.

이렇게 세 가지가 유기적으로 작동하는 일터에서는 비로소 아이를 키울 수 있는 시간이 생긴다. 돈도 중요하지만 아이 키울 시간만 만들어도 지금보다 아이를 낳고 키우려는 청년들이 늘어날 것이다. 지금 청년들에겐 삶의 여백이 절실하다.

육아휴직만으론
부족하다

여백이 절실하다고 하니 "육아기 여백 하면 단연 육아휴직이지!" 하는 사람도 있을 것이다.

임신 중인 여성 근로자나 만 12세 이하 자녀를 둔 남녀 근로자가 자녀를 양육하기 위해 신청할 수 있는 육아휴직은, 아이를 키우기 위해 불가피하게 일을 멈춰야 하는 경우 경력이 완전히 단절되게 하지 않기 위해 마련한 제도다. 육아를 위한 여백을 만들어 주는 제도라 할 수 있다. 유급휴직 기간은 1인당 1년이고 육아휴직 급여는 2025년 6월 기준 첫 석 달 통상임금 100%에 상한 월 250만 원, 4~6개월 상한 월 200만 원, 7개월 이후 통상임금 80%에 상한 월

160만 원이다.

제도는 갈수록 더 좋아져서 요즘은 부부가 모두 3개월 이상 휴직을 사용한 경우, 각각 기간을 6개월 연장해 줘 최대 1년 6개월까지 사용 가능하다. 부부 합산 최대 3년 육아휴직이 가능한 셈이다. 이른바 '6+6 특례(부모 함께 육아휴직제)' 제도다.

일·가정 양립을 위한 제도 중에서 대표적인 걸 꼽으라면 육아휴직 제도를 꼽는 사람이 많을 것이다.

그런데 과연 휴직, 즉 일을 '쉬는' 것이 일·가정 양립이라 할 수 있을까?

아마 이 업계(언론계)에서 나보다 육아휴직을 많이, 오래 쓴 사람은 없을 것이다. 네 아이를 낳고 총 네 번의 육아휴직을 했다. 그 기간만 4년, 출산휴가 12개월(3개월씩 네 번)을 합치면 장장 5년을 업무에서 떠나 있었다.

5년의 여백 혹은 공백이 좋았느냐고 묻는다면, 물론 감사했다. 육아휴직을 내기 어려운 처지의 근로자들이 여전히 많음을 알기에, 나는 큰 복을 누렸다고 생각한다. 덕분에 네 아이들을 잘 키웠고, 평생 잊지 못할 많은 추억을 쌓았다(육아휴직 에피소드만으로 책 두 권도 쓸 수 있다).

하지만 내가 휴직하는 새 동기와 선후배가 좋은 기사를 쓰고 세상을 바꾸는 걸 보면서 솔직히 울적한 마음도 들었던 게 사실이다. 아무리 좋은 휴직이었대도 긴 경력 공백에 대한 아쉬움은 남았다. 한번은 이런 일이 있었다. 넷째 육아휴직 기간이었는데 당시 초등학교 1학년이던 첫째에게 누군가 "부모님은 뭐 하시니?" 하고 물었다. 아이는 아빠의 직업은 또렷하게 직종까지 답한 반면 엄마의 직업은 잘 모르겠다며 "회사원"이라고 했다. "왜 엄마 직업은 기억해 주지 않느냐"라고 섭섭해했는데 생각해 보면 첫째가 기억 못하는 게 당연했다. 첫째는 태어난 이래로 엄마가 일하는 모습보다 휴직하고 집에 있는 모습을 더 길게 봤으니 엄마 직업도 모를 법했다. '엄마는 일을 한다는데 왜 만날 집에만 있지?' 아마 첫째는 어린 마음에 그렇게 의아해했을 것이다.

육아휴직은 꼭 필요한 제도지만, 엄밀히 말해 일과 가정의 병행을 지원하는 장치는 아니다. 일·가정 양립이 불가능한 시기에 일시적으로 일을 내려놓을 수 있도록 허용하는 안전망에 가깝다. 정부의 저출산 대책 발표 때마다 육아휴직 확대가 최우선 과제로 등장하는 것은 사실 어폐가 있는 것이다. 그만큼 다른 육아 지원이 부실하다는 뜻이고, 휴직이 아니면 일과 육아를 병행하기 어려운 열악한 일터가 많다는 방증이다.

육아는 1~2년 내 끝나지 않는다. 아이를 키우기 위해서 매번 휴직할 수는 없는 노릇이다. 누군가 휴직해서 육아를 전담하는 방식은 가정 내 역할 분담의 불균형을 심화시킨다는 단점도 있다. 양육자 중 한 명이 육아를 위해 휴직하면 그 기간 한 사람은 독박 육아를, 다른 한 사람은 독박 벌이를 하게 된다.

대개 여성이 육아휴직을 택해 독박 육아를 맡는데, 이런 역할이 고착되어서 휴직자가 복직한 후에도 계속 육아 주무자가 되는 경우가 많다. 결국 많은 여성이 일과 육아를 병행하며 버거워하다가 휴직을 마치고 얼마 지나지 않아 퇴사를 고민하거나 실제로 일을 그만두는 상황에 빠진다.

첫째가 학교 들어가고 처음으로 반 학부모 모임이라는 걸 한다기에 가보았다가 깜짝 놀랐던 기억이 있다. 모임에 참석한 학부모 중 여전히 아빠는 한 명도 없다는 점도 놀라웠지만 무엇보다 놀라웠던 건 참석한 엄마 중 절반이 전업주부이거나 경력 단절 여성이라는 점이었다. 30, 40대 여성 고용률이 갈수록 오른다는데, 서울 한복판에 경력 단절 여성이 이렇게나 많을 줄은 상상도 못 했다. 이야기를 나눠보니 아니나 다를까, 자녀가 태어났을 때, 혹은 학교에 들어갔을 때 휴직했다가 곧 직장을 그만둔 경우가 대부분이었다. 육아 분담이 많이 이뤄지고 있다지만 여전히 여성에게 육아가 편중된 현실을 여실히 확인할 수 있었다. 통계청에 따르면 2023년 상반기 비취업 기혼 여성 2명 중 1명이 경력 단절 여성이었다. 사유는 출산과 육아, 자녀 교육 등 자녀 관련이 70% 이상으로 단연 많았다.

이런 상황이 요즘 여성들의 이른바 '출산 파업'에 지대한 영향을 미치고 있음은 말할 필요도 없다. 저출산고령사회위원회에서 주기적으로 실시하는 결혼·출산·양육 인식조사에서 2030 젊은 여성들의 출산 의향은 늘 동년배 남성보다 20~30% 이상 낮다. 내 주변에도 남편은 임신을 원하고 부인은 원치 않아 갈등하고 있는 부부가 적지 않다.

이런 가운데 육아휴직 기간을 마냥 늘리고 더 많이, 자주 휴직할 수 있도록 독려하는 게 과연 진정 일·가정 양립을 돕는 일일까 자문해 보게 된다. 육아하는 사람을 쉬게 하고 일터에서 배제하기보다 육아하는 사람을 끌어안고 함께 일할 수 있도록 돕는 일터를 만드는 게 진정한 일·가정 양립 방안 아닐까. 일터에 육아하는 사람이 많아야 일터도 더욱 육아 친화적으로 바뀔 유인이 생길 테고 말이다. 딩크족이었던 고세영 씨는 7년간의 딩크족 생활을 청산(!)하고 아기를 낳은 뒤 일터에서 육아 복지에 대한 생각이 많이 바뀌었다고 했다.

○ 고세영(46, 남, 대기업 연구원, 자녀는 5세 딸)

"출산율을 높일 수 있는지 모르겠으나 확실한 건 여성들의 육아에 대한 두려움을 해소하는 데 육아 분담만큼 중요한 건 없어 보인다는 거예요. 어차피 지금 '애는 여자가 키운다'는 콘셉트는 없잖아요. 특히 더블인컴에서 말이 안 되잖아요. 아무리 아기가 엄마를 더 찾는 성향이 있다 하더라도 아빠도 할 수 있거든요. (중략) 지금 가치관이 변한 상태에서 아예 애 없는 사람을 설득하는 거보다는 이렇게 애 있는 사람들이 더 낳게 하는 게 나은 거 같은데. 그러자면 특히 아빠들이 애 볼 수 있게 하는 육아 친화적인 직장이 늘어야 해요."

세영 씨 말처럼 육아 분담을 높이려면 누군가 육아를 위해 단기적으로 떠나는 일터가 아니라, 아빠든 엄마든 근무하면서 아이를 키울 수 있는 일터, 엄마와 아빠가 많이 남아 있는 일터를 우선 만들어야 한다. 우린 그동안 너무도 손쉽게 '아이 키워? 그럼 휴직하면 되지!' 하고 생각해 왔다.

육아휴직 없이 일하고자 하는 부모를 돕는 제도들이 이미 있지만 이용률이 매우 낮다. 대표적인 것이 '육아기 근로 시간 단축' 제도다. 육아휴직과 마찬가지로 만 12세 혹은 초등학교 6학년 이하 자녀를 양육하는 근로자가 대상인데, 사업주에게 신청하면 육아 기간 중 최장 1년(육아휴직을 안 할 경우 2년)간 근로 시간을 단축해 일할 수 있다. 근로 시간은 주당 15시간 이상, 35시간 이하이고, 육아휴직과 마찬가지로 단축 근로 급여도 제공된다.

하지만 고용노동부에 따르면 2022년 육아기 근로 시간 단축제 이용자는 1만 9,466명에 불과했다. 같은 해 출생아 수는 약 24만 9,000명, 육아휴직자는 13만 1,087명이었는데, 육아기 단축 근로 이용자는 육아휴직자의 15% 수준에 불과하다. 다시 말해 자녀를 양육하며 계속 일하기를 택한 근로자보다, 일을 아예 쉬어버린 근로자가 7배가량 많았다는 뜻이다.

육아기 단축 근로 이용률을 더 높여야 한다. 근로자가 휴직이나 경력 단절 없이 일과 육아를 병행할 수 있도록 돕는 것은, 기업과 경제 전체의 관점에서도 손해가 아닌 투자. 숙련된 인력을 떠나보내거나 쉬게 하기보다는, 단축 근로를 통해 일정 수준의 업무 연속성을 유지하는 편이 사업장 입장에서도 더 좋을 수 있다.

흥미로운 조사 결과가 있다. 대부분 모성 보호 제도나 복지 혜택은 대기업의 성과가 월등히 좋은 반면 육아기 단축 근로만큼은 중소기업 사용률이 대기업보다 더 높게 나타났다. 한국여성정책연구원 정성미 연구위원의 보고서에 따르면, 2022년 기준 육아기 단축 근로 사용자의 약 70%가 300인 미만 사업체 근로자였다. 10인 미만 영세기업 이용자 비율만 따져도 29.1%로, 대기업(32.9%)에 육박했다. 연구진은 "직원이 장기간 육아휴직을 내기 어려운 영세기업일수록 오히려 단축 근로라는 현실적인 대안을 더 적극적으로 활용하는 경향이 있는 것"이라고 분석했다. 육아휴직을 주기 어렵다 보니 육아기 단축 근로라도 권장하게 됐다는 이야기다. 휴직보다 단축 근로가 더 합리적인 선택일 수 있음을 보여준다.

본인은 스타트업 대표이고 아내는 학원업체를 운영하고 있는 김치환 씨는 아이 키우는 아빠로서 육아휴직의 필요성을 누구보다 잘 알지만, 중소기업 운영자로서 휴직자가 많아지는 건 고민이라고 했다. 치환 씨 역시 일의 연속성을 위해 기존 근로자가 단절 없이 일하는 게 더 좋다고 말한다.

> ○ **김치환(41, 남, 스타트업 대표, 자녀는 10세 아들)**
> "정부가 (휴직자나 단축 근로자에 대한) 대체인력을 확충해 준다는데 사실 그건 별 의미 없어요. 대체인력도 사람인데 일하다가 휴직한 사람 복귀했다고 바로 잘라요? 만약에 대체인력이 일을 더 잘한다, 그럼 어쩔 건데요? 아주 현실적인 문제예요. 그러니까 우리 같은 기업들은 단축 근로하더라도 계속 일해주는 게 좋죠. 그저 육아기 단축

> 근로 같은 거 잘 지원한다고 하면 정부에서 혜택도 많이 주고 그렇게 돈으로만 보전해 줘도 좋겠어요."

지원금이 제일 좋겠지만 혜택이 꼭 돈일 필요는 없다. 육아기 근로가 잘 운용되는 기업을 찾아 포상하고 미디어와 협조해 이런 기업들을 널리 알릴 수도 있다. 정부 조달 시 육아 친화적 기업을 우대하는 점수를 만들고 세금을 감면하는 식으로 기업을 유인하는 것도 방법이다.

커피를 들고 다니며 육아하는 아빠, 일명 '라떼 파파'의 국가 스웨덴의 육아휴직 기간은 부모 각 240일, 총 480일에 불과해 오히려 한국보다 짧다(물론 남성 사용률은 우리보다 월등히 높다. 스웨덴에서는 남성 90일 이상 사용이 의무다). 이들이 보육 선진국으로 불리는 건 사람들이 길게, 많이 육아휴직 할 수 있기 때문이 아니라 일하면서도 육아를 병행할 수 있는 시스템이 전반적으로 잘 마련돼 있기 때문이다.

맞벌이 부부가 늘면 출산율이 떨어진다고 했었는데, 유럽에선 남녀 경제활동 참가율이 어느 정도 경지에 오르자 오히려 맞벌이 비율과 출산율이 동반 상승하는 경향이 나타났다. 일터에 육아하는 부모가 늘어나면서 관련 제도들이 신속히 마련된 결과다.

육아휴직도 좋지만, 휴직보다는 함께 일하는 것을 우선해서 일·가정 양립 방안을 고민해야 한다. 일터에 육아하는 사람이 늘어야 일·가정 양립 시스템도 늘어난다. 육아 친화적인 일터는 비단 엄마, 아빠에게만 좋은 일터가 아니다. 적정하고 유연한 근로 시간, 필요할 때 자유롭게 쓰는 휴가 등 워라밸이 있는 일터는 결국 우리 모두에게 좋은 일터다.

물론 육아휴직이 잘못됐다거나 나쁜 제도라는 건 아니다. 더구나 한국에선 육아휴직도 확대가 필요하다. 아직 육아휴직을 이용하기 어려운 일터, 근로자가 많기 때문이다.

고용노동부가 발표한 '2021년 일·가정 양립 실태조사'를 보면 전체 응답자 중 31.8%가 직장 분위기·문화 때문에, 25.2%가 동료 및 관리자 업무 가중 탓에 육아휴직을 쓰기 어렵다고 답했다. 통계청의 2023년 자료에 따르면, 해당 연도 출생아 100명당 육아휴직자 수는 37.9명에 불과했다. 해당 연도 출생아의 부모만을 기준으로 한 수치지만, 같은 해 직업을 가진 출산모 비율이 56.8%(출산일 기준)에 달했던 점, 출산 직후 여성의 육아휴직 사용률이 상대적으로 가장 높은 점을 고려하면 실제 많은 이들이 육아휴직을 쓰지 않았거나, 사용하고 싶어도 사용할 수 없었음을 추정할 수 있다. 국가 간 제도 차이로 인해 직접 비교는 어렵지만, OECD 주요국 가운데서도 한국의 육아휴직 실사용률이 하위권이라는 것이 전문가들의 중론이다.

오죽하면 정부는 2024년 육아휴직을 출산 전후 휴가(출산휴가)처럼 의무에 가깝게 만들어 버리는 '자동 육아휴직제'를 검토하고 있다. 자동 육아휴직제란 출산휴가를 마치면 육아휴직이 자동 개시되도록 한 제도다. 현재 여성에겐 출산 전후 90일, 남성에겐 출산 후 20일 부여되는 출산휴가는 사용이 의무지만, 육아휴직은 아니다. 출산휴가의 경우 설사 근로자가 사용하지 않겠다고 해도 사업주는 반드시 부여해야 하는데 육아휴직도 그렇게 만들려 한 것이다(물론 근로자가 육아휴직을 사용하겠다는데 사업주가 막으면 그건 현재도 불법이다).

아빠 육아휴직 사용률이 낮은 것도 크게 보면 같은 맥락이다. 육아휴직을 내기 어려운 직장이 많고 육아가 여전히 여성의 일로 치부되다 보니 여전히 육아휴직을 쓴다면 대체로 여성이 쓰는 게 현실이다. 2024년 육아휴직 급여 수급자는 총 13만 2,535명이었는데 이 중 남성은 4만 1,829명으로 전체 31.6%를 차지해 처음으로 30%를 돌파했다. 많이 늘었지만 여전히 전체 육아휴직자 10명 중 3명 수준이다. 출생아 기준으로 보면 훨씬 적다. 2023년 출생아 부모 기준 육아휴직 사용률은 32.9%인데 모의 사용률은 73.2%인 반면 부의 사용률은 7.4%에 불과해 10분의 1 수준이었다.

무엇보다 가장 큰 문제는 유급 육아휴직을 원천적으로 사용할 수 없는 사람들이 있다는 점이다. 현재 우리나라의 육아휴직 급여가 전적으로 고용보험기금에서 지급되고 있는 탓이다. 이 때문에 고용보험에 가입할 수 없는 다수의 직군이 정부 급여를 받는 육아휴직을 이용할 수 없다. 고용보험은 원칙적으로 정규직·상용직 중심의 고용된 노동자만을 포괄하는 제도다. 프리랜서, 플랫폼 노동자, 자영업자, 특수고용직 등은 고용보험에 가입하지 않거나 실질적으로 보호받기 어렵기에, 정부가 급여를 주는 유급 육아휴직을 누릴 수 없다.

　또한 고용보험기금에서 돈이 나가는 탓에 급여가 크게 오를 수 없다. 현재 고용보험기금은 급증하는 육아휴직자로 고갈 위기에 있다. 고용보험기금은 본래 실업급여, 고용안정 사업 등을 위한 돈이다. 육아휴직자가 늘고 급여가 계속 증가하면 본래 사업까지 타격을 받을 수밖에 없다.

　이 문제를 인식한 정부와 국회는 과거부터 몇 차례 개선을 시도해 왔다. 2021년 육아휴직 지원에 대해 국가 재정을 분담하는 방향이 검토됐다. 조세 기반의 일반회계에서 일부 분담하거나, 저출산 대응 예산과 연계하는 방식이 제안됐지만 결국 흐지부지됐다.

　육아와 일을 병행할 수 있는 일터를 만드는 동시에, 육아휴직 제도에 대한 개선도 이뤄져야 한다. 가장 이상적인 건 근로자가 자신의 상황에 따라 자유롭게 선택할 수 있게 되는 것이다. 가능하면 일과 육아를 병행하고, 필요하면 일정 기간 휴직할 수 있어 경력단절에 대한 부담이 사라져야 청년들의 두려움도 가실 것이다.

얼마면 될까, 얼마면 되겠나?

'결혼 수당 1억 원, 출산 수당 3,000만 원.'

새로 나온 저출산 대응책일까? 놀랍게도 이는 2007년 대선에 출마했던 허경영 당시 국가혁명당 명예대표의 공약이다. 당시엔 터무니없는 주장이라며 조롱과 풍자의 대상이 됐지만, 2025년 그의 주장은 현실로 나타나고 있다.

2024년 2월, 재계 순위 20위권에 속한 한 대기업이 "저출산 극복을 위해 출산하는 모든 직원에게 아이 1명당 1억 원을 출산 장려금으로 지급하겠다"라고 선언했다. 단순한 퍼포먼스가 아니었다. 이 기업은 실제로 2025년 1월까지 98명의 직원에게 출산 장려금

1억 원씩을 지급했고, 회장은 "국가 합계출산율이 1.5명에 도달할 때까지 지원을 이어가겠다"라고 밝혔다.

저출산고령사회위원회에 따르면 첫 만남 이용권, 영아 수당, 아동 수당 등 0~7세 아동이 국가로부터 받는 돈을 다 합치면 2024년 기준 2,960만 원이다. 3,000만 원에 가깝다. 결혼하고 아이 낳으면 정말 1억 원에 더해 3,000만 원까지 받을 수 있는 세상이 된 것이다. 이쯤 되면 허 대표가 거의 노스트라다무스 수준의 예견 능력이 있었던 게 아닌가 하는 생각까지 든다.

청년들의 경제적 어려움이 저출산의 주요 원인으로 꼽히면서 출산 가정에 대한 현금 지원이 현실적인 대안으로 무게가 실리는 분위기다. 출산과 양육 부담을 줄이고 추가 출산을 유도하기 위해 현금을 지원하자는 주장은 오래전부터 있어왔다. 대표적인 것이 지자체가 주민들에게 주는 출산 지원금이다. 처음엔 수십만 원으로 시작했는데, 저출산이 심화하고 지자체 간 경쟁도 붙으면서 금액이 나날이 늘어 요즘은 많게는 1,000만 원 넘게 주는 곳도 있다.

'출산 가정에 1억 원을 주자'는 주장처럼 목돈을 한 번에 지급하는 '통 큰 지원'이 필요하다는 주장도 전에 없이 설득력을 얻고 있다. 작은 지원은 실질적인 혜택과 체감도가 떨어지기에, 야금야금 주기보다 한 번에 많이 주는 편이 낫다는 논리다. 실제 2024년 국민권익위원회가 시민들을 대상으로 거액의 현금 지원을 통한 출산 유인에 찬성하는지 설문 조사했는데, 과거와 달리 10명 중 6명이나 긍정적이라고 답했다.

청년들이 경제적 이유로 출산을 망설이고 있다는 건 분명한 사실이다. 앞서도 확인했듯, 젊은 세대는 "기왕에 낳을 거면 잘 키우고 싶다"라고 생각했다. 경제적으로 준비되지 않은 상태에서 아이를 낳는 건 무책임하고 "죄악"에 가깝다는 인터뷰도 있었다. 그런 청년 중에는 거액의 현금을 받아 아이를 출산하고자 하는 이들도 있을 것이다.

하지만 정책은 언제나 비용 대비 효과를 따져야 한다. 통 큰 지원은 과연 효과적인 정책일까? 많은 돈을 받으면 아이 낳을 마음이 없던 이들도 낳을 마음이 생길까?

통 큰 지원이라는 말을 들을 때마다 떠오르는 장면이 있다. 한국 드라마 역사에 한 획을 그은 〈가을동화〉(2000) 속 명장면이다. 사랑을 돈으로라도 사고 싶은 원빈 배우가 송혜교 배우를 벽으로 몰아세우며 이렇게 묻는다. "얼마면 될까? 얼마면 되겠냐?" 그럼 송혜교 배우가 눈물을 글썽이며 이렇게 되묻는다. "얼마나 줄 수 있는데요?"

정부도 청년에게 묻고플 것이다. "얼마면 될까요? 얼마면 낳겠습니까?" 그럼 청년들도 되물을 테다. "정부가 얼마나 줄 수 있는데요?" 과연 나라가 청년들의 출산을 독려하기 위해 얼마나 많은 돈을 줄 수 있을까? 얼마나 많이 주면 아이 낳기 무섭다는 청년의 마음을 돌릴 수 있을까?

어려운 문제다. 앞서 우리는 돈의 많고 적음에 대한 기준이 굉장히 주관적임을 확인했다. 경제적 어려움의 수준은 사람마다 천

차만별이었다. 집 살 돈이 없다는 게 꼭 집 살 돈이 한 푼도 없다는 뜻이 아니었고, 일자리를 못 구했다고 해서 아무 일이나 다 할 수 있다는 뜻이 아니었다. 갈수록 그런 경향이 강해지고 있다. 사람들은 절대적으로 빈곤한 게 아니라 상대적으로 빈곤하다. 얼마나 통 큰 지원이어야 모두의 육아포비아를 걷어낼 수 있을까? 1억 원이면 될까? 1억 원이 거액인 것 같아도 누군가에게는 임신을 결정하기에 턱없이 부족한 돈일 수 있다. 서울 집값만 떠올려 봐도 그렇다. 대학 때문에 고향을 떠나 다른 지방에서 자취하고 있는 이서훈 씨는 부모님으로부터 월세와 등록금을 지원받고 있다. 생활비만 아르바이트로 충당한다. 서울과 비교하면 상대적으로 적은 돈인데도 결혼하고 아이를 낳아 이 모든 걸 본인이 부담할 거라 생각하면 감히 엄두가 나지 않는다고 했다.

○ **이서훈(23, 남, 미디어 관련 학과 재학 중인 대학생, 결혼 X)**
"요즘 우리끼리 그런 얘기 하거든요. 현금 지원 다 좋은데 누가 그 돈 보고 아이 낳냐고요. 아이 키우는 데 다른 건 차치하고 돈만 3억 원이 넘게 든다는데. 그렇다고 나라가 아이당 3억 원씩 줄 건 아니잖아요."

서훈 씨 말처럼 순전히 돈만 가지고 이야기를 한다면 아이 키우는 데 드는 비용은 1억 원으로 될 게 아니다. 누군가에겐 3억 원도 모자랄 것이다.

더 중요한 건 출산 결정에 돈만 작용하는 게 아니라는 점이다. 청년 중에는 경제적인 이유 외에 다른 이유로 아이를 낳지 않는 이들도 많았다. 학업, 취미, 심지어 외모와 병력 때문에 안 낳는다는 이도 있었다. 출산은 애초 인풋(정책과 자원 투입) 대비 아웃풋(출산 혹은 출생아 수 증가)을 예측하기 어려운 행위다. 금액을 투입했을 때 꾸준하고 일관된 효과를 장담하기 어렵다. 올해 5만 원씩 지원해 출생아가 5% 늘었다고 해서 다음 해에도 5만 원에 5% 오를 거란 보장이 없다.

그렇기에 거액을 몰아주는 지원은 도박에 가깝다. 얼마나 효과가 있을지, 그 효과가 얼마나 일관되고 지속 가능할지 알 수 없다. 실제 여러 나라에서 진행한 양육 관련 수당 효과 연구를 보면 그 결과가 각 계층과 지역, 시대에 따라 천차만별이다.

저출산고령사회위원회가 2022년 이철희 서울대학교 경제학부 교수에게 의뢰한 「저출산 정책 평가 및 핵심 과제 선정 연구」에 따르면, 국내 출산 지원금 정책으로 출산이 유의미하게 늘어난 소득 분위는 소득 상위 21~40%인 4분위뿐이었다. 그 외에 고소득, 저소득층에서는 별 영향이 없었다. 고소득층은 출산을 결정할 때 지원을 의식하지 않고, 저소득층은 지원에도 불구하고 양육비 부담이 여전히 크다고 여겼을 것이라고 보고서는 분석했다.

그러나 캐나다 퀘벡주의 경우 1988년부터 1997년까지 '신생아 수당Allowance for Newborn Children, ANC'을 지급한 결과 특히 저소득층에서 출산율이 크게 오른 것으로 나타났다. 1970~1990년간

22개국 가족 수당 및 출산 지원금과 합계출산율을 살펴본 연구에선 가족 수당과 출산 지원금이 첫째 자녀 출산율을 가장 크게 높이고 이후엔 점차 영향이 줄어드는 것으로 나타났는데, 독일에서는 1996년 도입된 보편적 아동 수당 지급이 첫째 자녀 출산엔 아무런 영향을 주지 못했고 오히려 둘째 자녀 출산에 영향을 미친 사실이 밝혀졌다. 같은 나라 안에서 지역별로 차이가 나기도 한다. 한국보건사회연구원「출산지원금이 지역 출산력에 미치는 영향에 대한 공간적 변이 탐색」(2022) 논문에 따르면 출산율 제고 효과는 지역별로 최대 4배까지 차이가 났다. 흥미로운 건 출산 지원금의 효과가 그 어느 지역보다 절실할 강원, 경남 해안 등 일명 '인구 소멸' 지역이라 불리는 지방에서는 지원금이 아무런 효과가 없는 것으로 나타났다는 점이다. 실제 일부 지역에선 출산 지원금을 받은 뒤 주거지를 옮긴 사례가 확인돼 '먹튀' 논란이 일기도 했다.

큰 금액을 한 번에 지급할 경우 생길 부작용도 간과할 수 없다. 대표적으로 지원금이 실제 양육에 사용되지 않고 다른 목적으로 유용되는 사례가 있다. 일부는 투자나 사업 자금으로 사용했다가 전액을 날리거나, 큰 금액을 노린 범죄에 휘말릴 수도 있다.

더욱 무서운 건 아이를 키울 마음이 없는데 거액의 돈을 노리고 출산하려는 사람이 생기는 일이다. 아무리 출산 유인책이라지만, 이런 식으로 출산을 유인한다면 그건 문제다. '설마 돈 때문에 애를 낳는 사람이 있겠어?' 하는 순진한 생각은 금물이다. 갓 낳은 아기들을 줄줄이 살해해 냉동고에 몇 년씩 보관해 두는 부모도 있는 세상이다. 상식을 벗어난 이가 없을 거라 누가 장담할 수 있나.

그렇기에 (내가 아는 선에서) 아이 낳았다고 1억 원 같은 거액을 현금으로 한 번에 주는 나라는 없다. 한 기업의 거액 출산 지원은 기업의 사회적 기여 본보기로서 분명 격려하고 긍정적으로 평가할 소식이지만, 전 국민을 대상으로 하는 나라가 똑같이 할 순 없다. 우리나라에서 한 해 태어나는 아이는 아무리 줄었다 해도 20만 명이 넘는다. 5년이면 100만 명인데 출산 가정에 몇 년 치 국가 예산을 쓸 수는 없는 일이다.

그렇다고 현금성 지원이 아예 소용없다는 이야기는 아니다. 현금 지원은 육아 가정의 양육 부담을 해소하고 국가가 육아를 돕고 있다는 인식을 만드는 데 중요한 역할을 한다. 그래서 육아 과정 전기에 걸쳐 적절히 이뤄져야 한다.

그러나 현재 한국의 현금성 지원은 육아 가정의 양육 부담을 해소하기보다는 출산 유인이라는 목표에 더 맞춰져 있다. 그래서 지원이 출산 전후와 영유아기에 쏠려 있다. 앞서 이야기한 것처럼 기준 아동 1명이 만 7세까지 받는 현금성 지원만 2,960만 원이다. 첫 만남 이용권 200만 원(첫째 기준), 부모 급여 2년간 1,800만 원, 아이당 매달 10만 원씩 주는 아동 수당 960만 원(월 10만 원) 등이다.

이후엔 '지원 절벽'이라 해도 과언이 아닐 정도로 현금성 지원이 뚝 끊긴다. 아이가 초등학교에 들어가는 순간 이것저것 주던 수당, 급여, 병원비 등 각종 할인, 학비 지원이 대부분 사라진다. 학교는 하교 시각마저 빨라서 갑자기 돌봄에 들어가는 비용도 오르는데,

지원받던 돈은 사라지니 육아 가정의 부담감이 커질 수밖에 없다.

실제 부모들을 만나봐도 영유아 시기 부모들은 대체로 국가 정책과 저출산 대응책에 긍정적이었고, 학령기 부모들은 부정적인 평가가 강했다.

○ **곽지은(41, 여, 출판사 육아휴직, 결혼 2년 차, 자녀는 1세 아들)**

"솔직히 처음에 좀 놀랐어요. 임신 지원금도 생각했던 것보다 많았고, 애 낳고 보니 병원비는 막 1,000원 이렇거든요. 거의 거저예요. 집에서 키우든 어린이집 보내든 돈도 대준다니까. 생각보다 돈이 들지 않는구나, 아이 키울 만하구나, 생각했죠."

○ **이승근(53, 남, 공익법인 근무, 외벌이, 자녀는 23세, 21세 등 4명)**

"출산 장려금 뭐 이런 출산에 대한 지원만이 아니라 아이들 커갈 때 지원을 해줘야 하는데 우리나라는 그런 게 너무 없어요. 아이들이 교육 단계에 들어가면 지원받을 수 있는 게 거의 없어요. 그때가 진짜 돈이 많이 드는데요. 사교육을 지원하자는 게 아니에요. 사교육비는 개인의 선택이고 적어도 기본 양육에 대해서는 양육 가정에서 아이가 정상적으로 사회에 나갈 수 있을 때까지 어떤 지원이 이뤄지면 좋겠어요. 그렇게 국가가 케어하고 있다는 인식을 주는 거, 그게 맞지 않나."

이승근 씨는 나처럼 아이 넷을 키우는 다자녀 가구의 가장이다.

공익법인에서 일하며 외벌이로 생계를 책임지고 있어, 가구 소득이 넉넉한 편은 아니다. 그의 첫째와 둘째는 벌써 20대인데, 학자금 대출을 받아 대학 등록금을 내고 있다. 셋째, 넷째 자녀의 교육, 돌봄 비용도 오롯이 그의 벌이로 부담한다. 나보다 10년 앞서 육아를 한 승근 씨는 영유아 혜택도 당연히 크게 누리지 못했다. 그때만 해도 지금처럼 많은 현금을 지원하지 않았기 때문이다. 승근 씨는 수당과 급여, 할인 혜택도 별로 받아본 기억이 없다고 했다.

나는 다행히 2010년대 이후 아이를 낳아서 어린이집 무상 혜택이라도 누릴 수 있었다. 넷 모두 학교 들어가기 전까지 어린이집에 보냈기에 영유아 시기 내내 정부의 지원 혜택을 받았다. 무상보육이라 보육료가 무료였고 오후 5시까지 이용할 수 있어 굳이 학원 같은 별도 돌봄 기관을 다닐 필요가 없었다. 8세 전까지 주는 아동수당(나의 첫째와 둘째가 어릴 때는 만 6세 전까지)의 혜택도 누렸다. 하지만 나 역시 아이들이 초등학교에 들어가자 이런 혜택과 지원을 못 받게 됐고 각종 수당도 끊겼다. 방과 후 학교 및 학원을 등록하느라 돌봄, 교육 비용도 급증했고, 하다못해 대체로 무료이거나 무척 저렴했던 각종 시설 이용 요금마저 올랐다.

○ **이승근(53, 남, 공익법인 근무, 외벌이, 자녀는 23세, 21세 등 4명)**
"이 정부 현 저출산 지원의 모토는 '일단 낳게 하고 보자' 같아요. 출산 전후에 지원이 다 몰려 있고 그다음엔 '모르쇠'예요. 이러면 가정 입장에서는 속은 기분이 들 수 있죠."

육아 가정이 이런 배신감(!)을 느끼지 않게 하려면 현재 출산 전후로 쏠린 지원금을 육아 전기로 확대해야 한다. 육아기 내내 작더라도 꾸준한 혜택이 필요하다. 아동 수당이 그 예다. 현재 한국의 아동 수당은 만 8세까지 주는 것으로, 말이 아동 수당이지 실상 영유아 수당에 가깝다. 반면 유럽 등 선진국에서는 아동을 대상으로 하는 수당을 대체로 15세 넘어서까지 지급한다. 캐나다는 18세 이하, 프랑스는 20세 미만까지 준다. 스웨덴은 16세 미만까지 아동 수당, 16세 이상은 학생 수당을 준다. 독일의 경우 기본적으로는 18세까지 주고 구직활동, 학업 등 아이가 처한 상황에 따라 최대 25세까지 지급한다. 이웃 나라 일본도 중학교 졸업 때까지 주던 수당을 최근 고등학교 졸업 때까지 확대 지급한다고 밝혔다.

꼭 수당이 아니어도 다른 식으로 지원할 수도 있다. 프랑스의 경우 각종 미술관, 박물관, 문화재 등 성인이라면 최소 몇천 원에서 몇만 원을 내고 들어가야 하는 공공시설들이 미성년자에겐 대부분 무료다. 일반 다중 이용 시설도 아이 할인을 해주거나 입장을 우대해 주는 곳이 많다. 즉 미성년 내내 누릴 게 많다.

OECD 자료에 따르면 2020년 한국의 가족 지원 예산은 여전히 GDP 대비 1.6%로 OECD 평균(2.1%)에도 못 미쳤다. 우리보다 출산율이 2배가량 높은 이웃 나라 일본(2.0%)보다도 적다. 저출산 예산으로 많은 돈을 쓰고 있는 것 같지만 실제 가족에 직접 쓰는 돈은 얼마 안 됐던 것이다. 현재 저출산 예산 규모는 약 50조 원에 달하지만 신혼부부, 청년 주거 지원, 일자리 대책 예산이 큰 비중을 차지하는 게 사실이다. 여기에 각종 가족 지원 수당은 영유아 시기에 국한돼 있다. 부산경제연구소가 2023년 4월 펴낸 「초저출산 탈피 해외사례 검토 및 국내 적용방안 연구」에 따르면 2006년부터 2015년까지 적용된 1, 2차 저출산·고령화 기본계획의 전체 예산 중 출산 부문의 비중이 89%에 달했다. 반면 아동·청소년 성장 환경에 대한 투자는 5% 미만이었다.

○ 제서희(24, 여, 취업 보류, 개인 사업, 결혼 X)

"사촌 언니네 조카가 두 명인데 둘째는 어린이집 다니지만 첫째는 벌써 중학생이거든요. 두 아이 키우는 차이가 크다고 하더라고요. 어린이집 다니는 둘째는 그래도 어린이집 맡겨놓으면 더 신경 쓸 거 없고 돈(수당)도 나오고 그러는데 첫째는 아무것도 없고 돈 나갈 일만 있대요. 역시 나중에 가면 결국 '내돈내산' 육아구나, 출산 때 지원만 보고 덜컥 못 낳겠다, 그런 생각도 들었죠."

서희 씨의 말처럼, 요즘 청년들이 바라보는 육아는 단순히 영유아 시기에서 끝나지 않는다. 아이가 자라고 시간이 흐를수록 지원은 줄어들고 부담은 늘어난다는 현실은, 청년들로 하여금 육아를 장기적으로 감당할 수 있을지 의문을 갖게 만든다.

인천시는 2024년 아동 1명에게 만 18세까지 1억 원을 지원하는 '1억 플러스 아이드림' 사업을 시작했다. 1억 원을 한꺼번에 주는 게 아니라 18세가 될 때까지 조금씩, 다 모아 1억 원을 지원하는 사업이다. 이미 국가가 지원하는 것에 지자체의 지원을 얹어 1억 원을 만든다는 거라 실제 지자체가 더하는 금액이나 혜택은 그리 크지 않을 수 있다. 그럼에도 눈길을 끈 건 영유아기뿐 아니라 만 18세까지 지원하겠다고 한 점이다. 비록 적으나마 성인이 되기까지 육아 전 기간에 걸쳐 혜택을 지원하겠다는 모토가 주는 안심, 든든함은 분명 육아에 대한 인식에 긍정적인 영향을 미칠 것이다.

통 큰 지원보다는 자원을 효율적으로 배분하고 분산해 빈틈없이 지원하는 것이 더 필요하다. 학령기 이후 '광야에 홀로 내던져져 내돈내산 육아'를 해야 한다는 막막함만큼은 덜어줘야 한다. 청년들이 어떤 시기의 육아 가정을 보든 혜택을 입고 지원받고 있다고 느껴야 육아포비아도 줄어들 수 있다.

다다익전을
다다익선으로

 육아 가정의 부담을 완화하는 측면에서 또 하나 꼭 제안하고 싶은 것이 있는데 바로 자녀 수에 따른 지원 제도, 현 다자녀 정책의 재정비다.

 2024년 초 한 기관에서 저출산을 주제로 연 부모 간담회에 초청받은 적이 있다. 나는 보육 담당 기자이자 워킹맘, 다자녀 가정 부모라는 '3 in 1' 역할이었다. 나 말고도 두 자녀를 가진 부부, 육아휴직 한 아빠 등 다양한 유형의 부모들이 함께했다. 한 명씩 돌아가며 육아 고충을 이야기하는데 한 자녀 부모 차례가 되자 한 여성이 조심스레 입을 뗐다. "여기, 다자녀, 두 자녀 부모도 계신데요.

저희보다 고생 많으시고 나라에 기여하신 것도 알지만, 한 자녀 가구만 여러 혜택에서 빠지니까… 하나만 낳았다고 죄인 취급을 받는 것 같아 속상해요."

청년들은 한 자녀 낳아 키우기도 감히 엄두가 안 난다는데, 이 여성분 말처럼 어렵게 엄두를 내어 한 명 낳고 보면 어쩐지 낳기 전보다 더 박대받는 듯한 기분이 든다고 한다. 왜? 우리나라 다자녀 혜택 기준 때문이다.

다자녀 혜택이란 말 그대로 아이를 많이 낳은 다자녀 가구에 주는 혜택이다. 2024년 현재 우리나라 다자녀 가구 기준은 미성년 자녀 2명 이상 가구다. 기존에는 미성년 자녀 3명 이상인 가구였는데 2023년 정부가 자녀 3명을 2명으로 변경해 그 대상을 대폭 확대했다. 초저출산 현상이 심화하면서 3자녀 이상 가구 비율이 전체 유자녀 가구 중 7%대로 떨어져 다자녀 혜택 수혜자가 너무 적다는 이유였다. 유럽을 비롯해 대부분의 나라에서 다자녀란 자녀 셋 이상을 뜻하는 게 통념이지만, 한국의 경우 유럽 국가들과 비교할 때 그 비율이 10%가량 낮아 다자녀 혜택의 수혜자가 너무 적은 게 사실이었다.

정부의 다자녀 기준이 세 자녀에서 두 자녀로 바뀐다는 발표가 나고 나서, '세 자녀 이상만 누리던 걸 두 자녀까지 누리게 됐으니 아쉽지 않으냐'는 취지의 질문을 많이 받았다. 사실 아쉽고 섭섭하기론 세 자녀 이상 가구보다 한 자녀 가구가 더 할 거라고 생각했다. 유자녀 가정 중 유일하게 추가 혜택(다자녀 혜택)을 받을 수 없는 '왕따'가 되었으니 말이다.

우리나라 다자녀 혜택 체계는 다자녀가 되면 다 누리고, 다자녀가 아니면 다 못 누리는 식으로 이분법적이다. 'All or Nothing'이랄까. 일부 혜택이 세 자녀 이상으로 남아 있긴 하지만, 대부분 두 자녀 이상이면 다 누리고, 두 자녀가 아니면 누리지 못하는 식이다.

다른 나라는 어떨까? 많은 나라가 육아 가정에 자녀 수별로 다른 혜택을 제공하는 가족 지원 제도를 가지고 있다. 각 가정의 필요에 맞게 지원하고 추가 출산도 독려하기 위해서다. 출산, 육아 하면 늘 선진국으로 거론되는 프랑스를 예로 들어보자.

프랑스의 가족 지원 제도는 기본적으로 자녀 수가 늘어날수록 혜택도 함께 커지는 구조로 설계돼 있다. 다자녀 기준인 3명을 넘어가면 혜택이 더 커지지만 이후에도 4명, 5명일 때마다 수당이 차등으로 올라가는 식이다. 그렇다고 다자녀만 받는 건 아니다.

'가족 수당Allocations familiales'은 부양 자녀가 2명 이상일 경우부터 지급되는데, 자녀가 늘어날수록 액수도 급격히 증가한다. 2024년 기준으로 두 자녀 가정은 매월 약 149유로(한화 약 21만 원), 세 자녀 가정은 339유로(약 48만 원)로 자녀가 1명 추가될 때마다 190유로(약 27만 원)가 더해진다. 여기에 14세 이상 자녀에게는 추가로 월 74유로(약 10만 원)가 지급된다. 소득 수준에 따라 전액, 50%, 25% 수준으로 차등 지급이다. 이 수당만 해도 세 자녀 가정이 두 자녀 가정보다 두 배 이상 많은 지원을 받는다.

프랑스는 가족 수당 제도가 한 자녀부터 누릴 수 있도록 다층적으로 구성돼 있다. 영아 보육 수당, 자녀 간호 수당, 장애 아동 수당, 개학 수당 등 자녀 수와 관계없이 지급되는 각종 수당이 있기 때문이다. 출산 직후 지급되는 출산 수당 Prime à la naissance은 2024년 기준으로 1,066유로(약 150만 원)다. '기본 수당 Allocation de base'이라는 제도도 있는데, 0~3세 자녀를 둔 가정에 월 최대 193유로(약 27만 원)가 지급된다.

부모가 육아를 위해 일을 쉬는 경우에는 '부모 휴직 수당 Prestation partagée d'éducation de l'enfant, PreParE '이 제공된다. 우리의 육아휴직 급여와 같다. 부모는 최대 3년까지 육아휴직을 신청할 수 있는데, 특히 셋째 자녀 이상이 되면 지원 기간이 길어지고 수당 금액도 확 늘어난다.

'프랑스판 다자녀 카드'라 불리는 '대가족 카드 Carte Familles Nombreuses'는 세 자녀 이상 가족에게 발급되며, 프랑스 국유철도 SNCF 운임이 최대 75%까지 할인되고, 공공시설은 물론 상업 시설, 교육·보육 관련 서비스 등에서도 폭넓은 할인 혜택을 받을 수 있다. 다자녀 가족은 이사할 때 생애 한 번 1,100유로(약 160만 원) 이상의 이사 비용도 정부가 지원한다.

요약하면 프랑스의 가족 정책은 아이 1명만 있어도 받을 수 있는 혜택이 여럿 있고 아이가 많으면 많을수록 혜택이 눈에 띄게 확장되는 구조. 여기서 중요한 건 혜택이 아이 머릿수 따라 확연히 증가한다는 점이다. 그 결과 사람들 머릿속엔 자연스레 '아이=혜택', '아이가 많으면 많을수록 좋다', '다다익선多多益善'이라는 인식이 자리 잡을 수 있다.

반면 한국의 가족 지원은 앞서 이야기한 것처럼 다자녀냐 아니냐를 따지는 이분법적 방식이다. 이런 가운데 최근 다자녀 기준이 세 자녀에서 두 자녀 이상으로 확대되면서 혜택을 못 받는 가정, 즉 Nothing에 드는 가정은 한 자녀 가정뿐이 없게 됐다.

"억울하면 하나 더 낳아서 다자녀 가구가 되든가." 누군가는 이렇게 말할지 모르겠다. 그게 다자녀 혜택을 주는 목적 중 하나(출산 유인) 아닌가.

그 목적을 성취하려면 다자녀가 되는 순간 혜택이 눈에 띄게 늘어야 한다. 프랑스처럼 다자녀 문턱을 넘는 순간 받는 돈이 두세 배로 뛰고 온갖 수당이 늘어나고 시설 이용 할인율이 크게 오르는 식으로 말이다. 문제는 한국에선 그런 것도 아니라는 점이다.

세 자녀 이상이라고 하면 가장 많이 듣는 말이 "애국자다", 다음으로 "나라에서 혜택 많이 준다며?"일 거다. 솔직히 말해서 듣고 기분이 썩 좋은 말은 아니다. 혜택받는 처지에 멋쩍어서 그런 게 아니고, 받는 혜택이 별거 없어서다. 앞서 다자녀 기준이 세 자녀에서 두 자녀로 확대됐을 때 별로 고까운 기분이 들지 않았던 건 그 때문도 있다.

"아니, 나라에서 혜택을 그렇게 많이 준다고 하던데 왜 별로 받는 게 없다는 거야?" 이런 질문을 자주 받는 터라 한번 따져봤다. 그동안 내가 받은 다자녀 혜택을 큰 틀에서 정리해 보면 다음과 같다. △어린이집 입소, 아이돌보미 이용 시 우선순위 △자동차 취득

세 감면 1회 △매달 수도·전기 요금 1~2만 원 감면(가스 요금도 감면해 주지만 우리 집은 가스를 사용하지 않는다) △공영주차장 등 공공시설 이용료 할인. 이 중에서 정말 혜택이었다고 느낀 건 첫 번째 어린이집과 아이돌보미 우선순위 혜택 정도다. 나머지 혜택은 별 이득이 아니거나 일회성이라 크게 혜택으로 다가오지 않았다. 각종 요금 1~2만 원 감면도 크지 않냐고 할 수 있는데, 기본적으로 가족구성원이 많으면 애초 남들보다 전기, 물을 많이 쓰는 터라 감면받아 봐야 일반 가정 수준이거나 여전히 다른 가정보다 많은 돈을 냈다.

수당도 다자녀라고 더 특별한 건 없다. 다자녀가 넘어가면 추가 지원을 얹어주는 프랑스 가족 수당과 달리 아동 수당은 자녀가 1명이든 4명이든 똑같이 아이당 10만 원을 준다.

박물관, 주차장 등 돌아다녀 보면 여기저기 다자녀 혜택이 많아 보이지만, 이런 곳들은 자주 방문하는 게 아니라 체감도가 높지 않다. 다자녀 카드 역시 마찬가지다. 한국에도 프랑스 다자녀 카드와 같이 다자녀 가정에 한해 발급되는 다자녀 카드가 있는데, 지자체마다 달리 운영하는 데다 혜택도 썩 많지 않다. 서울에 사는 나의 경우 서울시의 다둥이 행복 카드를 발급받아 쓰고 있다. 솔직히 이야기하면 공영주차장 이용할 때 말곤 쓸 일이 거의 없어서 나와 남편은 아예 '주차 할인 카드'라고 부르고 차에 놓고 다닌다.

민간업체 할인 혜택도 있긴 하나 막상 쓰려고 보면 그 할인율이나 혜택이 카드사 할인이나 이벤트 할인 등 여타 혜택에 미치지 못

할 때가 많다. 예를 들어 다둥이 행복 카드가 있으면 모 놀이공원 자유이용권을 정가보다 20~30% 할인받을 수 있는데, 특정 카드나 이달의 혜택 할인율이 늘 40~50%로 훨씬 높아서 굳이 다둥이 카드를 쓸 일이 없는 식이다.

다자녀 혜택 중 유일하게 혜택다웠던 것이 어린이집 우선 입소라고 했는데, 그나마 이것도 다자녀 기준을 넘기고 나면 앞서 다른 다자녀 혜택과 마찬가지로 혜택 수준이 동일하다. 자녀 수에 따른 추가 혜택은 없다. 자녀 수가 셋이든, 열이든 우선순위 혜택이 똑같다는 말이다. 그래서 하반기(7~12월)에 태어나 어린이집 입소 신청이 상대적으로 늦은 우리 집 넷째도 처음 어린이집 0세반에 지원했을 때 떨어지고 말았다. 아이 수가 줄면서 어린이집 0세반이 동네에 단 한 곳뿐이었는데, 넷째를 입소시키려고 보니 이미 같은 해 상반기(1~6월)에 태어난 다자녀 아이들이 줄 서고 있어 선착순으로 잘린 것이다(아이가 태어나야 어린이집 입소 신청이 가능하다). 네 자녀 워킹맘이라 하면 '무적의 조건'으로 어디든 걱정 없이 입소할 수 있을 줄 알았는데, 착각이었다. 결국 복직 시기까지 입소할 어린이집을 찾지 못해 한동안 넷째를 다른 곳에 맡겨야 했다.

아니, 다자녀 대학 등록금 지원이나 공공분양주택 특별공급 같은 크고 굵직한 혜택들도 있지 않냐고? 있다. 세 자녀 이상 가구는 대학에서 등록금을 면제받을 수 있다. 특공 우선순위 혜택도 누릴 수 있다. 문제는 이런 큰 혜택의 경우 대부분 소득, 자녀 나이, 주택 소유 여부 같은 조건이 따라붙는다는 점이다. 서울에 살면서 아들 넷을 키우고 있는 맞벌이 다자녀 가구 엄마 전정희 씨도 소득 기준에 걸려 널리 알려진 큰 혜택들은 하나도 받아본 게 없다며 분통을 터뜨렸다.

○ 전정희(41, 여, 서울 소재 대기업 근무, 자녀는 12세, 10세 등 4명)

"다자녀에 애가 셋도 아니고 넷인데 소득 분위 조건에 걸려서 아무 혜택도 못 받았다고 하면 다들 놀라요. 내가 그렇게 부자도 아닌데 말이죠. 특공에서 다자녀 가점 줄 때 영유아만 가점 주는 것도 웃긴 거예요. 영유아들 크면 특공 점수 떨어져요. 왜? 더 이상 영유아가 아니게 되니까요. 영유아에서 아동 된다고 애 넷이 사라지는 것도 아닌데. 납득이 안 되잖아요. 이러니 역시 정책을 믿을 수 없단 얘기가 나오는 거예요."

○ 이승근(53, 남, 공익법인 근무, 외벌이, 자녀는 23세, 21세 등 4명)

"다자녀 셋째 자녀 이상한테는 대학 등록금 다 면제다, 그래서 봤더니 이게 다 그냥 8분위 이하(2025년부터 9분위 이하)예요. 집사람이 '그래도 우리 집이 왜 못 받아?' 그랬거든요. 외벌이에 많이 벌지도 않으니까. 아마 서울 집값 때문이 아닌가 하는데 집도 다 '내돈내산' 했는데. 이거 좀 너무하다. 그때부터 약간 슬슬 화가 난 거죠. 사람들이 다자녀니까 거저 키우겠네, 등록금 다 대주면 뭐 걱정이 있어 이런 식으로 얘기하는데, 첫째, 둘째는 뭐 그렇다 치더라도 셋째, 넷째를 보니까 딱 내가 퇴직하고 나서 대학을 가는 거예요. 그때부터는 진짜 '야, 이거 안 되겠다' 했어요. 걔네도 첫째처럼 대출받아서 대학 가라고 하면 되겠지만 좀 화나잖아요. 그렇게 애국자라고 그러면서."

　전정희, 이승근 씨처럼 아이 넷 다자녀여도 소득 등 이런저런 조건 탓에 굵직한 혜택은 받지 못하는 경우가 많다. 아이가 많으면 집을 옮겨 다니기 쉽지 않기 때문에 주거 안정성을 위해 빚을 내 무리해서 내 집을 마련하는 다자녀 가족이 적지 않은데, 그 때문에 되레 자녀 대학 등록금 면제나 특공 지원 대상에서 탈락하는 아이러니한 상황이 빚어질 수 있다.

　사실 주거 혜택은 큰 혜택이긴 하지만 애초 다수가 받을 수 있는 혜택은 아니다. 어떤 집에 살지 정하는 데엔 가격만 영향을 미치는 게 아니기 때문이다. 집의 위치, 넓이와 구조, 주변 환경, 직장 근접 여부, 학군 등 다양한 것이 고려 대상이다. 다자녀 혜택만 보고 무작정 집을 옮길 순 없다. 가족구성원이 많아 엉덩이가 무거운 다자녀 가구라면 더욱 그렇다.

　정리하면 이렇다. 한국의 다자녀 혜택은 다자녀 가구에 썩 큰 도움이 되지도 않으면서, 대상에서 유일하게 제외된 한 자녀 가구에 박탈감만 안긴다. 지금 같은 식으론 많이 낳아도 혜택이 별로 없다거나 낳을수록 되레 손해라는 인식이 자리 잡을 수 있다. 다자녀 기준인 2명만 넘기면 자녀가 둘이든 넷이든 받는 혜택이 비슷하다 보니 많이 낳으면 낳을수록 상대적으로 혜택은 줄어드는 셈이 되기 때문이다. 받는 건 똑같고 내 돈만 더 드니, 프랑스처럼 다다익선이 아니라 그냥 다다익'전錢(돈=비용)'인 셈이다.

이런 가운데 2024년부터 다자녀 혜택 대상이 두 자녀 이상으로 확대되면서 안 그래도 빈곤했던 혜택이 더 빈곤해지는 것 아니냐는 우려가 나온다. 통계청에 따르면 2023년 18세 이하 자녀가 있는 가구 가운데 두 자녀 이상 가구 비중은 전체의 56.7%다. 기존 다자녀 가구 기준인 세 자녀 이상 가구는 9.5%로 그 차이가 크다. 10가구 중 1가구가 받던 혜택을 10가구 중 6가구가 받게 된다는 이야기다. 이건 사실상 보편 혜택에 가깝다. 그리고 보편 혜택은 통 크게, 많이 주기 어려운 게 진리다.

5년 차 딩크족인 김은미 씨는 신도시에 산다. 본인은 아이를 키우지 않지만, 주변에 어린아이를 둘 이상 키우는 지인들이 많다. 세 명 이상도 다른 지역 대비 많은 편인데, 이들에 따르면 다자녀 대상 확대 후 일선 업체에서 주던 다자녀 혜택도 줄었다고 했다.

○ 김은미(38, 여, 회사원, 결혼 5년 차, 자녀 X)

"예산이 한정돼 있는데 혜택을 받을 사람이 는다? 그러면 예산을 더 쓰지 않는 이상 혜택이 적어질 수밖에 없죠. 제가 종종 같이 차 마시며 얘기 나누는 언니들이 있는데 여기가 신도시라 세 명 다자녀가 꽤 있거든요. 근데 그중 한 명한테 들어보니까 다자녀 기준 둘로 확대되고 나서 어떤 육아용품 판매 사이트들은 다자녀 할인권을 슬며시 없앴다고 하더라고요. 아이 셋한테 주던 거 둘 있는 집에 다 주려면 너무 많으니까 그런 거 아닌가. 정부 서비스도 그렇게 있으나 마나 한 거 되는 게 아니냐, 걱정하더라고요."

은미 씨 지인들만의 걱정은 아니다. 이미 2023년 8월 정부는 다자녀 기준 확대 계획을 발표하는 자리에서 "두 자녀 가구 수를 고려할 때 기계적인 요건 완화는 막대한 재정 소요가 불가피"하다며 "단계적·전략적 확대가 필요"할 것이라고 밝혔다. 광범위한 대상 탓에 막대한 재정이 들어갈 수밖에 없고 그로 인해 자녀 수에 따른 혜택의 증가는 소폭일 수밖에 없음을 애초 자인한 셈이다. '예산은 예산대로 들었는데, 개개인이 느끼는 효과는 미미했던' 과거 저출산 정책의 실패를 답습할 것 같은 우려가 드는 지점이다.

가족 지원 예산을 늘리고 혜택을 다양화함과 동시에, 자녀 수에 따라 혜택이 점증할 수 있는 시스템이 되도록 정책을 재정비해야 한다. 한 자녀 대 다자녀가 아니라, 한 자녀, 두 자녀, 세 자녀, 네 자녀 점증적으로 지원해야 정책의 체감도를 높일 수 있다.

사실 자녀 수별 지원은 아동 복지 측면에서 봐도 당연하고 필수적이다. 모든 아이가 균등한 혜택과 복지를 누리게 하기 위해서다. 아이가 많으면 많을수록 지출은 커지고 양육 부담은 늘어나기에, 자녀 둘인 집과 다섯인 집이 똑같이 받는다면 후자 가정 아이는 상대적으로 전자보다 덜 누리는 셈이 될 것이다.

프랑스를 비롯한 많은 선진국이 자녀 수별 점진적인 차등 지원책을 쓰는 근본적인 이유다. 저출산고령사회위원회 홈페이지에 게 재된 신윤정 한국보건사회연구원 국제협력단장의 〈합계출산율 1.8명 강국을 만든 프랑스의 가족 수당 정책〉에 따르면 프랑스 사회는 형평성을 매우 중시하는 사회다. 자녀 수별 적극적인 차등 혜택도 사실은 이런 형평성의 원칙에서 출발했다. 아이 둘인 집과 넷인 집의 부담은 같을 수 없기에 상대적으로 어려운, 자녀 많은 가정을 지원해 자녀 수가 적은 가정과 형평성을 맞춰주는 게 차등 혜택의 기본 목적이다. 간혹 "왜 다자녀라고 더 받느냐"라고 못마땅해하는 사람들이 있는데 어쩌면 이런 빈축 역시 정부가 다자녀를 하나로 묶어서 혜택을 주다 보니 생기는 반감이라 할 수 있다.

아이가 늘면 늘수록 혜택이 커지도록 제도를 재정비해야 한다. 아이 수 따라 늘어나는 혜택은 아이가 곧 혜택이란 생각을 자리 잡게 할 것이고, 그러면 자연히 출산도 더 유인할 수 있다. 특히 이미 자녀를 낳은 가정의 추가 출산을 더 독려할 수 있다. 저출산고령사회위원회의 2024년 9월 결혼·출산·양육 인식조사에서 '추가 출산을 생각 중'이거나 '낳을 생각이 있다'라고 답한 사람은 두 자녀인 사람 가운데 14.1%, 세 자녀 이상 중에도 11.1%였다. 앞으로 다문화 가정이 증가하는 등 가족 유형이 다양해지면 다자녀 출산율이 높아질 가능성도 있다. 현재 가족 지원 정책에는 이렇게 추가 출산을 원하는 다자녀 가구들을 끌어들일 유인이 없다.

프랑스 사례에서 본 것처럼 자녀가 많으면 많을수록 혜택이 커지는 제도는 아이와 육아에 대한 부정적인 이미지를 환기하는 데도 도움이 될 터다. 우리는 앞서 아이가 민폐라거나 골칫거리라는 인식이 우리 사회에 적잖이 만연해 있고 그것이 청년들의 육아포비아에 영향을 미치고 있음을 확인했다. 각종 시설, 서비스, 세제 등에서 자녀가 많을수록 우대와 혜택이 커진다면 아이의 가치와 권리에 대한 인식도 자연스레 변화할 수 있다. 개인적으로 다자녀 혜택이란 말 자체를 없애면 어떨까 하는 생각도 든다. '몇 명이냐'가 아니라 '한 명 한 명이 소중하다'는 인식 아래 전 아동과 가정을 품는 정교한 제도가 필요하다.

가족의 문턱을 낮추기

1년만 함께 살기로 약속하고 동거하는 비혼 부부, 친자가 아닌 조카를 자식처럼 키우는 이모와 삼촌, 중년 여성을 사랑한 젊은 남성, 성소수자인 남사친과 함께 사는 여대생.

언뜻 친숙하게 들리는 이 사례들은 모두 2024~2025년 국내에서 방영되거나 상영된 드라마, 영화 속 이야기다. 영화와 드라마만 보면 한국 사회는 다양한 가족이 넘쳐나는 듯 보인다. 하지만 막상 현실에선 이런 사람들을 찾아보기 힘들다. 설령 있더라도 잘 드러나지 않는다.

앞서 살펴본 것처럼 한국 사회는 정상과 표준에 대한 강박이 강한 사회다. 결혼과 가족도 예외가 아니다. 한 유명 배우가 법률혼 밖에서 아이를 낳았다는 이유로 국민적 화제가 되고, 결국 공개 사과까지 해야 했던 일이 이를 단적으로 보여준다. 흔히 "현실이 영화보다 더하다"라고 하는데, 결혼과 가족 문제만큼은 한국 사회의 현실이 영화보다 뒤처지는 것 같다.

물론 앞서 이야기한 것처럼 결혼과 가족에 대한 인식은 빠르게 변화하고 있다. 그런데 생각만 바뀌고 현실은 바뀌지 않으면서 전통적 가족이 주는 부담과 속박이 싫은 청년들은 결혼과 출산을 기피하고 있다. 이런 부담감과 거부감은 육아포비아도 강화했다.

결혼, 출산의 선택지가 다양해져야 청년들의 부담감, 심리적 문턱도 낮아질 수 있다. 서구 여러 선진국만 봐도 알 수 있다. 주요 선진국들은 이미 법률혼 외에도 다양한 형태의 가족을 인정하고, 관련 법적 지원을 하고 있다. 프랑스는 1999년부터 시민연대계약 Pacte Civil de Solidarité, PACS을 시행했다. PACS는 성인 시민 간의 결합 제도로, 이 제도를 이용하면 결혼 절차를 거치지 않고도 부부에 준하는 사회적 보장을 받을 수 있다. 덴마크는 1989년부터 성별과 관계없이 두 성인이 '파트너십 등록'을 통해 결혼과 유사한 권리를 보장받을 수 있게 했다. 서유럽 국가 중에선 상대적으로 보수적이라는 독일도 이미 2001년 '생활동반자법'을 입법해 법률혼과 유사한 공동체를 법규화했다. 동반자 관계를 법률적으로 보호하면서, 공동의 자녀를 출산하고 양육하는 것을 목적으로 하는 혼인과는 엄격히 구별했다. 네덜란드는 '동반자등록법', 스웨덴은 '동거법'을 통해 동거 연인에게 결혼 부부와 동일한 혜택을 제공한다.

우리처럼 보수적인 규범의식이 강한 일본에서도 2015년 도쿄 시부야구를 시작으로 동성 커플을 '파트너십'으로 인정하는 제도를 시행했다. 법적 구속력은 없지만, 혼인 가구와 동일한 혜택을 준다.

한국은? 이런 전통적인 혼인 외 결합을 지원하는 제도에 대해 아직 논의조차 제대로 시작하지 못한 상황이다. 반대 입장 때문이다. 가족의 범위를 넓히는 데 반대하는 사람들은 혼인 외 관계를 인정하면 전통적 가족 질서가 무너질 것이라 우려한다. 의도했던 것과 달리 출생아 수도 줄어들 것이라고 본다. 애초에 혼인이라는 복잡한 속박을 피하고자 혼인 밖 제도를 택한 사람들이 육아라는 더 큰 속박을 선택할 것이라 기대하는 것부터 어불성설이라는 것이다.

실제 프랑스에서 PACS 커플이 혼인 커플보다 아이를 더 적게 낳았다는 연구 결과도 있긴 하다. 파리1대학교(팡테옹-소르본)를 졸업한 박준혁 법학 박사가 프랑스 통계청 자료를 분석한 2022년 논문에 따르면, 18~39세 PACS 커플 가운데 46%는 자녀가 없었던 반면, 혼인한 부부 중 자녀가 없는 비율은 15%에 불과했고, 85%는 자녀를 두고 있었다. 다소 오래된 자료이긴 하지만, 2011년 기준 실제로 동거 중인 커플 가운데 PACS를 맺어 신고한 비율은 3%에 그쳤다며 새로운 결합으로서의 PACS 제도 실효성에 의문을 제기한 연구도 있다.

그러나 잊지 말아야 할 건 비혼 커플을 허용하지 않는다고 해서 전통적인 기혼 커플이 늘어나는 건 아니라는 점이다. 현재 기혼 커플의 수는 급감하고 있다. 설령 비혼 커플이 기혼 커플보다 더 적게 낳는 게 맞다고 해도, 지금대로 둔다면 가족의 수, 출생아의 수가 모두 줄어들 수밖에 없다.

법률혼 외의 다양한 결합을 인정해야만 그나마 가족을 만드는 사람들을 늘릴 수 있다. 실제 법률혼 외의 결합을 인정한 국가들의 합계출산율이 더 높다. 2021년 기준 비혼 출산 비율이 70.4%인 멕시코의 출산율은 1.82명, 비혼 출산 비율이 62.2%인 프랑스의 출산율은 1.8명(2022년 기준)이었다. OECD 39개 회원국 중 비혼 출산 비율이 평균을 웃도는 나라들의 합계출산율은 1.61명이었고, 평균을 밑도는 나라들의 평균 합계출산율은 1.45명이었다. 인구학계 권위자 데이비드 콜먼 옥스퍼드대학교 명예교수는 출산율이 1.6명을 넘는 나라 중 비혼 출산 비율이 30% 미만인 나라는 한 곳도 없다고 했다. 그만큼 가족을 이루고자 하는 사람들 중에 기존 법률혼을 원치 않는 사람들이 많다는 뜻이다. 2024년 콜먼 교수가 방한했을 때 짧게 인터뷰할 기회를 가졌는데 그때도 그는 한국 저출산의 해법으로 가족의 다양성을 강조했다.

○ **데이비드 콜먼 옥스퍼드대학교 명예교수**

"자녀와 가족이 필수라는 인식이 사라져 가는 건 한국에서뿐만은 아닙니다. 그런 인식의 변화는 프랑스를 비롯한 서유럽에서도 마찬가지로 있습니다. (합계출산율이 높은) 프랑스와 서유럽에서 다른 점이 있다면 그건 혼외출산을 공식 허용한다는 점입니다. 프랑스에서 현재 태어나는 아이들의 절반 정도가 혼외 출생아입니다."

법률혼 외의 다양한 가족 관계를 인정하는 것은 기존 가족을 파괴하는 것이 아니라 가족의 지평을 넓히는 일이다. 과거엔 가족이란 문제의 정답이 OX 문제처럼 두 가지 답안에 불과했다면 이제 세 가지 이상의 다양한 선택지가 주어지는 셈이다. 앞서 본 것처럼 비혼을 인정한 서구 국가들에선 비혼과 기혼이 조화롭게 공존한다. 법률혼은 사라지지 않았고, 여전히 많은 수가 법률혼을 한다. 가족도, 출산율도 무너지지 않았다. 출산율은 오히려 한국보다 두 배 이상 높다.

가족 형태가 다양해지면 결혼과 육아에 대한 강박적 기준도 완화될 것이다. 정상적인 결혼 시기, 나이, 정상적인 가족과 부부의 모습 같은 것들이다. 이런 정상, 표준에 대한 강요는 청년들이 결혼을 꺼리고 아이 낳기를 겁내는 이유 중 하나다. 다양해진 가족은 육아의 모습도 다양하게 만들 수 있다. 어쩌면 황금 티켓을 거머쥐는 것만이 정답이라고 가르치던 획일적인 육아 문화도 바뀔지 모른다.

법률혼 아닌 결합을 인정하고 가족의 범위를 넓히는 일은 초고령사회에도 꼭 필요한 일이다. 흔히 비혼 결합 같은 것은 전통을 거부하는 젊은 세대만의 일이라 생각하기 쉬운데 그렇지 않다. 초고령화로 배우자와 사별하거나 이혼 후 혼자 살아야 하는 어르신들이 늘고 있다. 이들 중 상당수가 비혼 동거를 원한다. 젊은 세대와 마찬가지로 결혼까지 하기엔 부담스럽기 때문이다. 함께 살면 의지가 되고 좋을 뿐 아니라 혹시라도 발생할 여러 위험에 대처할 수 있고 경제적으로도 생활비를 줄일 수 있다. 사회 역시 돌봄 비용을 절감할 수 있다.

특히 한국처럼 고령화 수준 대비 연금 등 노후 사회보장제도가 충분치 않은 나라에선 고령 돌봄을 대체할 대안으로 동거 파트너 인정을 적극 고려할 필요가 있다. 과거엔 그 공백을 자식들이 메웠지만, 저출산과 가치관 변화로 갈수록 자녀들의 돌봄을 기대하기 힘들어질 전망이다.

○ 이효동(26, 남, 취업 준비하며 공공기관 인턴 근무, 결혼 X)

"저희 할머니를 생각하면 될 것 같은데. 저희 친가 쪽이랑 외가 쪽도 그런 부양 문제로 많이 얘기를 하시는 걸 보면서 간접적으로 느껴지긴 하는데요. 지금이야 이런 고민도 하지만 저희가 나이 들면 아닐 거예요. 다행히 저희 아버지가 자영업을 하시니까 따로 노후 자금 같은 걸 모아놨다고는 듣긴 했어요. 나중에 만약에 그런 (돌봄) 문제가 발생이 된다면 전문 기관에 모셔야죠. 모시고 살진 못해요. 저희 부모님은 나이 들어 귀향·귀촌하고 싶어 하시는 분들이라 그런 휴양할 수 있는 집이나 토지 같은 건 좀 자금적인 측면에서 좀 도와드리면 모를까."

효동 씨는 부모님 부담을 줄여드린다며 대학 내내 장학금을 타고 아르바이트를 해 등록금 한 번 손 벌린 적 없는 '효자'다. 하지만 그런 효동 씨도 부모님의 노후 돌봄에 대해서는 전문 기관에 모시거나 경제적 지원만 하겠다며 단호하게 선을 그었다. 다른 청년 취재원들의 생각도 효동 씨와 비슷했다. 부모님을 사랑하지만, 노후의 부모님 돌봄은 별개의 문제였다. 저출산으로 자녀가 하나뿐이거나 없는 어르신들이 늘어날 것이기에 지금부터 이들의 노후에 대한 고민을 해야 한다. 2000년 전체 노인 인구의 16.0%였던 독거노인의 수는 2024년 22.1%로 증가했다. 200만 가구가 훌쩍 넘는 수다. 2021년 기준 전체 고독사 3,378명 중 47.5%가 60대 이상 고령층이었다.

이미 알게 모르게 동거하는 어르신들이 많다. 종종 사건 기사만 봐도 어르신 동거가 꽤 널리 퍼져 있음을 짐작할 수 있다. '7년간 함께 살아온 동거녀를 폭행해 숨지게 한 남성', '도박 문제로 다투다 동거인을 살해'… 요즘 이런 제목을 보고 20, 30대를 상상하며 기사를 클릭해 보면 주인공들의 나이가 70대, 60대일 때가 적지 않다.

한국여성정책연구원이 2021년 발간한 「고령 여성의 목소리로 들어본 노년의 비혼 동거, 그리고 정책적 함의」 보고서에 따르면 연구에 참가한 비혼 동거 고령 여성들은 노년에 파트너와 함께하는 삶에 긍정적으로 응답했다. 하지만 사회의 편견 때문에 관계를 드러내지 못했고 제도적으로 보장이나 지원이 되지 않아 노후의 불안정성이 여전하다고 했다. 현재 그냥 동거 관계는 법적 가족으로 인정받지 못하기에 상속권, 연금 수급권, 의료 동의권, 장례 절차 참여권 등의 권리를 누릴 수 없다. 임대주택 입주 시에도 동거자가 고려 안 돼 가족 수 우선순위에서 밀릴 수 있다.

그러나 '눈치 문화'와 표준을 지키려는 규범의식이 강한 한국 사회에선 이처럼 다양한 결합 형태가 존재하더라도 제도와 법이 자연스레 바뀌긴 어려울 것이다. 정부와 정책이 먼저 나서야 한다.

건강가정기본법이 제정될 당시부터 법명 변경을 비롯해 가족의 정의와 관련 범위에 대해 개정이 필요하다는 요구가 있어왔다. 크게는 세 번의 개정 시도가 있었다. 하지만 모두 마지막 문턱에 걸려 국회 임기를 넘기고 말았다. 2023년에는 용혜인 기본소득당 의원이 유럽의 시민연대계약과 비슷한 생활동반자법을 발의했지만 역시 국회 임기 만료로 자동 폐기됐다.

제4차 저출산고령사회 기본계획에서도 가족의 개념 확대는 그 필요성이 조금 언급되는 데 그쳤다. 가족의 범위를 확대 인정하는 것은 사회적 공감대가 충분히 형성되지 않았다는 이유였다. 2024년 말 유명 배우의 자녀 소식을 계기로 정치권은 물론 대통령까지 관련 제도를 언급하고 나서면서 다시 법 제정이 속도를 내나 했지만 안타깝게도 이번엔 비상계엄이라는 예기치 못한 정치적 사태가 추가 논의를 가로막고 말았다.

다시 논의를 시작해야 한다. 다양성에 대한 수요는 늘고 있는데 언제까지 눈 가리고 아웅 할 수는 없다. 임효연 씨도 가족을 만들고픈 성소수자 중 한 명이다. 훌륭한 부모님 아래 화목한 가정에서 가난하지만 행복하게 성장했다는 효연 씨는 자신도 그런 가족을 이뤄 자녀를 키우는 게 꿈이다. 그러나 한국 사회에선 요원한 일이다.

> ○ **임효연(37, 여, 공무원, 결혼 X)**
>
> "제 생각엔 저출산 문제에 있어서 성소수자들이 블루오션이 될 수 있을 것 같거든요. 저처럼 아이를 키우고 싶은 생각을 하는 사람들이 많이 있어요. 그리고 굉장히 잘 키울 수 있거든요. 우리나라 사람들이 입양 엄청 안 하잖아요. 그러니까 그 핏줄 이런 것 때문에요. 레즈비언 커플들 중에는 입양해서라도 아이를 키우고 싶어 하는 경우가 많아요. 만날 '초저출산 국가에서 아동 수출국 오명' 이런 거 뭐라 하지 말고 저희한테 결혼하고 입양할 기회라도 열어주면 좋을 거 같아요."

앞서 언급한 것처럼 이미 인구의 상당 비율이 성소수자고 이들 대부분은 타고나는 것이라 자신의 성적 지향을 마음대로 바꿀 수도 없다. 이런 그들을 언제까지고 덮어놓고 모른 체할 수는 없는 일이다. 가족을 이루고 아이를 갖는 일은 누구에게나 보장돼야 할 권리다. 이는 단지 개인의 욕구나 선택이 아니라, 사람으로서 마땅히 누려야 할 가장 기본적인 인권이자 헌법이 보장하는 자유다.

성소수자 중 많은 수가 효연 씨처럼 가족을 이루고 자녀를 키우고 싶어 한다. 효연 씨의 말처럼 지금도 매년 100명 넘은 아이들이 해외로 '수출'되고 있다. 성소수자 커플을 인정하고 그들의 국내 입양 길을 열어준다면 아동 수출국이란 불명예에서 어느 정도 벗어날 수 있을지 모른다. 서구 국가들의 비혼 지원 제도도 대체로 동성 커플을 법적으로 인정할 방법을 찾던 과정에서 도입됐다. 서유럽 국가 중에서는 다소 늦게 비혼 지원 제도를 도입한 영국도 2006년 '시빌civil 파트너십 법'을 동성 커플의 인권을 보호하기 위해 제정했다가 2019년 그 대상을 이성으로 확대했다.

다양한 가족을 이야기할 때 빼놓을 수 없는 화두가 다문화 가정이다. 정부는 이민청을 신설해 기존 외국인 노동자 인력뿐 아니라 한국에 정주할 외국인, 숙련노동 인재를 적극 유치할 계획임을 밝혔다. 이에 따라 앞으로 다문화 가정이 더욱 많이 늘어날 것이다.

사실 이미 지방의 경우 한국인 못지않게 외국인이 많은 곳이 적지 않다. 충북 음성, 경기 안산의 외국인 주민 비율은 2021년 기준 각각 15.9%와 14.2%다. 외국인만 따져 15% 수준이니, 한국 국적을 딴 다문화 인구까지 합치면 이들 지역은 이미 미국, 유럽 같은 다문화 지역이 되고도 남는 수준일 것이다.

한국교육개발원 교육통계서비스에 따르면 2024년 기준 전국 다문화 학생 수만 해도 19만 3,814명으로 2014년 다문화 학생 수 6만 7,806명에서 10년 만에 13만 명(186%)이 늘었다. 경남 지역의 경우 지역 미성년 인구의 4.2%, 초중고생의 3.7%가 다문화 학생으로, 이들 비율이 전체 학생의 50%를 넘는 학교도 두 곳이 있다고 한다.

그러나 앞서 살펴본 것처럼 이들을 위한 프로그램이나 지원은 부족한 실정이다. 이미 외국인 인구가 많은 지방에서는 벌써 이들 자녀의 부적응 문제가 불거지고 있다. 미국 학교에 있는 ESL_{English as a Second Language} 반[6] 같은, 학교와 지역사회에 언어, 문화가 다른 가족들을 위한 별도 적응, 학습 프로그램이 없는 곳이 대부분이기 때문이다. 이민 2세대의 부적응은 사회에 많은 문제를 일으킬 수 있다. 교육부를 중심으로 대응책 마련이 시급하다.

학교뿐만이 아니다. 정부가 외국인 이민을 확대한다고 하고 있지만 그들의 정착과 관련해 깊은 고민이나 논의가 없는 게 사실이다. 이들은 한국과 전혀 다른 문화적 배경에서 자랐다. 한국처럼 정상과 표준에 대한 강박이 강한 사회에선 특히 새로운 문화에 따른 여러 예상치 못한 부침이 발생할 수 있다. 생소한 이슬람 문화와 관습에 대한 거부감이 대표적이다. 대구 대현동 이슬람 사원은 2022년 착공했지만 주민들의 반대로 공사가 몇 년째 더디게 진행되고 있다.

○ 바르설하(32, 여, 몽골 출신, 유학원 운영, 한국인과 결혼, 자녀는 11세, 2세 딸)
"제가 일한 국내 법률사무소에 이슬람 문화권 국가에서 오신 분이 상담을 왔는데 아주 재밌는 얘기예요. 이 사람이 이미 부인을 데리

---

[6] 영어를 모국어나 공용어로 사용하지 않는 학생들이 영어 실력을 향상시키고 영어권 문화에 적응할 수 있도록 돕는 교육 프로그램.

고 한국에 들어와 있는데, 본국에 있는 둘째 부인도 합법 비자를 받아서 데려오고 싶다면서 어떻게 방법이 없겠냐는 거예요. 이슬람권은 일부다처제잖아요. 그런데 이게 한국의 법이나 문화에서는 없는 일이거든요. 그래서 저희한테 상담을 왔는데, 앞으로 이런 일들이 막 벌어질 거거든요."

바르설하 씨 말처럼 이민 확대로 노동력만 들어오는 게 아니라 전에 없던 가족 문화도 들어올 것이다. 그 과정에서 이를 어디까지 허용하고 받아들일지 갈등이 벌어질 수 있다. 개인적으론 이런 다양한 문화의 유입이 우리 가족의 다양성을 촉진할 거란 생각에 환영하지만, 그 과정에서 갈등은 최소화해야 한다. 그러자면 지금부터 다양한 문화에 대한 교육과 지원, 법제 마련 등 대비를 해야 한다.

정부가 앞으로 단순노무직 같은 비숙련 근로자뿐 아니라 숙련 근로자 유치도 확대할 거라고 밝힌 가운데, 이미 한국에 들어와 있는 '지한파知韓派'[7] 인력을 활용하는 방안을 고민할 필요가 있다. 한국이 좋고 한국을 알고 싶어 온 외국인 유학생이 그들이다. 한류의 인기에 힘입어 꾸준히 늘어난 외국인 유학생은 2022년 기준 19만 명에 이른다. 숙련 인력이 될 수 있는 고학력자 전문 인력들이 이미 많이 입국해 있는 셈이다. 이들은 한국에 대해 잘 알고 언어에

---

[7] 우리나라 정치, 경제, 사회, 문화, 역사 등의 각 분야에 걸쳐 많은 지식과 경험을 갖고 있는 외국인을 가리키는 말.

도 능통해 누구보다도 중간 다리로서 역할해 줄 수도 있다.

이들은 정부나 지자체, 대학으로부터 거액의 장학금, 학비, 체류비 등을 지원받고 있다. 2024년 10월 한국무역협회 국제무역통상연구원 발표에 따르면 이들 유학생 10명 중 7명 이상(77.9%)이 한국에서 취업을 원했다. 그러나 막상 학업을 마치고 나면 많은 수가 국내서 마땅한 취업 자리를 찾지 못해 고국으로 돌아가야 하는 실정이다.

○ **자얀라힘(36, 남, 파키스탄 출신, 다문화 강사 등, 자녀는 7세, 5세)**

"지금 한국 정부에서 돈을 많이 투자해서 외국인 유학생들에게 국가 장학금을 많이 주거든요. 그래서 외국인 유학생들이 한국 사람들은 비싸게 다니는 대학을 무료로 다니면서 양질의 교육을 받잖아요. 근데 얘들이 졸업하면 한국에서 살고 싶어도 취직이 쉽지 않은 거예요. 대학에서는 영어 쓰고 공부하거든요. 그래서 문제가 없거든요. 그런데 사회로 진출할 경우 한국어를 써야 해요. 외국인 취업 자체가 쉽지도 않고 정착을 유도하는 제도도 없고요. 그러니까 얘들이 버티질 못해요. 한국 정부가 많은 돈을 내서 외국인 유학생에게 투자하는데 얘네들은 결국 그거 받고 한국에서 공부하고 별수 없이 유럽으로 가는 거예요. 본의 아니게 먹튀(먹고 튀기) 하게 되는 거죠."

국제무역통상연구원 조사에서도 유학생들은 외국인을 채용하는 기업이 적고(70.8%), 취업 준비를 어떻게 해야 할지 모르겠고(63.1%), 취업 비자 취득이 어려우며(58.8%), 한국 기업에 대한 정보가 부족한(57.4%) 것 등을 이유로 한국에서 취업하기 어렵다고 답했다. 취업 후에도 한국인과의 차별 대우(64.1%), 비자 발급의 어려움(58.6%), 주거비 등 추가 비용(55.8%), 한국인 대비 낮은 연봉(52.3%) 등을 우려했다.

귀화 외국인으로 유학원에 근무하며 한국에 들어와 공부하거나 정착하고자 하는 외국인들을 컨설팅하는 일을 하는 자얀라힘 씨는 외국 인력을 들이기 위해 비자 문턱만 낮출 게 아니라 외국인들이 계속 머물고 싶은 생애주기별 환경을 구축해야 한다고 강조했다. 그건 취업, 결혼, 출산 등 이 사회에 남기 위해 필요한 다양한 제도에 세밀한 대책과 포용성을 요구하는 일이다.

'낳아도 괜찮아' 말해주기

출산일이 다가오면 예비 엄마와 아빠뿐 아니라 집도 아이 맞을 준비에 들어간다. 가장 먼저 아이가 놀고, 자고, 떠들 수 있는 아이 방이 마련된다. 부모들은 집 바닥에 매트를 깔아 아이가 넘어지거나 뛰어도 다치지 않고 아랫집에 피해가 가지 않도록 한다. 아이가 떨어뜨려도 무방한 실리콘 재질의 식기를 장만하고, 식탁이나 책상 같은 가구는 둥근 모서리 제품으로 바꾸거나 안전용품을 부착해 아이가 부딪혀도 다치지 않게 손본다. 위험한 물건이 들어 있는 서랍장엔 잠금장치를 달고, 아이가 아예 가면 안 되는 공간에 간이 울타리를 치기도 한다. 그 밖에 아이가 만지거나 당기면 안 되는 물건들은 모두 아이 손이 닿지 않는 곳으로 치운다.

아이가 생기면 으레 하는 일들이다. 이런 것들이 공공장소에서도 당연한 일이 된다면 어떨까. 아이들로 인한 말썽과 안전사고도 크게 줄어들지 않을까?

노키즈존이나 아이들 출입을 꺼리는 영업장들을 볼 때마다 드는 생각이다. 아이가 그릇을 깼다고 나무라기 전에 아직 발육이 미숙한 아이들이 쓰기에 부적절한 식기는 아니었는지 시선을 달리 해보면 어떨까. 물론 아이를 위해 식기를 새로 사고 안전용품을 다는 건 비용이 드는 일이다. 하지만 손님들을 위해 안전 시설과 편의 시설을 갖추는 건 어느 업주나 다 하는 일이다. 아이 손님을 위해서도 마찬가지로 안전하고 편리한 시설을 구비한다고 생각하면 된다. 이런 아동 친화적인 업장이 보편화하면 그것이 손해란 인식도 자연스레 사라지지 않을까. 결국 그런 변화의 혜택은 점주의 자녀와 손주들도 어디에선가 누릴 것이다.

이런 것이 일반적인 사회가 되면 육아포비아도 서서히 줄어들 수 있다. 사회적인 분위기와 인식이 바뀌어야 한다. 앞서 우리는 육아에 대한 부담을 줄이고 아이를 낳는 것이 혜택이라 느끼게끔 하기 위해 어떤 제도적, 정책적 변화가 있어야 하는지 살펴봤다. 이와 함께 인식 개선 노력도 병행해야 한다.

청년들을 인터뷰하며 "가족이나 출산 이야기를 주로 어디서 접하느냐"라고 물었을 때 가장 많이 나온 답은 주변 사람들, 그리고 미디어였다. 2023년 11월 실시된 '저출산 인식조사'에서도 '방송,

미디어가 결혼과 출산에 영향을 미친다'라는 문항에 동의한 비율이 81%에 달했다.

그런데 요즘 미디어를 통해 접하는 육아와 가족은 대체로 부정적인 모습이 많다. 지옥 같은 결혼 생활, 보기에도 숨이 턱 막히는 극강 난이도의 육아, 힘이 아니라 짐이 되는 가족, 연일 최악이라는 육아 지표 뉴스가 넘쳐난다.

한양대학교 인구문제연구원이 2024년 10~60대 남녀 298명을 대상으로 저출산 극복을 다룬 미디어를 그 내용에 따라 크게 '감성 소구 유형,' '위험 소구 유형,' '정보 소구 유형' 세 가지로 나누어 어떤 유형이 가장 영향력이 있나 조사했다. 감정 소구 유형은 아이와 육아 가정이 등장하는 따뜻한 휴먼다큐멘터리 같은 콘텐츠이고 위험 소구 유형은 저출산 위기에 대해 경각심을 일깨우는 내용, 정보 소구 유형은 저출산 대응책 설명 같은 정보를 담은 것이다. 결과는 휴먼다큐멘터리 같은 감성 소구 유형이 1위였다. '저출산은 국가적 위기'라며 경고하는 위험 소구 유형의 선호도는 가장 낮았다. 감성 소구형 콘텐츠를 접한 뒤엔 각각 74.8%, 63.1%의 사람들이 결혼하고 싶다, 출산하고 싶다고 답한 데 반해 위험 소구형 콘텐츠를 봤을 때는 그 비율이 67.1%, 55.4%로 줄었다.

안 그래도 육아에 부정적인 생각이 만연한 사회에서 위기감, 위험한 느낌을 불러일으키는 콘텐츠는 약이 아니라 되레 독이라는 걸 보여준다. 앞서 청년들이 반복되는 '저출산 경고' 메시지에 무덤덤해지고, 도리어 공포감을 느껴 출산을 꺼리게 되는 모습을 확인했다. '너무 안 낳아서 이 나라가 위기이니 아이를 낳아야 한다', '육아가 힘드니 문제를 개선해야 한다'는 알람은 도리어 청년들로 하여금 '다들 안 낳고 육아하면 힘들다는데 왜 나만 낳아야 해? 나도 안 낳아야겠다'고 생각하게 만들었다. 지나친 경고가 역효과를 부른 것이다.

대신 감정 소구형 콘텐츠처럼 아이와 가족에 대한 따뜻한 이야기가 출산에 대한 인식을 긍정적으로 만든 점을 주목할 필요가 있다. 다음은 몇 년 전 화제가 된 한 건설사 주거 브랜드 광고 내용이다. 목욕하던 엄마가 샴푸를 채 헹구지도 못하고 나와 아이를 달래고, 아빠는 기저귀를 갈다가 아기로부터 소변 공격을 당한다. 아빠는 아이 분유를 퍼먹다가 엄마에게 혼나거나 아이 장난감을 만지다가 그만 장난감에 몸이 끼기도 한다. 평범한 집의 평범하고도 '웃픈' 육아 에피소드를 다룬 이 광고는 눈물 짜내는 감동적인 줄거리나 화려한 영상 효과가 없음에도 풀버전 유튜브 조회수가 게재 약 1년여 만에 3,600만 회를 훌쩍 넘길 정도로 큰 인기를 누렸다. 영상에 달린 댓글도 호평 일색이다. "내 생애 최고의 CF", "순간 울컥했어요. 너무 우리 부부 같아서", "신혼에 아이 생각하고 있는데 너무 따뜻하다", "출산 장려 정책을 여기에 맡겨라 훨씬 잘 만들겠네" 등. 광고 덕에 가족에 대한 긍정적 의미를 되새겼다는 댓글도 많았다.

이렇게 따뜻한 시선으로 바라본 가족의 모습은 가족과 출산에 대한 긍정적 인식을 환기할 수 있다. 그동안 정부의 저출산 대응책은 주로 경제·사회적 혜택에 집중됐다. 인식 변화, 가치관 전환에 대한 접근은 상대적으로 부족했다. 임신 지원, 주거 대출, 일자리 마련처럼 손에 잡히는 정책과 달리 '출산과 육아에 대한 인식 개선'은 다소 허황하게 들려온 게 사실이다.

하지만 수년간 많은 청년을 만나며 느낀 건 한국의 초저출산은 '청년들의 의지에 달린' 경향이 꽤 컸다는 점이다. 정부도 뒤늦게 육아 인식 개선에 관심을 갖고 육아와 아이에 대한 긍정적 인식을 확산시키기 위한 홍보 예산을 증액했다. 보건복지부에 따르면 2023년 기준 저출산 홍보 예산은 39억 원이었는데, 1년 만인 2024년에는 70억 원으로 대폭 올랐다. 정부 홍보 예산 가운데 단일 사업으로 가장 큰돈이 나간다는 금연 사업 홍보 예산(200억 원대)과 비교하면 여전히 적은 금액이지만, 그래도 전년도와 비교하면 2배 가깝게 증액됐다.

하지만 정부 캠페인만으로는 한계가 있다. 홍보 예산이 무한정 늘어날 수도 없다. 더구나 젊은 세대는 나라가 뭘 하라고 하면 더 비판적이고 냉소적으로 바라보는 경향이 있다. 실제 과거 몇몇 공익광고가 이런 젊은 청년들의 심기를 거스르는 불쾌한 '계몽' 메시지로 안 하느니만 못한 전례를 남겼다. 2022년 아동심리 전문가 오은영 정신건강의학과 전문의가 나온 '애'티켓 공익광고가 한 예다. 공원에서 공놀이하던 아이가 커피를 들고 있던 여성과 부딪혀 커피가 쏟아지는 모습, 사람이 많은 식당에서 아이가 큰 소리로 우는 장면을 보여준 뒤 "아이니까 괜찮아"라며 이해하고 배려해 주라는 내용이었다. 아동 친화적인 사회 분위기를 조성하는 데 모두가 협조하자는 좋은 취지였지만 '애가 잘못했는데 왜 배려를 강요하느냐,' '애 낳기 더 싫게 만든다'는 등 반감만 샀다.

정부의 홍보, 교육과 별개로, 다양한 미디어와 협업해 가족 친화적 콘텐츠를 만들 수 있도록 독려해야 한다. 정부가 가족 친화 콘텐츠 제작자에게 시상하거나, 방송사·제작사에 인센티브를 주는 방식으로 긍정적이고 미래 지향적인 콘텐츠가 만들어지도록 유도할 수 있다. 방송산업 종사자를 대상으로 가족 친화적 콘텐츠의 중요성을 알리는 교육을 정기적으로 실시하거나, 방송사와 협약을 맺고 공익 차원에서 육아 친화 프로그램을 기획하는 것도 방법이다. 2024년 공영방송인 KBS는 저출산고령사회위원회 등과 함께 저출산위기대응방송단을 출범하고 저출산위기대응방송주간을 지정해 출산 관련 긍정적 프로그램을 송출하는 등 관련 콘텐츠를 집중적으로 편성했다. 2024년 합계출산율과 출생아 수가 소폭 반등하는 데엔 최근 1~2년간 이런 인식 전환의 노력도 영향을 미쳤을 거라 생각한다.

새로운 매체를 통한 접근도 필요하다. 청년들은 전통 미디어보다 SNS 등 새로운 플랫폼을 더 많이 이용한다. 19세 이상 3,000명을 조사한 한국언론진흥재단의 2024년 조사에 따르면, 성인 SNS 이용자는 평균 4.25개의 플랫폼을 사용하고, 젊을수록 이용 플랫폼 수가 많았다.

이런 콘텐츠들이 꼭 '아이를 낳자'거나 '가족은 소중하다' 같은 직설적인 메시지를 담을 필요는 없다. 굳이 그런 캠페인을 만들지 않아도 출산과 육아에 대한 부정적 인식을 환기할 방법은 많다. 앞서 건설사 광고 같은 감성 소구형 콘텐츠들이 그런 예다. 가끔은 일상 속에서 따뜻한 가족 이미지를 자연스럽게 보여주는 콘텐츠가 더 효과적일 수 있다.

맞벌이 부부로 아이 한 명을 키우는 이우진 씨는 미국 프로스포츠 경기를 자주 챙겨 보는데, 경기 전후 그곳 선수들 모습을 보면서 자연스레 가족을 갖고 싶다는 생각이 많이 들었다고 했다.

○ 이우진(42, 남, 군무원, 자녀는 7세 아들)

"미국이 되게 개인주의적인 나라인 것 같지만 영화나 드라마 이런 데 보면 엄청 가족적이잖아요. 진짜 그렇다는 생각이 드는 게 전 NBA나 미국 프로스포츠 되게 좋아해서 중계를 많이 봤거든요. 근데 거기는 유명 선수들의 가정적인 모습, 가족과 화목한 모습 그런 걸 미디어에 많이 보여줘요. 경기 끝나면 꼭 애들, 아내가 경기장에 내려와서 안고 가족이 포옹하고. (중략) 되게 유명한 선수가 집에 애가 아프다고 경기를 안 올 때가 있어요. 그럼 '그래, 집에 애가 아프면 중요한 경기도 안 와도 되지' 이러면서 그런 걸 다 이해하는 거예요. 우리나라라면 어땠겠어요? 완전히 반대로 '애가 아파도 경기 나와서 뛰어야' 대단하다고 소개하겠죠. 그럼 책임감 있다고 박수 치겠죠. 미국에서는 저 아빠 제정신이냐고 할 거예요. 전반적으로 그런 분위기고 사람들도 어릴 때부터 그런 걸 보고 자라니까 가족적이 될 수밖에 없는 거 아닌가, 그런 생각이 들더라고요, 전."

실제 2025년 5월 미국 프로야구 보스턴 레드삭스의 앨릭스 코라 Alex Cora 감독이 딸 대학 졸업식 참석을 이유로 자리를 비웠다가 "책임감이 없다"라는 일부 방송 진행자의 비난을 받은 일이 있다. 감독은 당당히 이들을 비판했다. "딸이 내가 오길 간절히 바랐다. 굳이 (비판하는 사람들을) 납득시킬 생각 없다." 반응은 나뉘었지만 "162경기 중 하루쯤 가족을 위한 선택이 뭐 그리 큰 문제냐"라는 반론이 우세했고, 구단과 선수들 역시 "가족과 함께하는 시간은 다시는 돌아오지 않는다"라며 감독 편에 섰다. 우리 미디어에서도 이런 모습이 자주 노출된다면 사람들의 생각도 서서히 바뀔 수 있다.

엄연히 부정적인 육아 현실이 있는데 그걸 호도하고 긍정적인 모습만 그리자는 건 아니다. 그러나 불행한 가족과 육아를 그린 콘텐츠 가운데는 시청률이나 조회수를 위해 다소 자극적이고 과하게 부정적인 모습을 부각하는 경우가 많은 게 사실이다. 이렇게 비난하기보다 가급적 해법을 제시하거나 긍정적인 부분을 많이 조명하자는 이야기다.

뉴스 역시 마찬가지다. 비판도 좋지만 대안도 제시해야 한다. 2023년 국회에서 열린 '저출생·고령사회 위기 극복 세미나'에서 주제 발표를 맡은 서용석 KAIST 문술미래전략대학원 교수는 "연금 고갈, 경제손실 등 경제적 측면에 대한 지나친 강조는 청년 세대에게 역효과와 거부감을 줄 수 있다"라며 언론과 미디어를 향해

"현 상황의 심각성만 강조할 게 아니라 저출산, 고령화에 대응하는 선진 사례, 대안 제시 등 미래 지향적인 의제에 집중해야 한다"라고 조언했다. 나 역시 많이 반성해야 할 부분이다.

이제 저출산 경고도 자제할 필요가 있다. 이웃 나라인 대만이 우리보다 앞서 합계출산율 0명대를 기록한 적이 있다. 대만의 출산율은 2010년대 0.9명대까지 떨어졌는데, 이때 대만 정부가 취한 태도는 온 사회에 저출산 적색경보를 울리는 게 아니라 대책은 마련하되 '출산에 대한 과도한 관심은 끄는 것'이었다고 한다. 코끼리를 생각하지 말라고 경고하는 게 아니라 사람들의 머릿속에서 코끼리를 최대한 지우려고 한 셈이다. 이후 대만의 출산율은 소폭 올라 한 명대로 돌아갔다. 정말 '코끼리를 언급하지 않은 덕'이었는진 모르지만, 적어도 계속 알람을 울리는 것보단 나았음은 분명해 보인다. 우린 그것이 썩 좋은 전략은 아님을 앞서 확인했다.

2006년부터 시작된 정부의 저출산·고령사회 기본계획의 틀을 짠 학자 중 한 명을 최근 만났는데 그도 역시 "저출산을 극복하기 위해서는 먼저 저출산 이야기를 좀 그만해야 한다"라고 조언했다. 그는 저출산이란 용어를 가장 선구적으로 쓰고 알린 학자 중 한 명이다. 그런 그가 이제 인구 정책과 정부 기관 명칭에서 저출산이란 용어를 들어내야 한다고 주장했다. 그 용어를 반복할수록 청년들의 두려움만 커진다는 이유다.

육아는 분명 힘들지만 그 무엇과도 비교할 수 없는 행복을 주는 일이다. 그것이 무섭고 불편한 일이 된다는 건 불행한 일이 아닐 수 없다. 최근 다녀온 토론회에서 한 20대 남성으로부터 흥미로운 이야기를 들었다. 대학원생인 그는 어릴 때부터 아버지로부터 "너를 키우면서 겪은 인생의 파노라마와 행복은 그 어떤 걸로도 대체할 수 없는 것이다"라는 말을 자주 들었다고 한다. 그는 "도대체 자식을 키운다는 건 어떤 것이기에 저런 느낌이 들까 궁금했다"라며 "나도 경험해 보고 싶어졌다"라고 덧붙였다. 부모로부터 육아의 행복, 가치를 느낄 수 있는 말을 자주 들은 덕에 출산과 육아에 대한 두려움, 거부감이 줄어든 것이다. 그 말을 듣고 다시금 육아포비아를 걷어 내는 것이 얼마나 중요한 일인가 상기했다. 육아에 긍정적인 부모, 기성세대, 사회의 모습은 청년의 생각을 바꿀 수 있다.

모두가 아이를 긍정적으로 생각해야 하고, 꼭 아이를 낳아야 한다는 것은 아니다. 출산은 개인의 선택이다. 하지만 적어도 그 선택이 두려움이나 혐오, 막연한 불안 때문은 아니길 바란다. 아이를 낳아도 된다고, 키워도 괜찮다고 말해주는 사회가 되면 지금보다 많은 청년들이 결혼하고 자연스럽게 아이를 가질 것이다.

에필로그 낳을 수 있는 데까지 낳아봤다, 이제 다시 시작이다

수십 번의 퇴고 끝에 드디어 에필로그에 다다랐다. 기나긴 마라톤이었다. 원고지 수십 매짜리 기사도 하루 안에 뚝딱 쓰는 게 기자이기에, '까짓거 책도 비슷하지 않겠어?' 하고 쉽게 생각했다. 하지만 100미터를 10초 안에 뛴다고 마라톤을 2시간 안에 끊을 수는 없는 법이었다. 최장 6개월로 잡았던 초고 탈고 기간은 1년, 1년 반으로 기약 없이 늘어졌고, 결국 2년을 꽉 채우고 말았다.

각 부와 장의 제목을 붙이고 중요한 키워드를 정리하며 다시 읽다 보니 또 고치고 싶은 부분들이 눈에 밟혔다. '이걸 더 보완해야 하지 않을까', '저건 빠뜨린 게 아닐까'. 안 된다. 이러다간 끝이 없겠다는 생각에 몇 번이고 키보드로 향하려는 마음을 다잡았다. 나의 이야기는 이제 시작이다. 부족한 건 다음 책에 또 쓰면 된다. 물론, 다음이 있다면 말이지만.

우리는 오랫동안 저출산 문제를 '국가의 위기'로 여겨왔다. 맞는 말이다. 출생아 수가 줄고 고령 인구가 늘어나면 공동체의 지속 가능성 자체가 흔들릴 수 있다. 그리고 그 배경엔 분명 구조적이고 사회적인 요인이 있다.

하지만 그 구조와 사회적 요인이 영향을 미치는 건 결국 '개인'이다. 아이를 낳을지 말지 결정하는 것도 결국은 개인이다. 그런 의미에서 이 책은 조금 다른 관점에서 저출산의 원인에 접근하고자 했다. 단순히 국가나 정책의 시각이 아니라, 개인에게 영향을 미치는 문화와 감정, 인식 전반을 함께 들여다보고자 했다.

책을 쓰는 동안 짧은 시간 안에 많은 사람과 이야기를 나눴다. 10년 넘게 저출산 문제를 취재해 왔기에 웬만한 이야기는 다 들어본 줄 알았지만, 책을 쓰기 위해 작정하고 연령, 성별, 계층을 나눠 압축적이고 심층적으로 인터뷰해 보니 또 새로운 결이 있었다. 청년을 포함한 모든 세대에서, 각자도 자각하지 못할 만큼 '육아에 대한 공포'가 깊게 자리 잡고 있었다. "낳고 싶지만 용기가 나지 않는다", "더는 못 낳겠다", "애 키우는 건 생각만 해도 무섭다"라는 말들 뒤에는 경제적 이유만으론 설명되지 않는 복잡한 감정과 가치관, 인식의 실타래가 얽혀 있었다.

수치와 통계, 이론으로 정답을 논하는 사람들에겐 이 책이 다소 두서없고 빈틈 많게 보일 수 있다. 하지만 청년들과 시민들의 눈높이에서 저출산을 바라보고, 그들과 함께 해법을 논해보고 싶었다. 많은 분이 이 책을 읽고 공감하거나, 혹은 반론을 던져주시기를 바란다. 어쩌면 그게 이 책이 목표한 바다. 여전히 부족함이 보임에도 불구하고 탈고하는 덴 그런 이유도 있다. 많고 많은 여백은 앞으로 여러분과 함께 채워나갔으면 한다.

나는 이 책에서 말한 '뉴노멀'과 '새로운 디폴트'의 흐름에 정면으로 역행하는 사람일지도 모른다. 남들 다 아이 낳기 무섭다고, 일·가정 양립 어렵다고 하는 이 시대에 아이를 넷이나 낳고 일까지 하고 있으니 말이다. "거봐, 이런 사람도 있잖아. 요즘 청년들이 안일한 거라니까!" 누군가는 나를 두고 이렇게 이야기할 수 있다.

하지만 거꾸로 생각해 보면 그렇게 낳을 만큼 낳아봤기에 나는 저출산 문제에 대해 더욱 떳떳하게 이야기할 수 있는 사람이다. 예전에 "취재가 안 된다"라고 선배에게 말하면 이런 꾸지람을 듣곤 했다. "너 할 수 있는 데까지 다 해봤어?" 마찬가지로, 국가나 사회가 묻는다면 나는 당당히 답할 수 있다. "나, 낳을 수 있는 데까지 다 낳아봤는데요. 힘들더라고요. 여기 나보다 많이 낳아보신 분?"

물론 나는 육아의 기쁨이 더 크다고 믿는다. 육아를 '해볼 만한 일'로 바꾸기 위해선 제도와 인식, 공동체 모두가 바뀌어야 한다. 아이 울음소리에 눈살을 찌푸리는 대신, 조용히 미소를 건네는 사회. 육아휴직을 고민하지 않아도 되는 일터. "왜 낳았냐"라는 질문 대신 "그래서 어땠어?"라고 물어주는 지인들. 그런 풍경이 곳곳에 번진다면, 이 사회에서 육아는 덜 무서운 일, 더는 무섭지 않은 일이 될 것이다.

나는 지금도 매일 작게 무너지고, 다시 작게 일어서는 하루를 살아가고 있다. 이 책이 그런 작고 끈질긴 싸움을 이어가고 있는 청년과 엄마, 아빠 들에게 조금이라도 위로와 도움이 되길 바란다.

동아북아를바라보는시각

감사의 글

　부족한 내가 책을 쓴다는 소식에 아낌없는 자문과 조언으로 힘을 실어주신 교수님들, 연구자들, 저출산고령사회위원회와 보건복지부, 고용노동부 등 관계 부처 공무원들, 그리고 취재원 섭외를 도와준 지자체 청년 정책 담당자들께 이 자리를 빌려 다시 한번 깊은 감사의 마음을 전한다.

　손석희 교수님, 장강명 소설가님, 김희경 전 차관님(작가님)의 추천사를 읽고는 한동안 가슴이 벅차 말문이 막혔다. 내겐 그 어떤 상보다 소중한 응원을 보내주신 세 분께 진심으로 감사드린다. 집필 의도를 듣고 생면부지의 기자에게 아무런 대가 없이 1시간이 넘는 긴 인터뷰에 응해주신 일반 시민 취재원 35분께도 더없이 감사한 마음뿐이다. 짧은 방한 기간에도 귀중한 시간을 내어주신 해외 석학 두 분께도 감사드린다. 덕분에 이 책의 내용은 훨씬 더 풍부해졌다.

　긴 시간 책을 기다려 준 출판사에도 고맙다는 말을 전하고 싶다. 사실 책을 처음 기획한 건 막내 육아휴직 중이던 2019년이었다. 이듬해쯤 출간을 목표로 했는데, 2020년 보건복지부 출입 기자로 복귀하자마자 코로나19 팬데믹이라는 '어마무시'한 사건이 터지면서 너무너무 바빠진 탓에 모든 것이 무기한 연기되고 말았다. 한번 일이 틀어지자 동력이 쉬이 생기지 않았다. 흐지부지될 뻔한 책이 기사회생한 건 '멱살 잡고 끌고 와'준 편집자와 여타 출판사 직원분들 덕이다.

가족들에게는 고맙고 미안하다. 뭐 대단한 걸작을 쓴다고 회사 전후, 밤이고 새벽이고 컴퓨터를 붙잡고, 생각만큼 잘 안 써진다며 히스테리를 부리던 내게 때론 다독이고 때론 꾸짖으며 힘을 준 남편. 모자라고 부족한 딸을 늘 최고라 치켜세워 주시며 힘들 때마다 기댈 버팀목이 되어주신 엄마, 아빠. 이런저런 일로 잘 찾아뵙지도 못하는 며느리를 넓은 아량으로 보듬어 주신 시부모님. 이분들이 없었다면 이 책은 한 자도 나아가지 못했을 것이다.

무엇보다 "엄마 책 쓰면 유명해지느냐"라며 세상 물정 모르고 열심히 응원한 나의 사랑스러운 네 아이들에게 가장 미안하고 고맙다고, 또 사랑한다고 말하고 싶다. 아이들 덕분에 저출산에 관심을 두기 시작했고, 이 책에 이르게 됐다. 종종 사람들이 내게 "어떻게 네 아이를 키우며 기자 일을 하느냐"라며 "대단하다"라고 하는데, 나의 아이들이 훌륭하고 반듯하고 밝게 자라주고 있기에 가능한 일이다. 대단한 건 내가 아니라 나의 아이들이다. 나의 '포four에 버 육아'는 8할을 아이들에게 빚지고 있다.

마지막으로 졸저를 읽어주실 독자분들에게 감사하다. 비판과 지적은 겸허히 받아들이고 다음 책(이 언제 나올지 모르겠지만)과 취재를 위한 자양분으로 쓰겠다.

  나의 육아가 고통스럽고 힘겹지 않았듯, 다른 누군가의 육아도 두렵고 힘든 일만은 아니길 바란다. 이 책이 누군가의 육아포비아를 걷어 내는 데 조금은 기여할 수 있기를.